# 私たちの想像力は資本主義を超えるか



大澤真幸

角川文庫
23520

# 文庫版まえがき

真理はフィクションの構造をもつ。精神分析学の泰斗ジャック・ラカンは、かつてこう述べた。

真理が現実との対応によって定義されるとすれば、フィクションはすべて嘘である。フィクションに描かれていることは、ほんとうに起きたことではない。だが、たとえば写真よりも似顔絵、実際の顔をかなりデフォルメした似顔絵の方が、それが誰なのかよくわかる、ということがあるだろう。似顔絵の方が写真より真実に近いと感じることがあるだろう。似顔絵は、その人の特徴、その人のその人たるゆえん、私たちがその人の顔を識別するときに注目している性質を強調して描いているからだ。これと同じように、フィクションによってこそ、経験の本質的な構造、現象の有意味性が際立って表現されることがある。ラカンが、真理はフィクションの構造で分節されている、と主張したとき、彼が着眼していたのはフィクションのこうした働きである。

だから、私は、しばしば社会現象を説明したり、理論的に分析したりするさいに、小説や映画、マンガ、アニメなどのフィクションを活用してきた。抽象的な概念を与えただけでは、説明に命が宿らない。概念がフィクションにおいて具体化されたとき、説明は、真に理解可能なものになる。このときフィクションは、概念を例解するための補助的な素材ではない。概念はフィクションに受肉されてはじめて、ひとつの概念として完成するのだ。

本書のもとになった講義で、私が、多様なフィクションを論ずることで現代社会について考察した理由のひとつは、以上の点にある。そのフィクションが、とりわけ現代の若者たちが熱心に享受している、いわゆる「サブカルチャー」からとられている理由については、本書の単行本（『サブカルの想像力は資本主義を超えるか』）の「まえがき」に記した通りだ。現代社会においては、サブカルに由来するフィクションがそれぞれの個人の「内輪」と〈世界〉との間の乖離《かいり》をつなぐ、最も有力な手がかりになるからである。

＊

本書のタイトルにある「資本主義」という語について、ここで少し解説しておきたい。本書で言う資本主義は、あるタイプの経済体制のことではない。経済体制としての側面をその一部に含んだ包括的な社会現象として資本主義が考えられている。

経済の側面として見たときには、資本主義の特徴は——歴史社会学者のイマニュエル・ウォーラーステインが述べているように——無限の資本蓄積への衝動にある。利潤の獲得を目的として市場で販売する商品を生産する個人や企業がいる、というだけでは資本主義ではない。このような個人や集団は、何千年も前から、世界中のいたるところに存在していた。賃労働の存在もまた、資本主義を定義するには不十分である。資本主義の特徴は、そこに参加する者は誰でも――個人にせよあるいは何らかの集団にせよ――、より多くの資本を蓄積するために資本を循環させるという、自己目的的な過程をいつまでも続けざるをえない、という点にある。

が、いずれにせよ、これは資本主義の経済的な側面に過ぎない。資本主義は、この経済的な側面をひとつの帰結として含むような全体的な社会的事実のことである。その中には、観念の力のようなものも含まれている。その観念の力が、たとえば無限の資本蓄積へと人を駆り立てているのだ。

哲学者のヴァルター・ベンヤミンは、ある断片の中で、資本主義は一種の宗教である、と書いている。本書で言う資本主義は、このベンヤミンの「宗教としての資本主義」に近い。資本主義というゲームを営んでいるとき、人は、何か特定の宗教を信じている、という意識をもってはいない。むしろ、宗教とは最も遠いところにいる、とすら思っている。しかし、ベンヤミンは、マックス・ヴェーバーやカール・マルクスが述べていたことをさらに徹底させ、資本主義はそのまま（無意識の）宗教だと見なすべきだ、と考えた。資本主義は、信者が信仰についての自覚をもたない宗教である、と。この意味では資本主義は、ある種の生活様式である。本書での資本主義の概念は、ベンヤミンのこうした見方の線上にある。

現代社会を規定する仕方はさまざまである。私としては、今述べてきたような意味での資本主義によって現代社会の特徴を捉《とら》えておくのが、最も生産的であると考えている。この場合の資本主義は、普通に使用されている「資本主義」よりもはるかに広い概念であることに留意していただきたい。普通の資本主義の概念の守備範囲からは外れているように見える、現代社会の諸現象も、ここでの資本主義の概念の中に包摂される。

＊

また、「私たちの想像力は資本主義を超えるか」の「超える」という意味についても、説明しておこう。本書は、資本主義とは異なる未来社会やユートピアの構想を、フィクションの中に探し求めようとしているわけではない。

単行本の「まえがき」でも書いたように、現代は、資本主義の終わりに関して逆説的な感覚が支配的だ。一方では、資本主義が破局的な終末に向かっているのではないかという切迫した予感が広く共有されつつある。人新世の気候変動がもたらす破局の「リハーサル」のような新型コロナウイルスのパンデミックを経験したり、第三次世界大戦へ拡大しそうな戦争（ウクライナ戦争）が勃発《ぼっぱつ》したりして、この終末の予感は、本書のもとになる単行本を執筆した時点よりもさらに深く鬼気迫るものになってきた。

しかし、他方で、資本主義が終わった後のヴィジョンをポジティヴに描くことは著しく困難だ——いや、ほとんど不可能であるようにすら見える——という状況は続いている。

のように。

フィクションにおいても、「資本主義の終わり」や「資本主義の後」が描かれることはほとんどない。人類の破滅や地球の崩壊の方が、ずっと簡単に想像することができるらしい。たいていのフィクションにおいて、その想像された最後の日でも、人類は資本主義を続けている（ことになっている）。まるで、人類や地球よりも資本主義の方が長く生き延びるかのように。

資本主義の終わりが迫っているかのような予感があると同時に、資本主義は決して終わらないようにも感じられる。この二律背反的な感覚が支配している中で、資本主義に対してオルタナティヴとなるユートピアを強引に構想しようとすると、それは必ずディストピアへと反転する。なぜなら、このとき、私たちは資本主義を通じて得た「よきもの」を放棄するというかたちでしか――たとえば自由を（部分的に）抑圧するというかたちでしか――、未来を想像することができないからである。

それならば、資本主義を超える、とはどういうことなのか。もし資本主義を超える想像力なるものがあるとしたら、それはどのようなかたちをとるのだろうか。資本主義に規定されている想像力が、過剰さや逸脱を孕《はら》んでしまうことがある。その想像力はまぎれもなく資本主義に内在しているのだが、その中に、資本主義から逸脱する要素、資本主義から解放された要素が――ときに作者自身の意図をも超えて――宿ることがあるのだ。資本主義を超えることにつながるポテンシャルがあるとすれば、それは、この〈資本主義に内在する過剰性〉の中にこそ見出《みいだ》すべきである。

たとえば、本書の第三部で、私は、そのような〈過剰性〉の契機を抽出しようとしている。本書の他の部分に関してはどうなのか。そこには同じような働きをもつ〈過剰性〉はあるのか。その判断は、読者に委《ゆだ》ねられている。

＊

本書は、二〇一八年に刊行された『サブカルの想像力は資本主義を超えるか』の文庫版である。もとになった講義は、二〇一六年の秋から二〇一七年のはじめにかけて、早稲田大学文化構想学部で行われた。二〇一六年は、『シン・ゴジラ』（庵野《あんの》秀明《ひであき》総監督）や『君の名は。』（新海誠《しんかいまこと》監督）など、大きな反響を呼んだ作品がいくつも発表された年だ。冒頭に述べた、「真理はフィクションの構造をもつ」という意味であるならば、つまり現代社会で起きていることを規定している基本的な構造や論理を、フィクションを通じて見出すという意味であるならば、本書で論じたことは現在でも妥当性を保っている、と私は考えている。

なお、現在、『鬼滅の刃』など二〇一〇年代末から二〇二〇年代初頭の時期にヒットした作品をも視野に入れた現代社会論を準備している、ということを書き添えておく。

二〇二二年一〇月一六日

大澤《おおさわ》　真幸《まさち》

# まえがき

私は、二〇一四年度から毎年、早稲田大学文化構想学部で、さまざまな意味で——内容の点で、あるいは社会的な影響力の点で——インパクトがあった、いわゆるサブカルチャーに属する諸作品を、つまりマンガやアニメや映画や小説等の諸作品を論材にしながら、現代社会について考える半年間の講義を行ってきた。本書は、この講義の二〇一六年度（秋学期）分をもとにしている。

サブカルチャーのヒット作を解釈したり、分析したりしながら現代社会を論じることにしたのは、次のような理由からである。

若者たちは、今、二つの方向の欲望の中に引き裂かれたような状況にいる。一方で、現代の若者は——いや若者だけではなく現代を生きるほとんどすべての人が——、ごく狭い内輪の、言ってみれば半径三メートル以内の親密圏に関してしか、真に納得のいく理解ができないと感じ、そのような内輪にとどまっていたいという欲求をもっているように見える。しかし、他方で、彼らは、内輪にしか十分な理解が及んでいないことに対して強い不充足感を覚えてもいる。内輪や親密圏の外に、広大な〈世界〉が拡がっていることを知っているし、その〈世界〉に自分たちの行動も感性も規定されているのを実感してもいる。ところが、その〈世界〉なるものの全体像がつかめない。〈世界〉がどのような顔をもち、どのような構造をもっており、何を意味しているのか、さっぱりわからない。けれども、〈世界〉が何であるかを知りたいし、〈世界〉とのつながりを実感したいし、何より、その〈世界〉において自らの存在を認められたい。そのような狂おしいほどの願望をも若者たちはもっている。

内輪と〈世界〉との間の乖離《かいり》を埋めるのは、本来であれば、学問の役割である。社会科学の諸分野や人文系の知が、両者の間のつながりを説明してくれる……はずだった。しかし、若者たちは——というかわれわれはみな——、今日、それらの学問が教えてくれることにもうひとつピンときていない。学問が言っていることが理解できないわけではない。だが、その理解は、〈世界〉について、〈世界〉におけるわれわれの位置について、「なるほどそういうことだったのか」という、喜びをともなう得心を与えてはくれない。

このとき、サブカルチャーが発揮する想像力が決定的な手がかりを与えてくれる。若者たちに熱狂的に迎え入れられ、成功したサブカルチャーの諸作品は、いずれも、右記の若者たちの分裂した欲求に応えているからである。つまり、それらは、親密圏から〈世界〉を描く寓話《ぐうわ》のようなものになっている。そうであるとすれば、これらの作品を構成している枠組みを抽出し、それがどのような構図をもっているのか、それがどこに源泉をもちどこで破綻《はたん》するのか、そうしたことを解明することを通じて、われわれは〈世界〉が何であるかを概念的に把握する理論を提示することができるはずだ。若者たちにも、「そういうことであればよくわかる」と思ってもらえるような説明を与えることができるはずだ。

本書のもとになっている講義の目的は、このようなところにある。

＊

すぐあとに述べるように、本書では、さまざまな主題が論じられている。それらを包括する全体としての主題は、書名にあるように、「私たちの想像力は資本主義を超えるか」である。包括的な主題をこのように設定したのは、現在、資本主義と想像力の間に鍔迫《つばぜ》り合いの葛藤《かっとう》があるからだ。

資本主義という社会システムは、その誕生の当初から、黙示録的な想像力とともにあった。資本主義は「終わり」への想像力を刺激する性質をもともともっている。その上で、二一世紀に入った今日、資本主義が、何か決定的な破局、トータルな終わりに向かっているのではないか、という予感は急激に強くなり、ほとんど確信に近いものにまで高まっている。資本主義には何か根本的な欠陥があって、このままずっと続けることが不可能な限界点にいずれは到達するのではないか、という予感が蔓延《まんえん》している。資本主義の終わりを暗示している（と読者が解釈する）本が、ベストセラーにも近いかたちでよく売れるのはこのためである。たとえば、格差の容赦ない拡大の実態を暴き、それが生ずるメカニズムを説明した、トマ・ピケティの『21世紀の資本』(みすず書房、二〇一四年)も、著書の意図に反して、おそらくそうした文脈で読まれたがゆえにこそ、かなりアカデミックな内容をもった浩瀚《こうかん》な書物であったにもかかわらず、世界的なベストセラーとなったのだろう。

資本主義が今度こそほんとうに破局に向かっているという予感は、根拠のない主観的な気分の問題ではない。これまで、何度も終わりが迫っていることを告げられてきた資本主義は、延命のためにさまざまな措置をとることで成功してきたわけだが、現代のグローバルな資本主義は逆に、それらの措置を少しずつ放棄することで延命を図ろうとしている。労働者の権利を保護する法律や手厚い社会福祉制度などが、かつてとられてきた、そして今や放棄されつつある、延命措置である。喩《たと》えれば、次のような状況である。資本主義は、「あなたはその薬のおかげで長生きできている」というような薬に関して、副作用がひどすぎるということで、服用をやめてしまったわけだが、そうすると、もともと薬を必要としていた病気の問題に再び直面せざるをえなくなる。これが資本主義の現況である。

資本主義がほんとうの破局に向かっているのではないか、という近年高まりつつある予感には、しかし奇妙な特徴がある。それでは、資本主義がどのように終わるのか、と問うと、とたんにあいまいではっきりしないものになってしまうのだ。さらに、終わった後にどうなるのか、どうすべきなのか、ということについては、誰もはっきりとしたことを言うことができない。

実際、資本主義より包括的であるはずの、人類の滅亡とか、「人間」なる概念の終わりとか、地球の生態系の破綻とか、ときには銀河の終末のようなことまでもが、思い描かれ、さまざまなフィクションにもなってきたが、資本主義ののちの未来的な社会のヴィジョンを伴う作品はほとんどない。

普通は、終わりへの予感が生じるのは、終わった後へのヴィジョンが出てきているからだ。しかし、現在の資本主義に関しては、そうではない。破壊的な終わりへと向かっているという予感はあるが、しかし、終わった後を想像することはできない。つまるところ、現在のグローバルな資本主義は、終わりへの予感をふりまきつつ、終わりの後への想像力を許していない。とすれば、われわれはまずは、フィクションを生み出すような人間の最も自由な想像力のレベルで、資本主義に拮抗《きっこう》できなくてはならない。「私たちの想像力は資本主義を超えるか」という問いは、こうした認識からくる。

＊

本書は大きく四部に分かれている。各部のテーマと、そこで中心的に論じられている作品の名を挙げておく。

第一部は、「(敗) 戦後」の日本社会がテーマである。ここで中心的に論じられる作品は、まずは『シン・ゴジラ』(庵野秀明総監督、二〇一六年)である。『砂の器』(松本清張、新潮文庫、一九七三年)をはじめとする、一九六〇年代から七〇年代にかけて、書籍と映画の両方で大ヒットしたミステリー群についても、分析されるだろう。最後に、敗戦から一〇年目にあたる昭和二九年一二月二二日に、力道山《りきどうざん》とのプロレスの一戦に敗れた不世出の柔道家、木村政彦《きむらまさひこ》の話題に及ぶ。木村の敗北、そして木村の忘却は、その後の日本の戦後社会の展開を予告するものだった。

第二部は、「善と悪」といういささか形而上学《けいじじょう》的な問題を、日本の戦後史を背景に論じている。ここでは、若者が引き起こした二つの悲惨な「革命」の試み、つまり連合赤軍事件とオウム真理教事件が、とりわけ後者が、善と悪との間の一筋縄ではいかない逆説的な関係を象徴する出来事として、念頭におかれている。扱われる作品は、『DEATH NOTE』(大場つぐみ原作、小畑健作画、集英社、二〇〇三〜〇六年)や、桐野夏生《きりのなつお》の『OUT』(講談社文庫、二〇〇二年)である。

資本主義という主題に最も関係が深いのは、第三部である。ここでは、『おそ松さん』(藤田陽一監督、第一期二〇一五〜六年、第二期二〇一七〜一八年、第三期二〇二〇〜二一年)——赤塚不二夫《あかつかふじお》の名作『おそ松くん』(小学館、一九六二〜六九年。その後、各誌で連載)の登場人物たちの「その後」を描いた作品——が、主要な題材になっている。このテレビアニメは、ニートの日常を、シュールなギャグによっておもしろおかしく描いているだけの作品に見えるが、この究極の、あまりにもあからさまな反ビルドゥングスロマンを、ウォール街の法律事務所に勤めていた奇妙な書記の人生を描いたメルヴィルの一九世紀の中篇小説「バートルビー」(『幽霊船 他一篇』岩波文庫に所収、一九七九年)と並べて解釈すると、資本主義への最も頑固な抵抗という次元が浮かび上がってくる。

　第四部は、「世界の救済」という使命や大義が、現代日本社会における「恋愛の困難（いや不可能性）」という問題と関係づけられながら論じられる。ここでは、二〇一六年に大ヒットしたアニメやテレビ番組が扱われる。新海誠監督のアニメ『君の名は。』、こうの史代《ふみよ》の漫画を原作にもつアニメ『この世界の片隅に』（片渕須直監督）、そして、テレビドラマの『逃げるは恥だが役に立つ』（海野つなみ原作、新垣結衣・星野源主演）等である。第四部は、テーマが多岐にわたっていて、「東京と地方」という主題との相関で、ネーション・ステート（国民国家）を成り立たせている仕組みなどについても論じられるだろう。

　こうした紹介からもおわかりのように、本書は、最初から順番に読む必要はない。今ここで名を挙げたもの以外の多くの作品が、流れの中で言及されたり、解釈されたり、分析されたりしている。もとが講義なので、ときどき本筋から外れたりしながら、議論はかなり自由に展開していく。

　毎年行っている講義の中から、特に二〇一六年度の分をこのように一冊にまとめたのは、この年は、反響が大きく、話題になった作品が多かったからだ。つまり、二〇一六年には、若者たちを中心とした多くのオーディエンスをひきつけた興味深い作品が同時にたくさん発表された。この年の講義を書籍化した理由は、これである。

# 目次

ない

## 第二講 185



## 第三講 211

# 第一部

## 対米従属の縛りを破れるか

## 単なる作品の読解はしない

この授業では主にエンターテイメント系の作品、映画、アニメ、マンガ、小説を題材にして、社会学的テーマについて論じていきます。

それらの作品をご覧になっていなくてもわかるように話します。もちろん知っていれば、もっといい。けれども、その作品を特に推薦しようと話すわけではありません。僕は、それをもとに現代社会について皆さんと考えたいのです。

皆さんにも、最後のレポートでは同じように作品について論じ、社会学的に意味あるものにしていただきたい。この点で気をつけなければいけないことがあります。

作品の読解とは違う、ということです。つくり手が何を意図していたかを詮索《せんさく》することが目標ではありません。もちろんそれは重要な手がかりとなります。今日も『シン・ゴジラ』がどのようなモチーフだったかは考えます。しかし、作者が何を考えていたか、それだけを見るならば、作者に聞いたほうが早い。作者自身にとっても、無意識であるレベルにまで、ものを考えていかなくてはいけません。

それからもう一つ。オタク的詮索もしません。これは、いろいろ作品内に小ネタがあり、これは『新世紀エヴァンゲリオン』（庵野秀明監督、TVアニメは一九九五～九六年）の何々がもとになっているのではないかといった、ディテールの相互関係を追っかけていくものです。それは楽しみとしてはやっていただいても構いませんが、この講義の意図ではありません。

解釈したことが、作品外にある社会的なコンテキストや、あるいはわれわれの思想的なコンテキストにとって、どのような意味があるか、を考えたいのです。

これは一般的な話をしてもおもしろくないでしょう。実際に話を聞いていくなかで、皆さんもどのように考えればいいかが、だんだんわかってくると思います。今日は庵野秀明総監督の『シン・ゴジラ』（二〇一六年）の話から入ろうと思います。

### 虚構の虚構性を上げる

『シン・ゴジラ』は、ある意味、非常にわかりやすい作品です。僕がおもしろいと思ったことから先に話し始めましょう。この作品のキャッチコピーは「現実《ニッポン》対虚構《ゴジラ》。」。現実がニッポンで、虚構がゴジラとルビが付いていますが、独特の仕方で現実をつくっています。どういうことか。非常にリアルにつくられている作品です。例えば、今までの「ゴジラ」シリーズでも自衛隊らしきものは出ていましたが、たいていは子どもだましで、厳密にはつくられていませんでした。今回はリアルにつくられています。しかし、それ以上に注目したいものがありました。

それは、「ゴジラ」シリーズなのに、登場人物たちがゴジラのことを知らない、ということです。「え、ゴジラ知らないの?」と、言いたくなる程です。つまりゴジラも、ゴジラ映画もない世界。簡単に言えば、現実の否定としての虚構を、もう一度否定している。虚構の中に、ゴジラもゴジラ映画もない世界という、もう一つの虚構をつくっているわけです。虚構の虚構が現実に戻ってくる、という構造を取っている。このような方法で、現実を提示する。

「ゴジラ」シリーズという虚構ですから、作品世界の人々にとってゴジラは周知のはずです。「また、ゴジラ」となるはずなのに、「ゴジラはいないんだよ。ゴジラ映画すら、実はないんだよ」と、虚構をいったん否定する。

ここがまず注目していいことだと思います。現実を単にリアリズムで描写することで本当らしさを出すだけではなく、虚構の虚構性を一ランク上げることで、逆に現実に回帰するという構造です。

## エンタメ作品の中で米軍はなかったことになっていた

これは非常にはっきりしていますが、全体として二〇一一年の「三・一一」の寓話《ぐうわ》、メタファーになっていることがわかります。津波や原発事故を、ゴジラに託している。例えば東京の大森《おおもり》あたりに川の水が遡《さかのぼ》ってくるシーンは、津波を連想するようにできています。

ゴジラは放射性物質を食って六〇年間生きてきた。初めのゴジラも、ご存じのように水爆実験によって目覚めていますから、ゴジラと核、あるいは原子力は、重要な縁があるわけです。今回は、「ゴジラ」シリーズとして約束事になっている核の問題だけではなく、同時に「三・一一」を明らかに意識しています。

また、全体として、日本人と日本政府、それから日本の官僚機構あるいは日本の防衛システムに対する、危機的な意識があります。ゴジラに対して、例えば日本の官僚機構や政治家の決断力が非常に乏しく、皆がオタオタする。日本の政治や官僚システム、行政システムに対する、突き放したアイロニー意識があるわけです。

しかし、僕がこの映画で一番思ったことを言いますと、こういうことです。この映画の中で、日米安保条約に基づき、日本政府は米国に依頼して、日本の防衛のための軍事行動を要請します。そして在日米軍が東京の上空で、ゴジラ攻撃の作戦活動を行う。

ここです。これほどはっきりと日米安保条約がエンターテイメント作品の中で描かれることは、非常に少なかったと思います。僕はこの映画の現実対虚構における、ある種の現実の最たる部分は、ここ、在日米軍が軍事行動をする点だと思います。

日本のエンターテイメント作品、マンガや映画、あるいは特撮映画で、米軍や日米安保条約が描かれたことはあるでしょう。しかし、たいていはメタファーです。文字どおりに描かれるということは、あまりないわけです。「あ！　これは自衛隊にあたるな」という軍事組織が出てくることは、どちらかというと、よくあります。しかし、米軍が出てきて怪獣をやっつけるということは、今までほとんどありません。

日本が軍事行動をとらなければいけなくなるほど深刻な怪獣が出てきた。そうしたら自衛隊が動きだし、自衛隊をサポートする形で、日米安保条約に基づいて米軍が動くというのは、現実には一番ありうるはずのシナリオですが、今までの作品世界では、米軍が日本にいることはないかのように描かれている。ここが重要なところです。


先に少し結論的なことを言っておくと、この作品が日米同盟を直視しているということは、逆に、この同盟に対して批判的な意識があることを示しているわけです。単純に安保反対や日米同盟から離脱せよ、ということではありません。ある種、突き放した、冷めた意識です。批判的な意識がベースにあるわけですが、むしろとりあえずは日米同盟を肯定している。そのうえで、日米同盟を乗り越えることができるんだという、屈折した構造に『シン・ゴジラ』はなっている。

文芸批評家の加藤典洋《かとうのりひろ》さんが文芸誌の『新潮』(二〇一六年一〇月号)で「シン・ゴジラ論」を書いています。加藤さんは昔からというか、ある時期から非常にゴジラに興味があって、『さようなら、ゴジラたち』(岩波書店、二〇一〇年)という有名な評論も書かれています。

加藤さんは『シン・ゴジラ』を肯定的に評価していますが、その一つの理由として、こういうことを言っています。日米同盟をどうすべきか、これは日本政治にとって深刻な問題です。それを政治的なコンテキストで言っている人は、いくらでもいた。今だっている。しかし娯楽作品の中で、楽しめる要素にしながら言及するというのは、非常に意味のあることである、と。

なぜか。日本が日米同盟から抜けられないのは、単に利害打算だけの問題ではありません。われわれの態度やメンタリティに深くしみ込んでいる問題だからです。そういう問題を乗り越えるためには、政治的に批判しているだけではダメ。むしろ僕らの意識や文化的な部分、いわば政治的なタブーに触れなければならない。

タブーは、この国にもいくつかあります。それを言ったらおしまいよとか、それを本気になって否定することはできないということになっている、いくつかの条項です。その中で一番重要なのは、日米同盟です。政治的タブーというのは、政治的に批判しても乗り越えられません。僕らのメンタリティのベースを揺るがすような方法でしか、乗り越えられない。そのためにはエンターテイメント作品の中で、それをまじめに、リアルに扱うことが重要なんだというのが、加藤さんの議論です。僕もそれは正しいと思います。

## オタクのナショナリズム

『シン・ゴジラ』の中で、まず、確実なのはこれです。自衛隊が極めてリアルに描かれていてゴジラと戦うわけですが、自衛隊と在日米軍との関係でいけば、米軍のほうが強い。軍隊だけではありませんが、映画の中では、いかに日本がアメリカなしではやっていけないかが描かれます。「ニッポンはアメリカの属国だから」と、はっきりと映画の中で言われるわけです。

日本は特にセキュリティの面で、アメリカに対して根本的に依存せざるを得ない。ゴジラも自衛隊の力だけでは、とうてい無理。米軍に軍事活動をしてもらうしかない。そういうことが、まず、はっきり示される。しかし、ご存じのとおり、米軍も歯が立たないんです、ゴジラには。ゴジラに完敗する。

そこから、弾道ミサイルで東京にいるゴジラを核攻撃してやっつけるしかない、と国連で決議されることになっていきます。日本はゴジラもろとも、もう一回核攻撃を受けることになるわけですから、それをなんとしてでも阻止しなくちゃいけない、という流れになる。

結局、それは阻止できるという答えになるわけです。そのときに、ニッポンが生きてくる。すべてにおいて米軍の助けを借りなくても、あるいは国連の多国籍軍の助けを借りなくても、ニッポンはなんとかしました、という感じです。

この場合のニッポンというのは、独特の含みがあるニッポンだと思います。片仮名でニッポンとしているところが、また重要だと思いますが、この場合のニッポンは、よく言えばクールジャパンですが、オタク的メンタリティです。見た人は全員わかるように、オタクっぽい官僚、オタクっぽい科学者。極めてリアリズムに則《のっと》った、オタクのニッポンです。簡単に言えば、オタクのナショナリズムが、この作品の基本的な線となっています。

## 日本のナショナルプライド

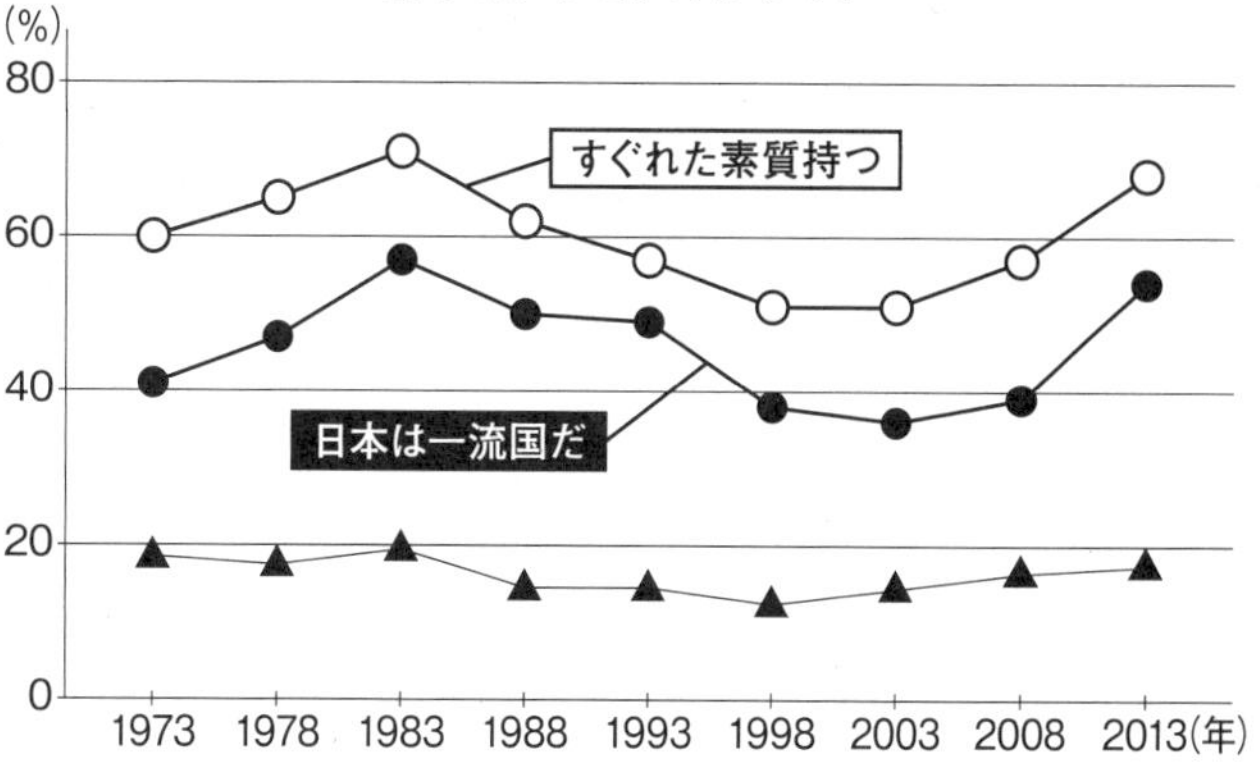


出所：NHK放送文化研究所「第9回「日本人の意識」調査（2013）結果」

煎《せん》じ詰めればそうなってしまうので、つまらないというかわかりやす過ぎる気もしますが、この作品の持っている現代的な意味、必然性を考えておきたい。

例えば、このグラフを見ていただけますか。一番下のラインは変化に乏しいから、無視していい。上の二本のライン、ほとんど同じ形状ですが、ほとんど同じ質問のためです。これは、ある社会意識調査の結果です。

ＮＨＫ放送文化研究所が行っている、「日本人の意識」という有名な調査があります。これは非常に信頼できる調査で、僕はとても気にいっています。どこがすぐれているかというと、一九七三年から五年ごとに行っているわけです。毎回、基本的に同じことを聞きます。昔にケータイ電話はないので、少しは変わってきていますが、基本は同じことを聞き続けています。同じことを、まったく質問文も変えずに聞き続けて、どういうふうに変化してくるかということを見ているんです。

しかも、こういう調査は、普通二〇歳以上が対象になってしまいますが、これは一六歳からデータを取っています。若いところからも取れる、サンプル数も多い、信頼できるデータです。

そのいくつもの質問の中に、日本人のナショナルプライド、日本人としてのプライドや、自尊心に関係する質問が六つあります。

例えば黒い点で出ているのは、「日本は一流国だ」と考える人の割合です。それから上の白い点は、「日本人は、他の国民に比べて、きわめてすぐれた素質をもっている」。それに対してそう思う、思わない、わからない・無回答、で評価させています。日本が一流国か、日本人はすぐれた素質を持っているかという質問に対して、肯定的に答えた人の比率をプロットして、時系列で追っているのが、このグラフです。きわめて明白、メリハリの利いた変化をしています。

まず、七三年から八〇年代の初頭にかけて、どんどん日本人の自信は高まっています。それが八〇年代の初頭がピークになって、世紀の変わり目、九八年と二〇〇三年の二つの調査でほぼボトムになっています。そこから二回調査をしていますが、V字回復している。最新のデータは二〇一三年です。二〇一三年の結果は、一番高かったときの一九八三年の水準に、ほぼ近づいています。どうしてこういう変化になるのかを考えてみると、面白い。

最初は一番簡単です。一九八三年まで、どんどん伸びていく。理由ははっきりしています。日本が経済的に好調だったためです。実は、本当の高度経済成長は、もう終わっています。七〇年代は二度のオイルショックがあり、世界経済はかなり苦戦しています。日本もそこで経済的にはやや失速しますが、先進国の中で最もたくみにオイルショックを乗り切ったのは、日本でした。だから、ほかの国に比べて経済的に好調だったんです。

アメリカの有名な社会学者で今でも活躍している、東アジアに詳しいエズラ・F・ヴォーゲル。このハーバード大学の先生が『*Japan as Number 1*』という本を一九七九年に書きます。その副題が「Lessons for America」、アメリカへの教訓。つまり、もうアメリカのほうが日本から学ぶべき時代だと、七〇年代の末期には書く状況です。だから、日本人も非常に自信をつけていくわけです。

面白いのは、八三年がピークで、かなり勢い良く下がっている。僕は学者レベルの人に時々聞くことがあります。日本の七〇年代からのナショナルプライドは、上がって、下がって、また上がるというパターンになっていますが、ピークはいつだと思いますか、と。ほとんどの人が、九〇年代初頭がピークではないかと言います。ところが、このグラフを見ると、八〇年代の初頭がピークで、八〇年代にはもう下がり始めているんです。

なぜみんな、九〇年代初頭がピークだと思うか。皆さんは若いからピンとこないかもしれませんが、バブルの時期です。日本が、日本人が最もお金持ちになったのは、八〇年代です。日本の総資産がものすごいことになっている。給料もうなぎ上りに上がっていって、絶好調です。

よく失われた一〇年、失われた二〇年という言葉を、評論家は使います。失われてない一〇年があるからですが、失われた一〇年とは、一九九〇年代を指します。さらに二〇〇〇年代に入っても、失われているので、失われた二〇年。本当はもう三〇年になりますが、さすがにあまり言わなくなりました。

バブルのときには、日本はしっかり経済成長していた。ところが、九〇年代は停滞気味。二〇〇〇年代になっても停滞気味である。だから失われてない一〇年は八〇年代にあると、考えられているわけです。そのため、九〇年代初頭までは、日本人の自信が伸び続けたのではないかと思うわけですが、これを見ると、そうではない。八〇年代初頭がピークで、八八年にはもう下がっている。九三年も下がっている。

世界における相対的な順位なども考慮して、事実上、日本人の所得が一番高かったのは九〇年代のはじめだと言ってよいと思います。その後は、皆さん個人的にはいろいろ差があるでしょうが、日本人としてはお金持ちにはなっていません。相対的にはやや貧乏になっているわけです。

八〇年代の絶好調である段階で、すでに日本人は自信を失い始めているというところが、おもしろい。バブルのときは良かったみたいに言うけれども、そのときすでに日本人は、自分の足元の危うさを直感していた。なんとなくおかしいぞ、と。本当の自信にはつながらないぞ、と。ですから、やや停滞気味な気分になっている。そうして、自信もどんどん下がっていく。

もっと不思議なのは、二一世紀になってから、日本人のナショナルプライドはV字回復していることです。日本は一流。日本人はすぐれた素質を持っている、みたいな話になっている。この理由、この原因は何だろうか。

先ほど言ったように、七〇年代に調子がよく上がっていく理由は、非常にわかりやすい。先進国の中にあって明らかに日本経済は、ヨーロッパやアメリカよりも好調でした。下がっていく部分についても、意外性はあるけれども、バブルと言うぐらいですから、今から振り返っても、中身が空虚なのです。それは当時の人さえ気づいていたことはわかりますから、下がり局面もある程度わかります。

二一世紀になってから、日本人の自信が上がっている。これは不思議ですが、自分でちょっと考えてみてください。僕は自分なりの答えがあります。

## 強い社会的な使命感

なぜこの話を『シン・ゴジラ』の流れで言っているのか。日本人は、今、自信を持とうとしている。その流れの中に、この作品はあるからです。

つまり、現実対虚構。ニッポン対ゴジラ。ニッポンはリアルにも、いざとなったら米軍を頼りにせざるを得ないと思いつつも、究極的には米軍なしでもやっていけるのではないか。自分の力でできる、オタクの力を結集すれば。そんな風に真に自信を持つという、日本人独特の日本に対する自己意識の流れの延長線上にある。時流の中での必然性がある作品だったと言えるわけです。

同時に僕はこういうことを言っておきたい。この作品の中で、一番力を発揮するのは、内向的、引きこもり気味でコミュニケーション能力も低いし、普段はまったく人にも評価されていないけれども、実は何かについて異様な能力を持っている、オタクたちです。彼らには、能力もあることになっていますが、同時に社会的使命感がある。日本を救わなければいけないという、強い社会的な使命感です。

一番印象的なのは、女性の若手、三〇代中盤ぐらいの官僚（市川実日子《いちかわみかこ》が演じている）。彼女はとても素っ気ない感じですが、すごく能力があります。最後にゴジラを凍結させる作戦に成功したときに、この人が「よかった」と言う。意外と社会のことを考えていることがわかるわけです。

## 増加する、国や社会のために役立ちたい若者たち

一般的に、皆さんぐらいの年齢の人たちが、相当長いあいだ言われ続けていることがあります。若い人たちは、社会的な関心や政治的な関心が非常に乏しい。その乏しさの象徴のように言われるのが、オタクっぽい人たちです。

オタクとは、知っている人も多いと思いますが、中森明夫《なかもりあきお》さんによって一九八三年につくられた言葉、造語です。中森さんはコミケ（コミックマーケット）に行き、そこにいる

人たちの独特な会話スタイル等に驚愕《きょうがく》し、彼らをオタクと名付けるわけです。

オタクと名付けたのは、彼らが二人称代名詞にオタクという言葉を使っていたからです。それまでは主婦が「お宅の旦那《だんな》さんは」などと、相手の家を指すときに使っていたわけですが、それが若い男性・女性、特に男性のあいだで二人称代名詞として使われていた。そこに独特なものを感じて、オタクと名付けた。一九八〇年代の初頭には、きわめて珍しい若者風俗のように言われましたが、今では特に珍しいものではなく、多かれ少なかれたいていの人にオタクっぽいところがある時代になってきました。

オタク的なメンタリティと社会的志向性や政治的志向性というのは、著しく反するものがある、というのが通念です。この通念は必ずしも間違ってはいません。次頁のグラフは簡単に見ることができるものですが、衆議院総選挙の年代別の投票率推移です。一九六七年から取っています。

七〇歳以上はかなり高齢のため、やや例外ですが、年齢が高い人のほうが投票率は高いという傾向は昔からあります。左のほうほど、グラフがキュッと固まっています。だんだんだん、下に行くにしたがって、右に行くにしたがって、ばらけている。

年齢の高いほうでは、あまり投票率が変わりません。新しく選挙権を持つ若い人が、前の世代よりも投票率が毎回低いために、どんどんどんどん、世代、年代別の格差が大きくなっていっています。

例えば二〇一四年総選挙のときは、二〇代の投票率は三二・五八%ですから、三人に一

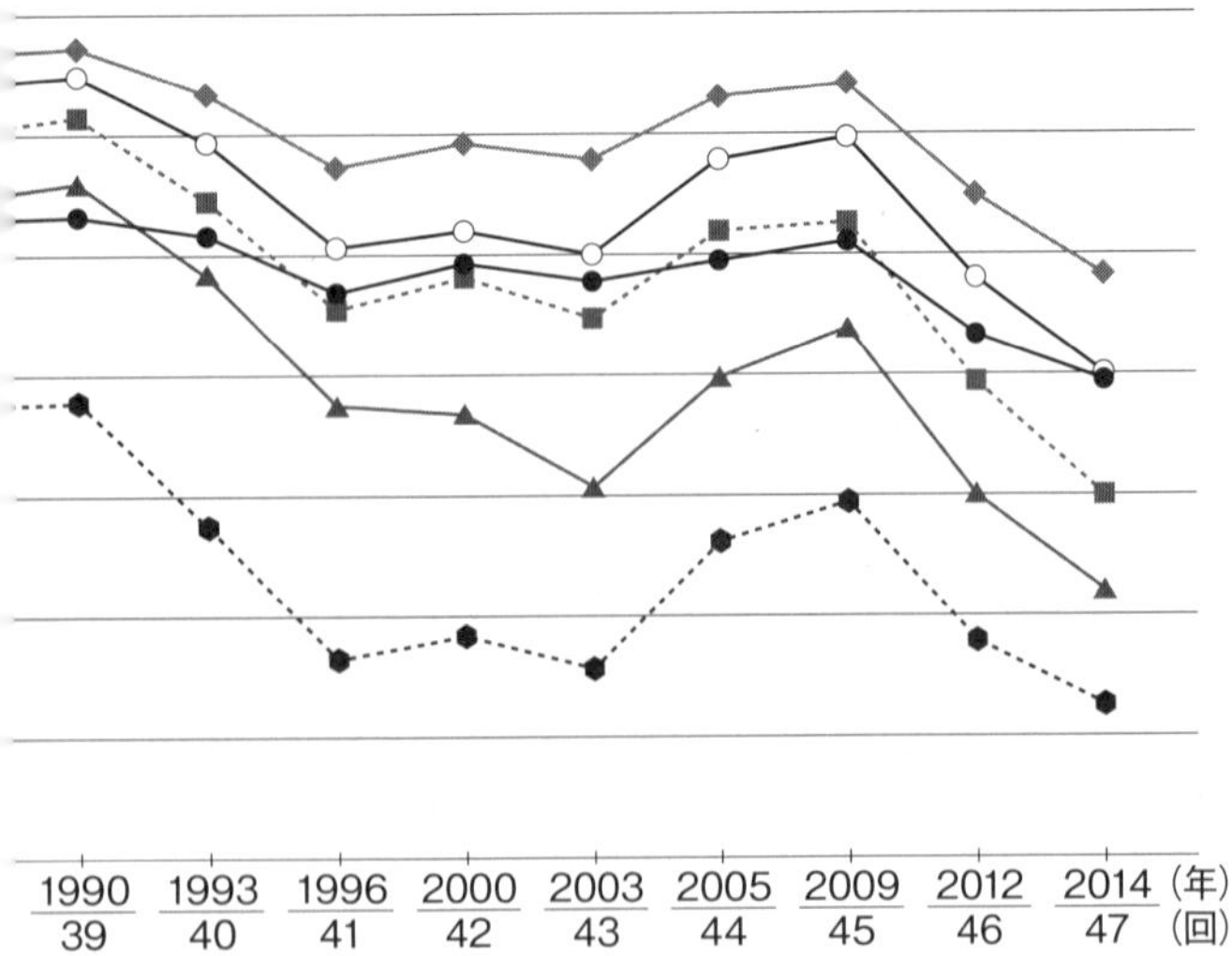


出所：明るい選挙推進協会 http://www.akaruisenkyo.or.jp/070various/071syugi/

人にもなっていません。その同じ年代の投票者が一九六七年にどれほどいたかというと、六六・六九％ですから、二倍以上いました。新しく選挙権を獲得したものの、投票をしていない人は、二〇代だった人が三〇代になり、四〇代になっても、あまり政治行動が変わらないため、全体としても投票率は下がっていく。しかし、下がり方に加速度がついているわけです。同じペースで下がっていくならば、同じ太さの右下がりになりますが、扇形に広がるように下がっているというのは、若い人がどんどん投票率を下げてい

衆院総選挙の年代別の投票率

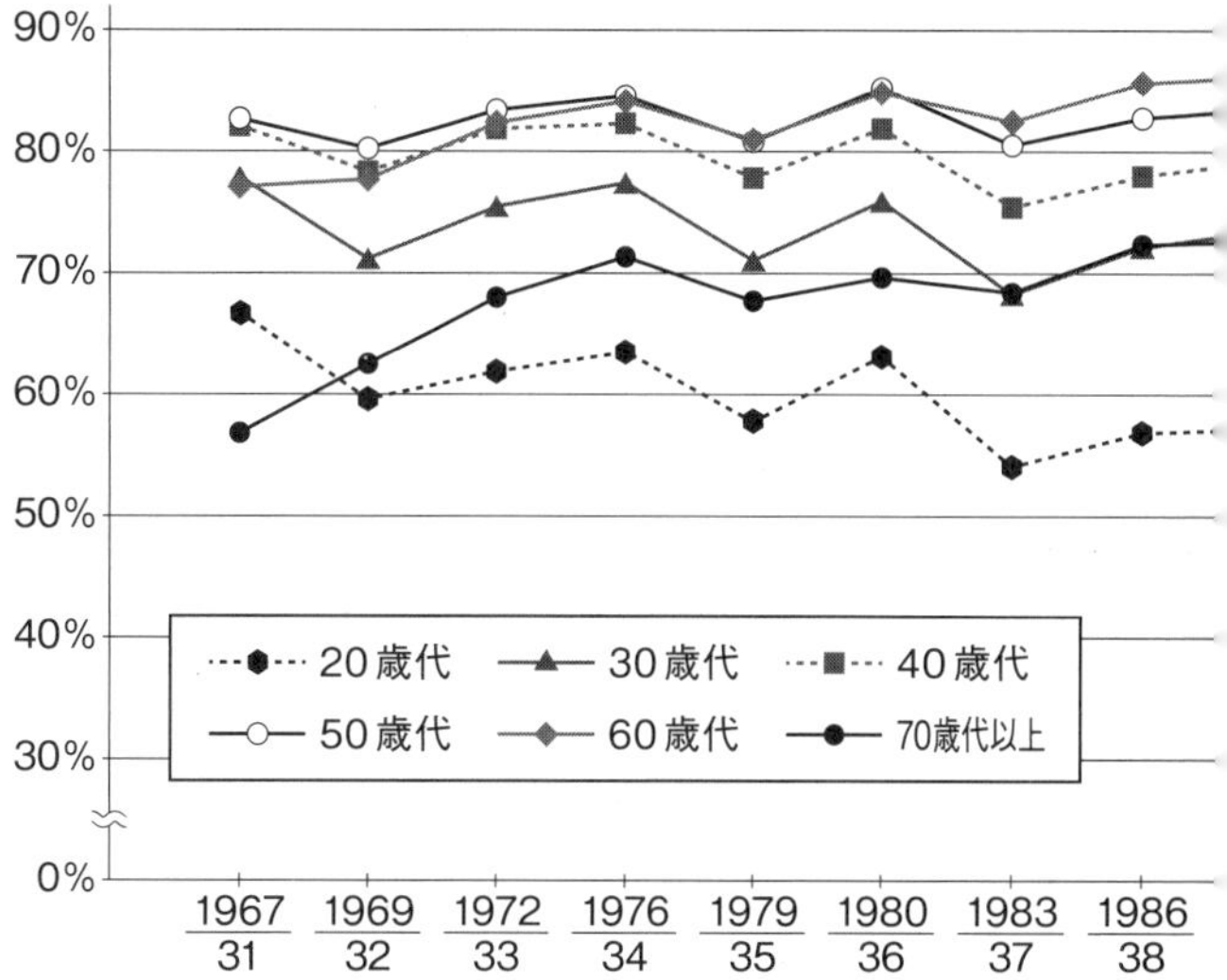


くからです。これはよく言われています。

　この事実を見ると、「ああ、やっぱり若い人って政治に関心がないんだね」となる。なにしろ総選挙ですから、議会制民主主義における政治的意思表明の場です。それを放棄してしまうわけですから、そう思われる。ところが、僕はこの通念に、若干の疑いを持っています。一筋縄ではいかない部分がある、と感じています。

　それを見せましょう。四三頁のグラフは内閣府がやっている調査です。社会学者の古《ふる》市憲寿《いちのりとし》さんの本から転載させてもらっています。時系列が長すぎてわかりにくいのですが、社会意識に関する世論調査で、毎年行われています。

この中で、社会志向、個人志向のどちらが強いかを見ようとする質問があります。「個人の趣味や生活を充実させるほうが大事だと思いますか、それとも社会のために何か貢献することが大事だと思いますか」といった、どちらかを取るとすればどちらになりますかという、自分の個人の幸せや趣味、自分の個人の生活や関係性を豊かにするほうにメインがあるのか、それとも社会や国のために何かをするほうが大事なのかという趣旨の、質問をしています。次頁の上のグラフはその質問に対する、二〇代の回答だけを取り出したものです。

点線が社会志向のほうが強い人の割合です。二一世紀の二〇〇三年ぐらいから明らかに社会志向のほうが大きく伸びています。個人志向のほうは、下がり気味です。

下のグラフも同じ内閣府の調査です。こちらは国や社会のために役立ちたいということを、特に重視しているかと聞く質問です。役立ちたくないと思っている人もいるんだ、という気が一方ではします。質問の仕方が微妙ではありますが、僕はこのデータを見たときに若干驚きました。

何に驚いたか。二〇〇四年ぐらいから、急激に社会のために役立ちたいという回答が多くなっているのです。例えば八〇年代や七〇年代を見ると、社会の役に立ちたくないと思う、そんなことはどっちでもいい、そういうことを考えるのはイヤだという人のほうが多

社会志向か個人志向か（20代）

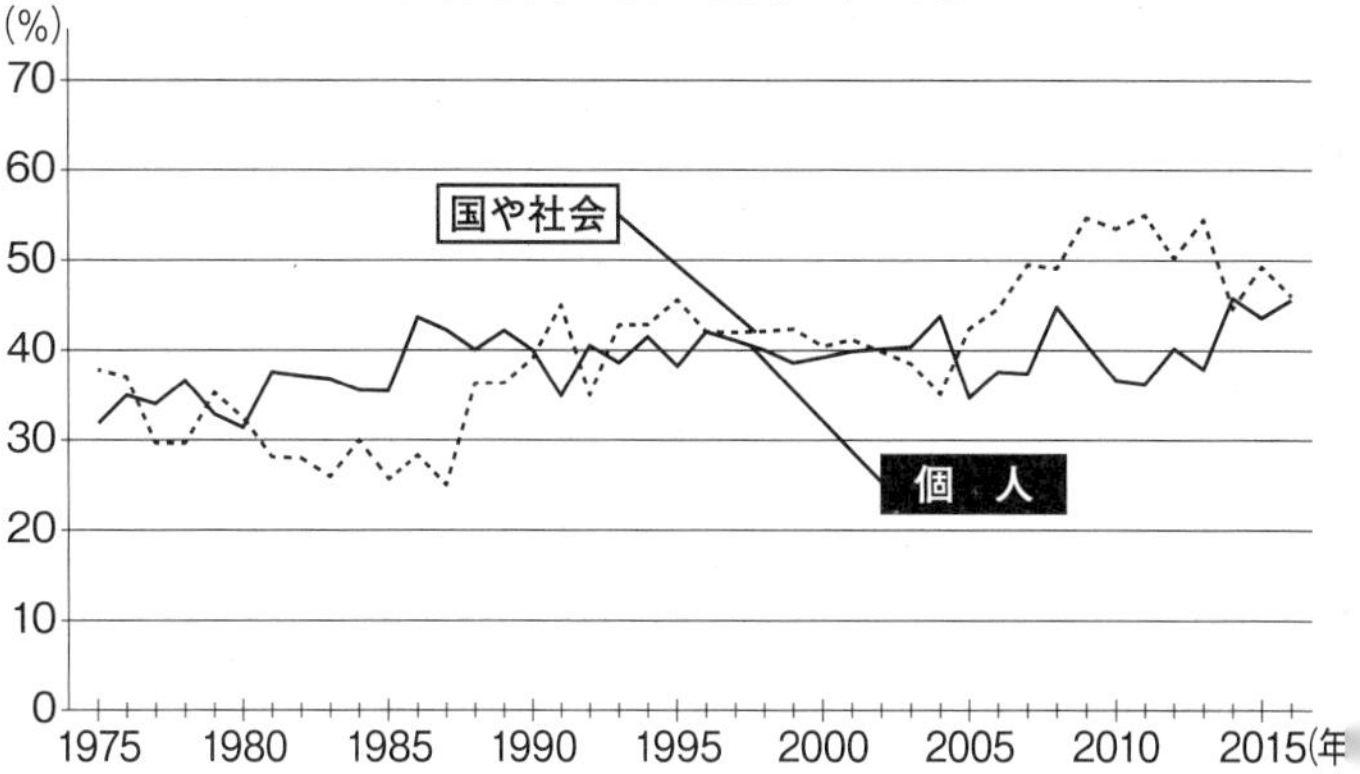


社会の役に立ちたいと思っているか（20代）

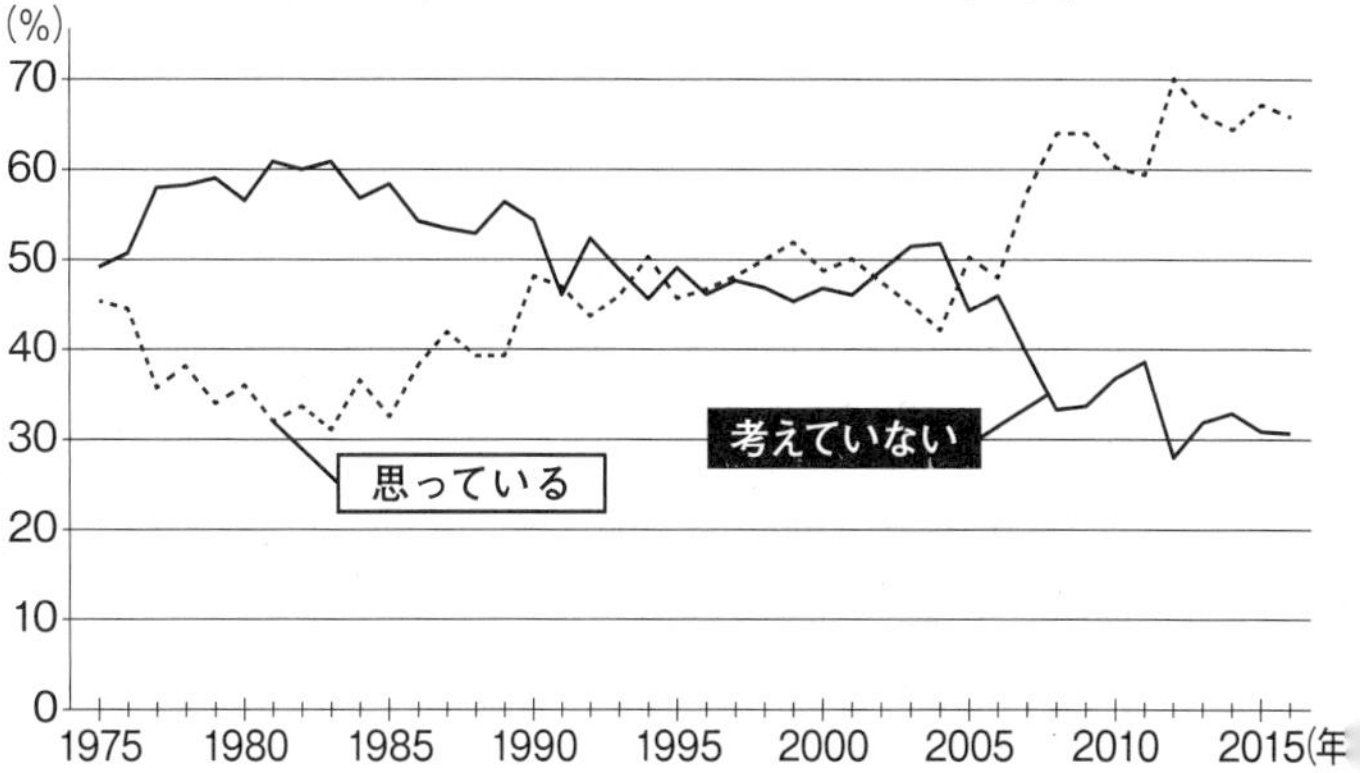


出所：「平成28年度版 社会意識に関する世論調査」内閣府

（古市憲寿『絶望の国の幸福な若者たち』〔講談社＋α文庫、2015〕の図を元に、修正の上、作成。

2002年はデータ無し）

く、役立ちたい人のほうが少ない。

僕が大学を卒業したのは八一年。大学院に入った年ですが、社会のために役立ちたいはだいたい三〇%台です。ところが二〇一〇年ぐらいを見ると、六〇%台です。自分たちの世代のほうが、なんとなく皆さんよりも社会や政治に興味関心を持っている気分でいましたが、データを見ると、少なくとも国や社会のために役立ちたいと思っている人は増えているのです。

二〇一一年以降をみると、もっと差がはっきりします。

先ほどは二〇代だけを取り出しましたが、日本全体と若者のレベルで比べたらどうなるのか。確かに若い人のほうが、若干、個人志向が高い傾向はありますが、大差があるというほどではありません。ほとんど国民平均と変わりません。そして若い人の社会志向は、ほとんど変わりません。二〇一一年以降を付け加えると、ますます社会の役に立ちたいと思っている。あるいは個人志向に対して、社会志向が高まっています。

特におもしろいのは、二〇一二年の調査です。日本全体として見ても、急に社会志向が高まっています。理由は、はっきりしています。二〇一一年の三月一一日に、あの原発事故や津波があったからです。それをきっかけに、国のため、社会のためにやらなきゃと思った人が、いっぱいいいた。だから日本人の全体平均として伸びているわけですが、よく見ると、全体の伸び率は大したことがありません。ところが、二〇代だけはいっきょに一〇ポイントぐらい上がっています。

つまり「三・一一」の出来事をきっかけに、自分は社会のために、国のために何かやりたいと思った人が、若い人にはたくさんいた。それより上の世代の人は、それほどでもなかったということです。「三・一一」が若い人に主に影響を与えたことが、これだけでもよくわかるわけです。

## 『シン・ゴジラ』の甘い解決

ここも皆さんに問いとして残しておきますが、見てきた二つの結果の間には、矛盾があります。投票率で見た場合には、若者は政治や社会にあまり関心がないということを示唆している。

先般から一八歳以上は選挙権を持ちましたが、一八歳の人は選挙にあまり行きませんでした。もっと驚くべきことは、一〇代に選挙権を与えるときに、その選挙権付与に積極的だったのは上の世代の人たちであり、一八歳、一九歳の人は反対派が多かったということです。

選挙権の拡大とは、それまで選挙権がなかった人たちが選挙権を寄越せと言い、既得権がある人たちが防衛する構図が普通です。その間の駆け引きで、今まで選挙権がなかった人が獲得していきました。例えば資産、納税額によって選挙権がある・ないが決まった時代や、人種によって違っていた場合、あるいは性別によって違っていた場合です。常に選挙権がない人たちが要求し、既得権者がそれに抗しきれずに少しずつ選挙権は拡大していきました。これが普通、常道の民主化でしたが、今回は選挙権をやるというのに要らない、「おまえ貰《もら》ってくれよ」という形で選挙権が拡大している。

若い人は投票には行かない。ところが、政治や社会に関心がないのかというと、先ほど言ったように、三〇年前よりも社会の役に立ちたいと思っている若者の数がグンと増えています。

このデータは若者一般で見ていますが、オタク的なものにイメージされている若い人たちの実際の態度、メンタリティは、意外と社会や国のために物事をやりたいということがわかるわけです。その流れの中で、『シン・ゴジラ』という作品もあるわけです。

つまり、三〇代ぐらいのオタクっぽくって使えないねと思われていた人たちが、実は意外と社会のために役立つし、役立ちたいとも思っていて、使命感もあり、必死の行動をとる。細かく見れば、ダメそうだった政治家も、意外と最後には頑張ったという話も出てきたりする。

大まかに見れば、『シン・ゴジラ』という映画の持っている思想ははっきりしているように映る。

しかし、やはり一個の思想として見た場合、真に僕らが現実の中で問題にしている状況との関係から考察すると、まだ甘い解決に留《とど》まっている気がしています。

どういうことか。もちろんゴジラなど現実には出てこないわけで、映画の中のほうが大変なことになっています。しかし、勝負の分かれ目として出てきているものはオタクのナナリズムになっており、オタクが自分の利益のために頑張っただけでは、大した話ではないわけです。オタクは日本を救い、人類を救ったという話に『シン・ゴジラ』はなっている。オタクたちは、オタクなりのインターナショナルなネットワークを持っていて、世界中の機密情報も動員させたりした。つまりオタクを核に置いた、人類的な連帯です。それが一つの究極の狙い、目標になっています。

オタクたちが自分たちの利益のために頑張っただけでは、大したことではありません。オタクたちがそれこそ国連の安保理にも匹敵するような、世界中の情報通、ハッカーのようなものの連帯の中核になる、というイメージです。この思想が作品の中で一番崇高な部分です。

「ゴジラ」シリーズですから、しょうがないといえばしょうがないのですが、攻めてきているのが怪獣ですから、人類全体の利益が一致するのが当たり前です。

例えば攻めてくるものが、中国だったらどうなのか。中国までいかなくてもIS（イスラム国）であれば、それだけでも状況は複雑になってきます。あるいは難民が押し寄せてきている、であれば、どうでしょうか。ゴジラは怪獣ですから、人類にとって共通の絶対悪です。アメリカにとっても、中国にとっても、フランスにとっても敵です。

いわゆる恐怖映画のパターンの一つですが、ゴジラの場合はたいていこうなります。もとをただせば、ゴジラがゴジラになったのは、今回で言えば核廃棄物が海に捨てられ、それが養分になったわけですから、ゴジラは人間の科学が生み出した負の産物です。そういう意味で言えば、人間が生み出したものです。宇宙からやってきた侵略者とは違いますが、駆除しなければいけない敵であることは、誰の目からも明らかです。連帯できるのは、当たり前と言えば当たり前なのです。

しかし、現実の中で、今われわれが苦しんでいる問題は、そのようにはなっていません。例えば集団的自衛権を問題にするとき、全人類的な集団対怪獣、という構図を想定できないのが、僕らの社会の一番の問題になっています。『シン・ゴジラ』の思想は、まだ、先を考えなければいけない問題を残しているのです。

『シン・ゴジラ』のラストの中のラストで、凍結したゴジラの尻尾の先端が映されます。そこには、骸骨《がいこつ》のようなものがある。あれはいったい何かと、『新世紀エヴァンゲリオン』の何かに関係づけて解釈するものがいろいろ出ています。

日米関係をアイロニーの意識で、「しかたないね、これは」と直視したうえで、究極的にはそれを乗り越えうるポテンシャルを日本は持っている。そのような作品のメインの主張から逸脱する部分が暗示されているのだ、さらに前に進む部分が、微妙に暗示されているんだと、考えようによっては解釈することもできなくはありません。含みのある終わり方にしています。どちらかというと、オタク心をそそる、観客に楽しみを与えるものだと思いますが、独特の謎を残す形でエンディングに行く。

付言ですが、ゴジラは『新世紀エヴァンゲリオン』の使徒みたいなもので、わけもなく襲ってきています。

「スター・ウォーズ」シリーズも悪の帝国を相手にしていますが、相手の帝国にも言い分がある状態です。あれは、もとをただせば冷戦関係をベースに置いています。

ゴジラはそういうものとは違う、有無をも言わせぬ敵や侵略者、災害です。時々、襲ってくる台風と同じです。それから防衛するために人びとが連帯できるというのは、当たり前です。そこに僕は食い足りないものを感じたわけです。しかし、ラストを考えれば、若干の留保もできるかもしれません。

## ウルトラマンは沖縄にとっての日本であり、日本にとってのアメリカである

少し先に行きましょう。『シン・ゴジラ』は明快な作品ですが、確認したいことがあります。

この『シン・ゴジラ』という作品は、いったい何を克服しようとしているのか、です。『シン・ゴジラ』にとって、克服の課題になったものは何か。それを日本のサブカルチャー史の中で考えてみたい。『シン・ゴジラ』の場合は、ゴジラ対人間の対決になっていますが、日本の怪獣物の一つの特徴は、怪獣が怪獣と戦うというパターンが多いことです。ただ戦っているのではなく、片方は善玉、人類の味方です。なぜ人類の味方なのか、よくわからない。

「ゴジラ」シリーズは一九五四年に始まります。最初の『ゴジラ』(本多猪四郎監督)はゴ

ジラだけが出てきます。しかし、だんだんといろんな怪獣が現れ、対決物になっていきます。六〇年代のゴジラ物は怪獣対怪獣で、相手の怪獣が善玉でした。その善玉がある時期からゴジラ自身になります。

怪獣対怪獣のゴジラ物で一番有名なのは、一九六四年の『モスラ対ゴジラ』（本多猪四郎監督）です。このときはモスラが善で、ゴジラは悪。その同じ年の『三大怪獣 地球最大の決戦』（本多猪四郎監督）でゴジラはモスラに説得されて転向します。俺はこれから人間の味方になろう、と。

善玉とは、正義にかなっているという意味ではありません。要は地球人の味方かどうかです。地球人というのは、ほぼ日本人です。地球人と日本人の区別がつかないところが、この種のシリーズの特徴ですが、地球人≒日本人の味方である。そして、善玉怪獣が悪玉怪獣をやっつける。

どこがポイントかというと、『シン・ゴジラ』は人間が自分でやっつけようとしています。まず、自衛隊が出る。しかし奮戦虚《むな》しく、ダメでした。次に在日米軍が最新鋭の爆撃をしますが、これもダメ。最後にオタクたちの奇襲作戦で成功するわけですが、どこにも善玉怪獣はいません。しかし長いあいだ、日本の怪獣映画では、特に一九六〇年代は怪獣が怪獣をやっつけてくれていました。

その典型が『ウルトラマン』（円谷一ほか監督、一九六六〜六七年）です。

ウルトラマンは、人間とよくルックスが似ているので忘れてしまいますが、考えてみれば怪獣です。

この「ウルトラマン」シリーズは、一九六六年に始まります。このシリーズについて、佐藤健志《さとうけんじ》さんという、僕より一〇歳くらい若い評論家が、一九九〇年代の初頭に『ゴジラとヤマトとぼくらの民主主義』（文藝春秋、一九九二年）という本を書いています。

今では当たり前になりましたが、アニメや、マンガ、特撮物など、要するに娯楽作品を本格的な社会評論の対象にした最初の本です。この中でウルトラマンについて、かなり詳しく書いています。

結論的に言えば、ウルトラマンは日米安保条約の比喩《ひゆ》になっているという指摘です。「ウルトラマンシリーズ」の初期のシナリオライターは金城哲夫《きんじょうてつお》さんという人です。非常に有名な人でしたが、「ウルトラマンシリーズ」を手がけた後に変死というか、自殺に近いような破滅的な仕方で亡くなってしまいました。金城さんには何か深い悩みがあったのです。

どういうことか。金城は沖縄によくある苗字で、彼は沖縄の方でした。そして、『ウルトラマン』が始まった一九六六年は、沖縄はまだ日本に復帰していません。沖縄が本土に復帰するのは一九七二年ですから、当時は、米軍の占領下にあったのです。

米軍占領下の沖縄を知っている金城さんが、「ウルトラマン」シリーズを書くわけです。彼は、この子ども向け番組のイメージをどのようにつくっていたのか。

沖縄は、いわば弱い小さな国です。そのために沖縄は、日本に復帰して、日本という社会を頼りにせざるを得ない。そして同じように、日本も実はアメリカを頼りにせざるを得ない。

だから、比例式が成り立つわけです。沖縄と日本の関係は、日本とアメリカの関係に等しい、と。

弱いがゆえに、強くて大きいものに頼らざるを得ない。それでやっと独立を保つことができる。そのような構造になっているわけです。

つまりウルトラマンは、沖縄にとっての日本であり、日本にとってのアメリカであると。だから日本に即してはっきり言うと、日米安保条約の比喩になっているのです。これは佐藤健志さんの説ですが、僕も正しいと考えています。

侵略者がやってくると、科学特捜隊が一応、活躍する。けれども、絶対、勝てない。つまり自衛隊は勝てない。そこに善意のウルトラマンがやってきて、助けてくれる。そういう構造になっています。

ここが、この作品の最大の弱点というか、難しいところです。ウルトラマンも地球人であればわかります。だけど、違う。ウルトラマンにとってバルタン星人も、ベムラーも、地球人も、みんな外国人です。それなのに、なぜ地球人を助けてくれるのか。

ここで、金城さんは悩んだと思います。ウルトラマンの善意に頼らざるを得ない。善意というか、好意です。

## スーパーマンはアメリカンイデオロギーに共感した

考えてみると、どうしてウルトラマンは、バルタン星人やベムラーではなく、日本人、というか地球人を助けてくれるのでしょう。

僕は子どものときに、このシリーズを見ていました。今でもよく覚えているのですが、子ども心にも、それが気になっていました。なぜウルトラマンは、地球人を助けてくれるのか、納得がいかなかったからです。

皆さん、ウルトラマンがなぜ地球人を助けてくれるか、知っていますか。

日米安保条約の場合は、さまざまな理由があって、米軍も日本にいたいので、条約を締結しています。だが、ウルトラマンと地球人は条約を結んでいない。それなのになぜ助けてくれるのか。

放送第一回にちゃんと説明がされています。ウルトラマンになる科学特捜隊の隊員は、いわば宇宙警察というか地球警察です。あるとき、隊員の一人、ハヤタが地球を監視するために、人工衛星のようにロケットで周回していました。パトロールです。

ところが、そのロケットとウルトラマンが衝突事故を起こし、ハヤタ隊員が死んでしまうんです。交通事故です。ウルトラマンは、非常に申し訳ないことになったと思った。その償いのために、二人で一つの命を共有することになるわけです。

俺の命を普段は使わせてやる。いざとなったら、俺が君に乗り替わると。要するに不注意運転による交通事故がきっかけとなって、仲良くなったという話でした。

しかしこの理由、この動機は、どう考えても非常に弱い。ウルトラマンは三分間で、たまたま地球に漂着したというあまり罪のない理由で怪獣を殺していく。

これは要するに殺人です。そのことに、何の良心の呵責《かしゃく》も感じないような男が、不注意運転で交通事故を起こしたことに関してだけ、なぜそこまで責任を感じるのか。

交通事故に責任を感じる人が、ほかの怪獣に対しては平気で殺人を犯すことができるのはおかしい。無理があるわけです。

つまり『ウルトラマン』は、ウルトラマンがなぜ助けてくれるのかという理由をつくることに、失敗しているのです。それは作者にとっても、大変な悩みだったと思います。「ウルトラマン」シリーズは明らかに、より世界的に有名なスーパーマンを一つのモデルにしています。

スーパーマンはウルトラマンと同じように、実は宇宙人です。彼はなぜ、人を助けてくれるのか。その理由ははっきりとあります。

ウルトラマンは、地球人を助けている。実際は日本人、しかも関東しかほとんど助けていませんが、建前上は地球人を助けています。

一方、スーパーマンは、地球人を助けているのではありません。スーパーマンは、アメリカを助けている。なぜか。思想的な理由です。スーパーマンはアメリカンイデオロギーに共感したのです。

彼は宇宙人。究極の移民です。地球人によって育てられ、自分のような移民も受け入れてくれるアメリカ合衆国の自由と民主主義というものに、非常に共感した。だから、自由と民主主義のために戦う。そうした構造です。スーパーマンは、アメリカの理念に賛成する、というはっきりとした理由があって、助けている。彼のコスチュームも、どこかアメリカの国旗を思わせるような恰好《かっこう》になっています。

一方、ウルトラマンは地球や、日本人の理念に賛成したわけではありません。たまたま最初の交通事故の相手が地球人だったために、助けている。では別の人にぶつかっていたら、どうなっていたのでしょうか。最初にバルタン星人にぶつかっていたら、違う話になっていたことでしょう。つまり必然性のない構造になっているのです。

## 第三者が、自分を助けてくれる必然性は特にないという問題

先に話したように、シナリオライターの金城さんは、だんだんと行き詰まっていかれるのですが、その行き詰まりは、ここの問題と絡んでいると思います。

沖縄は日本に一方的に頼らざるを得ない。少なくとも、そのように感じていた。しかしその日本もアメリカに、特に理由もなしに頼らざるを得ない。

アメリカは、日本人のことを素晴らしいとか、中国人よりも保護に値すると考えて、助けるわけではない。その時の国際情勢によって、助けたほうが有利だという理由で、助けるわけです。

同じ状況に、『ウルトラマン』という作品もぶつかっていく。そのことに金城さん自身

が苦しんだと思われます。

というのは、実際にそうした回があるのです。『ウルトラマン』の後に、『ウルトラセブン』（円谷一ほか監督、一九六七～六八年）という番組が始まる。この二作が「ウルトラマン」シリーズのピークです。

その『ウルトラセブン』に、一九六八年放送の「ウルトラ警備隊西へ」（満田かずほ監督）という有名な回があります。これは『ウルトラセブン』の中でも、特に力を入れてつくったと思われます。普通、毎回三〇分で終わるのですが、この話は二回にわたっているからです。

「ウルトラ警備隊西へ」。どこまで西に行ったかですが、当時の予算では、関西です。世界的組織なのですが、西と言っても関西のロケでした。

その回の中で、ウルトラセブンは宇宙人に「おまえは地球だけ良ければ良いのか」と反論されてしまいます。その反論にウルトラセブン自身も、答えに詰まってしまう。それもそうだというような気分になってしまうのです。

ウルトラマンは地球人ではない。宇宙人なのだから、無条件に地球人を助ける理由はない。そこを突かれて、非常に苦しくなります。

このことに当時の日本人も苦しんだ。

自分は誰かに頼らざるを得ない。その助けがなければ生きていけない。日本の安全は保てない。沖縄の安全は保てない。

しかし、その第三者が、自分を助けてくれる必然性は特にない。内発的な根拠もない。どこにもないのです。

この問題は実は今も変わりません。むしろ今のほうが深刻になっています。例えば『シン・ゴジラ』でも、日本はアメリカの属国だよという台詞《せりふ》があります。属国としてでなければ、国際情勢の中でやっていけないというところがあるわけです。

かつて、冷戦のころは、敵と対峙《たいじ》するフロントラインに近いところで米軍に基地を提供し、米軍もそれを欲するという、ギブアンドテイクのような気分が半分くらいはありました。アメリカにとって日本は、戦略的に有用な場所だから、駐留する理由があるという感じが、少なくともある程度はあった。

ところが、冷戦が終わってしまうと、だんだんとその理由がよくわからなくなってくるのです。そうした時にどうするか。

例えばこう考えてみてください。皆さんに恋人がいる。しかし恋人の心がだんだん自分から離れていきそうな気がする。別れるなら別れていいよと言える度胸があればいいのですが、その人に別れられてしまったら自分はおしまい、例えば経済的に依存していた場合、どうしたらいいのでしょうか。

こうした状況に似ています。そうすると、なんとか好かれないといけません。ではなにをするか。好かれるために、なにか相手に喜ばれるようなことを、してあげようとする。そうしたことになるわけです。

現に日本は今、それを一生懸命にやっています。自分だけの力では守ることができない。そうした精神的な負い目があるために、アメリカに対して、必要以上のプレゼントを与えて、喜んでもらおうとしています。その一つが、集団的自衛権だと僕は思います。

集団的自衛権ぐらいは持つようにしないと、向こうから助けてもらえる根拠もないではないか、と。こうしたことが他にもいろいろ多くあるわけです。

## イデ隊員の悲哀

「ウルトラマン」シリーズのフォーマットで難しいのは、これまで述べたように、ウルトラマンには、自分たちを助けてくれる内的な必然性がないこと。それと同時に、自分とはなにかという問題も出てくるところです。

例えば『ウルトラマン』の場合、科学特捜隊という組織があるわけですが、それが怪獣をやっつけたことはほとんどありません。

『シン・ゴジラ』では、自衛隊はかなりがんばりますが、勝てない。しかし、最終的には人間が勝つ。ところが「ウルトラマン」シリーズでは、最後にウルトラマンがやっつけるわけですから、人間はいなくてもいい、ということになってくる。

そこは子ども心にも感じましたが、さすがにシナリオライターの金城さんも気になった。エッセイでこのように書いています。

ある日、町を歩いていると、子どもたちが公園で怪獣ごっこをしていた。しかし科学特捜隊の役の子どもは、怪獣に捕まっても抵抗もしない。

そこで金城さんが「君、もう少し戦わないとダメじゃないか」と言ったら「いいもん、ウルトラマンが助けてくれるから」と答えた。

これはまずいと金城さんが考え、つくったのがジェロニモンという怪獣です。アメリカ先住民、アメリカ・インディアンのイメージです。彼らもアメリカですから、その辺りはおもしろいですね。

このジェロニモンが登場する回では、科学特捜隊の科学部門にいるイデ隊員が、アイデンティティ・クライシスに陥っていきます。彼はいつも新兵器を開発するのですが、それで怪獣をやっつけたことがありません。そのために「俺なんていなくていい」という心境になっていく。確かに、どう考えても彼の武器が役に立ったことはありません。

客観的に見て、いなくても同じ状態なのですが、彼の悩みを知ったウルトラマンは、ある日彼に花を持たせてやろうとします。

ジェロニモンと戦って、あと一撃で死ぬところまで持っていく。そしてイデ隊員に、トドメを撃たせてあげるわけです。イデ隊員は「やった！」となるわけですが、やはり情けないですよね。

『シン・ゴジラ』が乗り越えなければいけないと考えたのは、このような関係性です。

この映画は日米関係を、きちんと直視している。ほとんどアメリカの属国という状態であり、いざとなったら、アメリカに頼らざるを得ない状況を、まずは直視している。そのうえで「それは乗り越えられるんだ」というメッセージを与えた。

しかし、本当に乗り越えられるのだろうか。乗り越えたことになるのだろうか。この映画の中に暗示されているメッセージは、思想的に、社会的に実質があるものなのか。そういうことを次回、もう少し考えましょう。

# 第二講

## 日本の主権の及ばない範囲が、日米関係にはある

少しサブカルチャーを離れて「対米従属」とはどういうことなのか、そこを確認しておきます。

矢部《やべ》宏治《こうじ》さんという、博報堂出身のジャーナリストの方が書いた『日本はなぜ、「基地」と「原発」を止められないのか』（集英社インターナショナル、二〇一四年）という本があります。

この本は読みやすいのですが、しっかりとした内容で、日本の政治がどういった形で対米従属になっているかを赤裸々に書き、話題になりました。

その中でも、インパクトの強い話を紹介すると、例えば日本の首都圏、横田《よこた》基地の上空をはじめ、一都九県の広範囲にわたって、横田空域という空の領域がある。

ふつうに考えると、ここは日本の領空です。しかし横田空域は、米軍の基地があるために、アメリカ主権の範囲になる。日本の飛行機は、勝手に進入できず、そこを飛ぶことができないのです。

だから皆さんが羽田《はねだ》から飛び立っても、その飛行機は原則的に、横田空域に入ることができない。例えば関西からやってきた飛行機でも、房総《ぼうそう》半島のほうから迂回《うかい》して羽田に入るという、非常にめんどうなことになっています。

沖縄の基地がよく問題になりますが、空を見ると、実は首都のど真ん中にこのような治外法権地帯が存在しているのです。

他にも、これは矢部さんの本を読んで驚いたのですが、米軍の許可さえあれば、アメリカ人は、パスポートコントロールを受けずに、日本国内に入ることができるらしい。

まず横田基地に直接行く。そうして横田基地に着いた米軍関係者がどうやって首都圏に入るかというと、電車や車に乗るわけではない。九九％ヘリコプターで飛びます。そのヘリコプターがどこに到着するかというと、都心中の都心に着くのです。

ここは僕も米軍の施設だとは知っていたのですが、六本木《ろっぽんぎ》ヒルズの近くに施設があって、そこに直接、降りる。そうするとパスポートのチェックなしに、日本に入ることができるのです。

だから日本国内にアメリカ人が何人いるか、現実的には把握できていない、ということになっているらしい。

このように、超法規的に日本の主権の及ばない範囲が、日米関係にはあるのです。

## 残されたGHQ、日米合同委員会

その中でも一番究極的なのは、日米合同委員会という委員会の存在です。この委員会については、関係者以外にはよく知られていない上、法的根拠がない。少なくとも憲法には書かれていないのですが、月に二回のペースで開かれていて、絶大な力を持っているそうです。

南麻布の天現寺《てんげんじ》のあたりにニュー山王《さんのう》ホテルというホテルがあるのですが、ホテルと言っても、その前には軍の関係者が立っています。ビジネスホテルのつもりで入ろうとしても入れてくれず、泊まることはできない。

実はここは軍の施設で、日米合同委員会が定期的に行われる場所の一つになっているそうです。

僕自身、よく通る場所で、すごく目立つところにある。よく見るとアメリカと日本の国旗があるのですが、でも矢部さんの本を読むまでそこが軍の施設だとは知りませんでした。

こうしたところで開かれる日米合同委員会で、重大な政策が決められるのですが、では誰が参加しているのか。

日米関係において、外務省北米局の局長が一番重要な役割を果たします。ですが参加者は外務省だけではない。農水省や法務省などいろんな省庁から参加している。特に法務省は非常に重要で、なぜかというと米軍の法的な地位に関することが、いろいろと課題になるためらしい。

アメリカ側の参加者は、大使館から公使以外のスタッフが出てくるわけではない。言ってしまうと、在日米軍の関係者が出てくる。

在日米軍の関係者と日本の高級官僚が、月に二回のペースで話し合っているわけです。これは日本の閣議などとは違って、決められた内容は原則として公表されない。結局、密約なのです。矢部さんの言葉を借りると、この委員会は「密約製造機」となるのですが、密約と言っても、おそらくアメリカにとってどうでもいいことをいちいち決めたりはしていないでしょう。

例えば、天皇陛下の生前退位についてアメリカは口を出すことはないでしょう。しかしアメリカにとって意味のある、特に安全保障については、ここでかなり決められる。しかもここで決められると、もはや閣議決定でも覆すことができない。

また、基地問題は当然として、原発関係の決定も日米合同委員会の制約がすごく強いそうです。

そのことのなにが問題かというと、民主国家の前提であるシビリアンコントロールに関わるのです。

軍隊を、非軍人の文民がコントロールする。これが民主的な国家であるための必要条件になりますが、日本の政策が、日米合同委員会によって最終的に決められるのであれば、言ってしまえば、米軍関係者が日本の官僚に命令していることになる。

しかも、その命令は聞くしかないことになっている。人事を調べてみると、官僚にとってこの日米合同委員会のメンバーに入ることは、すごい出世コースになるらしい。例えば法務省の関係者でメンバーになった人は、ほとんどが事務次官になっていて、最後には検事総長まで行っている。法的根拠は曖昧《あいまい》なのにもかかわらず、この委員会はそれだけの力を持っているのです。

だから、ふつうに考えるとおかしい。そもそもアメリカ自身が、つまりアメリカの国務省や大使館が、わざわざ「これは民主国家として問題があるのでは」、と言ってくることがあるそうです。ですが、これをやめようとすると、抵抗される。

しかもどちらかというと、抵抗するのは米軍ではなく、日本の官僚側なのです。そのために、米軍の言い分は「彼らがいいと言ってるので、いいじゃん」という状況になる。

もっと極論すれば、こういうことになります。

どんな体制にも非常事態、例外的な状態はあるわけです。例えば革命が起きたり、戦争が起きたり、大きな天災が起きたりした時に、憲法を始めとする法が、一時的に停止され、しばしば軍のトップが緊急事態的な命令を発することがある。日本でもありました。

具体的に言えば、GHQによる支配が、それでした。七年間のGHQの統治の期間は、日本に主権がない状態になっていて、形式的には民主国家のように見えるけれども、本当の決定はできなかった。GHQに拒否されると、なにも決めることができなかった。日本の体制が完全に破綻《はたん》して、国家の体をなしていないときに、米軍が日本の上に立って、指導していたのです。

その状況は、公式には一九五二年に終わっているのですが、日米合同委員会というものがへその緒のように残っていて、ＧＨＱ的な支配が今でも通用するようになっている。

一九四五年から五二年の間のように、日本のメディアを何から何まで統制するなど、そこまでの統治はしないですが、しかし、重要な決定については、日米合同委員会がイエスのサインを示さなければ、日本側では決められないということになっているわけです。

こうした状況を考えると、やはり「対米従属」というのは、本当に実質のあるものだと言えます。

## 日本人の精神の型

ただ、ここからが重要です。

そうなるとふつう「だから日本の官僚は困るんだ」とか「日本の政治家は何をやっているんだ」と考えることになる。ですが政治家や官僚だけが悪いわけではないのです。

皆さん自身は、「日米合同委員会のことなど知らなかった」と感じるかもしれませんが、日本人の中に、何十年もこういう状態できたのに、さほど気にならない精神のパターンというものがある。

一つ、一番わかりやすい例を挙げましょう。これは、政治学者の白井聡《しらいさとし》さんの『永続敗戦論』（講談社＋α文庫、二〇一六年）でも触れている例です。二〇〇九年に、政権交代があったときのことです。

今から考えるとかなり不思議な気もしますが、民主党が圧倒的な人気を得て政権を獲得し、その中でも人気のあった鳩山《はとやま》さんが総理大臣になった。

鳩山内閣の支持率は、就任時、七〇％くらいあったのです。稀《まれ》に見る高支持率でした。その鳩山さんが、とりわけ重要な公約の一つとして、普天間《ふてんま》基地の移設問題を挙げていた。彼の言葉を使えば、「最低でも県外移設」。

最低でもということですから、できることならば、日本国内から普天間基地に対応する基地をなくしたい。最悪でも沖縄県の外に移設しよう。そのことを彼は最低限の公約として挙げていたわけです。

しかし今日、辺野古《へのこ》沖に移設という話になっていることからもわかるように、県外移設などという公約は、まったく果たすことができなかった。そうした話には全然ならなかったのです。

当時、二〇一〇年の五月、鳩山総理は沖縄に行き普天間基地の視察をした。そして、そのおよそ半日後に、「普天間基地を県外に移設することは、不可能であると、あらためて確信しました」と言って公約を撤回した。突然、豹変《ひょうへん》してしまったのです。

そのとき、日本のマスコミや世論はこぞって「とんでもない政治ショーだ」などと、激しく鳩山総理を批判した。

もちろんそれも問題だったのですが、しかしよく考えてみると、一番問題なのは、鳩山総理の転向ではない。そうではなく「一国の総理が、外国の駐留部隊のリーダーと少し話し合っただけで、意見を変えざるを得なくなってしまった」ことです。これは、とんでもない内政干渉です。

例えば大統領がやってきて総理を説得した、あるいは最悪でも国務長官が来て話したということならまだわかります。

けれども実際は、アメリカの、しかも田舎の支店にいる支店長みたいな人が決めてしまったら、もう日本の総理の言うことは通らない。さらにこうした状況を、「鳩山総理がいけない」と言って日本人は当たり前のように受け入れているわけです。この日本人の精神の型のようなものが、非常に問題だと感じます。

いつから、こうした状況になってしまったのでしょうか。先ほど述べたように、この日米合同委員会は、残されたGHQです。ということを考えると、実に早い時期から、戦争直後の状態から始まっていた。

『シン・ゴジラ』はある意味でその精神の型をはっきりと問題にした。あるいは少なくともそれを直視することから始めるというポイントが、ある意味、新しかった。

## アメリカは日本の善意の救済者でなければならない

次頁の絵は加藤悦郎《かとうえつろう》さんという漫画家が、一九四六年に描いた絵です。この人は戦時中から、こうした時事的なテーマのマンガを描く人だったのですが、一九四六年の八月、つまり、ちょうどGHQの統治が始まって、ほぼ一年経ったところで、その一年間を振り返るマンガ的な絵を何枚か描いています。

そのうちの一枚がこちらです。

真ん中に立っているのが日本人です。よく見ると、手枷《てかせ》、足枷があったらしく、鎖が残っている。しかし、そこは切断されている。切断してもらって良かったと言って、伸びをしているわけです。そして切断したのが、後ろにあるハサミ。

このハサミの真ん中に星印が付いていることから明らかなように、これはアメリカの象徴なのです。これが日本人にとっての、終戦のイメージでした。

このイメージでとらえると「アメリカは日本人を解放して救済してくれた」という構図になる。つまり、日本人は救済されるのを待っていた。そこにアメリカが来たということになります。

鎖は切断された
——しかし、我々はこの鎖を断つために一滴の血も汗も流さなかつたことを忘れてはならない。
人民

**加藤悦郎氏のマンガ**
出所:加藤悦郎『贈られた革命』
(コバルト社、1946年)

その構図のどこに問題、どこに欺《ぎ》瞞《まん》があるのか。

「救済された」ということであれば、負けたことにならずに済んでしまう。

なぜなら、自分たちは救済されるのを待っていて、アメリカはその日本人を助けようとしていたわけですから、日本人とアメリカは同じ側にいることになります。

わかりやすいように前回の話と関連づけて言えば、ハサミはウルトラマンです。ウルトラマンは人間を助けてくれる。だからウルトラマンと人間は味方同士。同じように、昨日まで戦争をしていたアメリカは、自分たちの味方。味方に助けてもらって、重りから解放してもらったわけですから、ぜんぜん負けたことにはならない。そうした構造なのです。

しかしその構造は、論理的に見ると、やはり非常に微妙な破綻がある。「解放してもらった」ということは、では誰が日本人を束縛していたのかという問題が残るわけです。悪い奴は誰か。それがいないと成立しないのですが、絵では後ろのほうに、申し訳程度に小さく描かれています。

ウルトラマンとの対比で言えば、本当は怪獣サイズで描かれるべきなのですが、非常に小さい。ないと構図が成立しないから描いたけど、今ひとつ自信がないという感じです。絵から判断すると、警察官僚ないし軍隊関係者と悪い政治家といった存在なのでしょう。

ただ、もし「日本人は誰から解放されたか」の「誰」を敢《あ》えて描くとすれば、厳密に、論理的に言えば、天皇陛下でないとまずいことになる。ところがそれは描けない。描きたくない。あるいはそれを避けている。

天皇陛下は怪獣ではない。強いて言えば、この解放者の仲間ととらえたいのですが、それはそれで、アメリカ人に助けてもらった天皇陛下の図になってしまうので、それもおもしろくない。

ところが、では軍関係者が日本人を鎖に繋《つな》いでいた悪者だとすると、軍の上に立って主権を持っていた天皇はどうなるのか。そうしたことを考えると、やはりこの図は、本当は破綻しているのです。

こうした構図が、すでに一九四六年の段階にあった。

敗北して、敵に制圧された。バカな戦争をしてしまって負けた。その事実を、あたかも助けてもらうのを待っていた日本人を、何らかの善意を持っている救済者、ウルトラマンであるアメリカが、救ってくれた構図に読み変える。しかも大きく見れば、その構図が七〇年以上経ってもまだ、そのままになっているのです。

これはいわば、日本が戦争に負けたことの否認です。負けを認めないでいるためには、アメリカは日本の善意の救済者でないといけない。

僕らは戦争が終わってから、はるかのちに生まれているにもかかわらず、そのフレームワークを脱することができずに、ずっとやってきているのです。

負けたときに、負けたことを認めなかった。その図式が続いていて、僕らはその中を生きている。

その状況を直視し、反省したのが『シン・ゴジラ』でした。「自分たちの力でゴジラをやっつけた」とは、そういうことになるのです。

## 負けているのに、勝ったことになっている

もう一つ、別の比喩で敗戦について話します。

文芸批評家の加藤典洋さんは、日本の戦後や、敗戦のことを一番深く考え続けてきた批評家です。

団塊の世代の人ですから、彼も戦後生まれなのですが、この加藤さんが一九九七年に『敗戦後論』（講談社、文庫版はちくま学芸文庫、二〇一五年）という、かなり画期的な評論集を書いています。その中核になっている、本そのものと同じタイトルの評論「敗戦後論」が書かれたのは、その二年前の一九九五年です。

この評論は賛否両論、というか批判する人のほうが多かった。ですが、批判が多いということは、人々の心のなにか敏感な部分に触れているわけですから、実は核心を突いている場合がよくある。「敗戦後論」も、その一つだと思います。

この「敗戦後論」の冒頭で加藤さんが、日本人が自分で思い描いている敗戦についてたくみな比喩で語っています。

加藤さんが子どものころに、小学校の遠足に行った。山の公園のようなところに行ったら、たまたま隣の学校も遠足に来ていて、子どものことですからやがて加藤さんのグループと喧嘩《けんか》になってしまった。

お互いのグループで一番強い者同士が出てきて相撲で決着をつけることになったのですが、その結果、加藤さんのグループの代表は負けてしまう。しかし負けて転がった時に、

たまたま柔道の巴投《ともえな》げのように、相手も回転させて、投げたような形になったそうです。そこで加藤さんたちのグループは「勝った。柔道で勝った」とやりだした。さっきまで相撲だったのに、結果が出てから柔道に変わる。そうすると、こちらが勝ったことになっている。

相手のグループはもちろん「狡《ずる》い」と怒るわけですが、加藤さんたちは「いや勝ったじゃないか。だって巴投げが決まったじゃないか」と言うわけです。

それで勝ったことにしたのですが、加藤さん自身も、釈然としないものがあったそうです。

このエピソードを例に挙げて、加藤さんは「日本の戦後はこれに似ている」と書いた。本当は負けているのに、勝ったことになっている。少なくとも自分たちは、勝った側にいたかのような扱いになっている。そうしておけば、負けたことにならないから。

ただしその欺瞞には、自分たちを解放してくれたハサミに従属しなければならないという、大きな代償が伴うわけです。それが七十何年間も続く、対米従属のスタートでした。

それがどういう結果を生んだか、もう少し話しておきます。

山崎豊子《やまさきとよこ》という国民的作家がいます。この人の作品は、累計四〇〇〇万部も売れているそうです。医療の現場を扱った『白い巨塔』（新潮文庫、二〇〇二年）や、企業を描いた『沈まぬ太陽』（新潮文庫、二〇〇一～〇二年）など、ほぼすべての作品がドラマや映画など映像化されています。

その山崎豊子の作品の中に『二つの祖国』（新潮文庫、二〇〇九年）という、もとは一九八〇年代の初頭に書かれた、長篇があります。

この『二つの祖国』は、NHKの『山河燃ゆ』という一九八四年の大河ドラマの原作になりました。大河ドラマは、例えば『真田丸』（三谷幸喜作、二〇一六年）のように戦国時代や、せいぜい明治維新までの時代を描くことが多かった。しかし、『山河燃ゆ』は、戦前、戦中や戦後の東京裁判までの時代を描き、大河ドラマ史上、最も新しい時代を扱ったものになっています。つまり朝の連ドラが扱っているのと同じくらいの時代を描いた。

主人公は、天羽賢治《あもうけんじ》。彼は日系アメリカ人の二世です。松本幸四郎《まつもとこうしろう》（現在の松本白鸚《はくおう》）が演じています。三船敏郎《みふねとしろう》が彼の父親役です。

この父親はあまりに貧困だったため、一〇代の終わりに鹿児島からアメリカに渡って、稼ごうとした。最初はほとんど奴隷のように働かされたのですが、そういう苦しい労働に耐えながら、ロサンゼルスのリトル・トーキョーに、AMOH LAUNDRY《アモウランドリー》というクリーニング屋を開いた。

これから話すのは、この作品のほとんど結末に近いところで出てくる、一つの小さなエピソードです。

天羽賢治には、梛子《なぎこ》さんという、この人も日系二世の恋人がいた。島田陽子《しまだようこ》さんが演じています。

二世ということは、アメリカ生まれ、アメリカ育ちなのですが、戦争が始まった時、日系人はアメリカに残った人と、日米交換船で帰国する人に分かれた。残った人も、強制収容所に入れられて、大変な苦労をします。

　梛子は、本当はアメリカに残りたかった風もあるのですが、差別されて収容所に入れられたこともあり、日本に戻りたいと、日米交換船で帰国してきた。ところが、この人の実家は広島にあったために、被爆してしまうことになる。

　ここで紹介したいのは、この梛子が残した遺書です。

　その遺書に書かれていたのは「小学校から星条旗に忠誠を誓い、『合衆国よ永遠なれ』と心の底から国歌を唱《うた》い続けて来たこの私は、アメリカの敵だったのでしょうか――」という内容でした。

　もしかしてアメリカからの帰国子女の方で歌ったりしたことがある人もいるかもしれませんが、アメリカの小学校では、必ず朝、国旗とそれからアメリカ憲法に対する忠誠を誓う時間があります。そのためにアメリカの人は、小さい時からコンスティチューションというものを知っている。

　梛子さんも日系アメリカ人として、国旗と憲法に忠誠を誓ってきたのに、原爆を落とされた。そこまで自分はアメリカの敵だったのでしょうかと嘆いて、死んでいくことになります。

## 「原爆を落とされて、あんなに怒らない国はない」

僕も知って驚いたデータがあります。

戦争が終わった直後、終戦の一ヵ月後から四ヵ月後に、アメリカ合衆国は日本に、戦略爆撃調査団というものを派遣した。そして日本全国でさまざまな調査をした。

戦争は一九四五年の八月に終わっていますが、その後の九月から一二月ぐらいの時期に調査をしたわけです。日本はまだひどい状態でした。

彼らの調査の中でも特に重要なものは、「原爆投下に対して、アメリカに憎しみを感じますか」という質問でした。

この質問に対して「憎悪を感じる」と答えた日本人は一二%なのです。八人に一人ぐらいしか、憎悪を感じていないのです。僕は非常に驚いた。もちろんその数字のあまりの少なさに対してです。

日本全国で平均しているから、この数字になるが、広島や、長崎であれば違うだろう。そう思って見ると、広島・長崎で調査しても、一九%にしかならない。つまり五人に一人です。これはやはり驚きます。

先ほど、なぜ椰子の話をしたかというと、この人は日系アメリカ人でした。考えてみれば、たまたま広島にいただけで、アメリカはこの人のことが憎くて、原爆を落としたわけではない。だから「私はアメリカの敵だったのでしょうか」と悩む必要は、本当はない。自分は運が悪かっただけだとは、椰子もわかっている。

それでもなぜ「自分は敵だったのか」と悩んだかというと、原爆を落とすということは、あまりにも過剰な憎悪の表現だからです。そこまでやるかという憎悪です。

あまりにも多すぎる、あまりに強烈な憎悪というものを日系二世の棚子は感じた。これはなんなのだ、と感じ、私はアメリカの敵なのか、と言いたくなった。そして死んでいく。

棚子の話は創作ですが、しかし山崎豊子という人は取材をへてノンフィクションのように書くことを得意としていましたから、本当にこうした人がいたのかもしれません。

他方、たまたまそこにいた日系二世ではなく、広島や長崎にはじめからふつうに暮らしてきた日本人たちは、それはもう「俺たちはここまで憎まれる必要があったのか」と怒っていい立場です。しかし当のこの人たちは、五人に一人ぐらいしか憎しみを感じていない。

これはどういうことなのでしょう。

「人を憎むのは良くないことだから、憎まないほうがいい。そんな日本人は立派だ」といった話になるのでしょうか。でも僕は、それは立派だと思いません。

例えばですが、アウシュヴィッツに収容されたユダヤ人が「あなた、ナチスを憎みますか」と聞かれて「いや、憎しみなんか感じません」と答えたら、そのユダヤ人は立派だということになりますか。僕はならないと思います。

同じように、日本人が原爆を落とされたことに、さして憎しみを感じないのは、やはりどこか変だと感じます。しかし問題は、なぜそうなるのかということです。

これは日本人が我慢強いとか、寛容であるとか、人を許す気持ちが発達しているとか、そうしたことではない。そうではなくて、この戦争を、どういう図式で見たか。どういう枠組みで理解したかに関係がある。

　つまり原爆も含めて、「アメリカに解放された」という図式で考えている。その図式で考えると、助けてもらっているのだから、憎む気にはなれないのです。

　アメリカは、日本に原爆まで落としているのに、日本人は、なお広い意味での自分たちの味方であると見なした。だから、憎しみは湧かなかった。しかし僕は、やはり本当は憎むべき時だったのではないかと思います。

　例えば、これは先ほどの加藤典洋さんから直接聞いた話ですが、森有正《もりありまさ》という、パスカルの翻訳などで有名な、非常にすぐれたフランス文学者がいます。明治維新の大政治家、森有礼《ありのり》の孫にあたる人です。

　ほぼフランスで暮らしていたのですが、彼のエッセイ「木々は光を浴びて」(『森有正エッセー集成　5』ちくま学芸文庫、一九九九年)で、フランス人の女性と「広島と長崎に原爆が落ちた。では三発目の原爆は、どこに落とされてしまうのでしょうね」という話をしたエピソードが出てきます。その時、彼女は即座に「三発目も、また日本だ。確実じゃないの」と答えたそうです。なぜか。「原爆を落とされて、あんなに怒らない国はない」からでした。

　もしかするとこれは森有正のつくり話だったのかもしれない。しかしやはりあの時、怒らないのは、少しおかしかった気がします。森有正には、そういう違和感があったのです。

本当はつい昨日までアメリカの敵であり、自分たちはアメリカの敵として原爆を落とされた。しかし救済という図式を維持するためには、アメリカが味方でないといけない。自分たちはそのアメリカに解放されるのを待っていないといけない。つまり過去の書き換えが起きていた。

先ほどの加藤典洋さんの比喩のように「相撲をやっていたのに、実は柔道だったことにした」というような、そうした書き換えです。

## 『砂の器』

ここで一度、話をまとめると、『シン・ゴジラ』が標的にしていた日米関係というものの、精神的な枠。敗戦の直後から準備されてきた、この枠があるからこそ、日米合同委員会が何十年も続いていても、平気で生きていられるという状態に、日本人はなってしまっている。

そこから結論に行く前に、少し時代を移して、一九六〇年代から七〇年代の序盤、つまり高度成長、日本の経済が最も調子の良かった時代。よくバブルの時代が一番お金があったと言われますが、本当に経済が成長し、戦後からの回復を達成していったのはこの時期です。この時期に大ヒットした、三つのミステリー作品について話します。

いずれも小説がベストセラーになり、映画も大ヒットしました。

一つは松本清張《まつもとせいちょう》の『砂の器』（新潮文庫、一九七三年）。これは二〇〇〇年代になってから、元SMAPの中居《なかい》君の主演でリメイクされているので、知っている人も多いかもしれません。もとは一九六〇年から六一年に書かれた作品です。原作小説がベストセラーになっただけではなくて、後に作られた映画もすごく評判になりました。

どういう話かというと、犯人になるのは、和賀英良《わがえいりょう》という新進気鋭の若手音楽家。ものすごく注目されていたアーティストで、国会議員の娘とも婚約している。当時はまだ日本人が海外になかなか渡航できない時代ですが、アメリカに留学することも決まっていた。

そうした、成功の塊のような人です。ところが、この人が殺人を犯してしまう。殺されたのは一介の巡査。厳密にいうと、元巡査部長ですでに退職していたのですが、この人が殺される。

ある日、和賀のもとに年老いた、三木《みき》という元巡査部長が訪ねて来ます。実はこの人は、和賀が子どものときに彼を助けて、一時、自分の子どもの代わりに育ててもいいぐらいに思ったことがある人でした。

元巡査部長は、和賀英良の写真を見かけて、「あ！　これはあのときの子どもじゃないか。今、こんなことになっているんだ。良かったなぁ」と思って、わざわざ伊勢《いせ》参りの後に、足を延ばして、東京にまで出てきた。新幹線が開業する前ですから、地方から東京に行くのも大変な時代ですが、和賀はただ懐かしくて会いにきただけの彼を殺してしまう。

なぜ。なぜそんなことをしたのか。実は和賀英良には大きな秘密があった。この三木という元巡査部長は、その秘密をばらすぞと脅迫したわけではなく、そんな気もさらさらなかったのですが、和賀英良は、それでも自分の秘密が露見することを恐れて、彼を殺してしまった。

和賀英良という、一風変わった名前は、実はニセで、彼の本名は違った。本浦秀夫《もとうらひでお》という名前でした。

なぜ嘘の名前を付けたのか。実は、彼は父親と一緒に遍路のように、さまよい歩いていた。そこを三木巡査部長に保護された。

ここで重要なのは、彼の父親は、今風に言うとハンセン病、当時の呼び方ではらい病にかかっていたのです。大して感染力のない病気ですが、当時は恐れられ、隔離されたりしていた。

三木巡査部長は、お父さんをすぐ施設に入れて、息子のほうは、自分の子どもとして育ててあげようと考えたわけです。ところが息子の秀夫は、巡査部長の家から、ほどなく失踪《しっそう》し、行方不明になってしまった。その少年が、実は後々の音楽家の和賀英良となっていたのです。

自分の出自と、父がハンセン病の患者であるということが知られてしまったら、今日の成功は、すべて失われてしまう。和賀英良は、それを恐れて、三木を殺してしまった。そうした話です。

この小説の、ミステリーとしてのトリックのベースは「どうやって本浦秀夫が、いつの間にか和賀英良という者に、すり替わることができたのか」というところです。

結論的に言えば、和賀英良が父親とさまよい歩いていた時代は、まだ戦前。太平洋戦争が始まる前でした。和賀はその後、父のもと、さらには三木巡査部長のもとを離れ、ホームレスのようになっているわけですが、戦争中、各地が空襲によって破壊されてしまう。大阪や東京は大空襲に見舞われて、いくつかの役場の資料は全部、焼失してしまった。

そうして戸籍簿等がなくなった後、戸籍を回復しようとしても、現代と違って「クラウドに置いてあります」ということもない。紙ですから、燃えてしまうとなにもない。

結局、自己申告になるわけです。「和賀英良」とは、戦後間もない混乱期に、自己申告を利用して捏造《ねつぞう》した戸籍でした。大阪のあるところに戸籍をつくり、彼は自分の過去との関係を完全に断った。その後、才能があったために新進気鋭の音楽家として成功した。しかしやがて訪れた、善意の訪問者を殺してしまう。そうした物語です。

### 『飢餓海峡』と『人間の証明』

次の作品は、これは『砂の器』の少し後に書かれた、水上勉《みずかみつとむ》の『飢餓海峡』（新潮文庫、一九九〇年）。もとは一九六二年の作品です。この小説もベストセラーになり、映画化もされました。

こちらで犯人になるのは、京都府のある実業家。樽見京一郎《たるみきょういちろう》という地元では尊敬されている名士です。

彼のもとにも善意の訪問者が来る。ある女性が突然、訪ねてくるのです。彼女の場合は、善意どころか、感謝したい、ひとことお礼が言いたいと考えて来た。ところが、樽見京一郎はその女性を殺してしまう。

　この女性は、戦争直後、貧しい時代に青森県津軽《つがる》半島の小さな歓楽街で、娼婦《しょうふ》をやっていた。ある日、訪ねてきた男が、「好きなように使いなよ」と彼女に大金をくれた。その男は、一夜の契を結んだだけで去っていきました。

　そのお金のおかげで女性は、救われた。女性は、あの人は、いったい誰なんだ、一度お会いして、お礼を言いたいものだと考えていたわけですが、ずっと、誰だかわからなかった。しかしある日、新聞を広げると、その男のことが出ていたのです。

　その男はお金持ちで、慈善事業として大金を寄付したというような話が書いてあった。女性は、記事の写真を見て「あ！　あの人だ。舞鶴《まいづる》にいらっしゃるんだ。樽見さんとおっしゃるんだ。お礼を言いたい」と考えて、樽見のところまでやってくる。しかし、殺されてしまうのです。

　この事件も、先の和賀英良と同じように、ある秘密が関係していました。

　樽見はなぜあの時、大金を持っていたのか。今となっては名士ですから不思議はないですが、その女性のもとを訪れた時にお金を持っていたのは、別の理由がありました。

　当時は戦争直後で、日本中が貧乏だった。樽見も貧乏だった。しかし実は彼は、対岸の北海道で強盗殺人に関与していたのです。

　仲間が資産家を襲い、お金を盗み、一緒に海を渡った。仲間のほうは仲間割れが元で海に落ちて死んでしまい、自分だけが海峡を渡り切った。そして娼婦のいる宿で、一夜を過ごしたのですが、その時に仏心が出て、盗んだお金の一部を渡したのです。

男は、盗んだ大金を元手に事業を起こし、その後、成功を得た。つまり樽見は、一〇年ちかく前の殺人事件の犯人だったのです。

女性は、強盗殺人のお金だったということは知らない。ただ、感謝するために来たわけですが、殺されてしまいます。

もう一つ。これは三つの中で最も新しい作品ですが、森村誠一《もりむらせいいち》の『人間の証明』（角川文庫、二〇一五年）という小説。一九七五年の作品で、映画の観客動員もすごかった。麦わら帽子が事件の鍵《かぎ》になるのですが、こちらでは初めて女性が犯人になります。

犯人は家庭問題評論家。家族問題のことについて語る識者です。今で言うテレビのコメンテーターといった女性で、夫も有力な政治家です。

その女性のところに、ある日、やはり人が訪ねてくる。それも、助けてもらいたいと考えてやってくる。しかし今までと少し違って、その人はアメリカからやってきたアフリカ系アメリカ人でした。

その青年は、女性評論家の実の息子でした。しかし彼女は、その息子を殺してしまう。

彼女は、セレブであり、知的な職業についている。かっこいい仕事のできる女といった存在になっているのですが、実は戦争直後に、アフリカ系アメリカ人の米兵の恋人と同棲《どうせい》していた。そして子どもを身ごもった。その子どもは、米兵がアメリカに連れていった。彼女はその過去については、ずっと秘密にしてきた。しかしアメリカの父が亡くなったために、息子が母を訪ねて日本にやってきた。彼女は、自分の過去が知られたらキャリアも終わると考えて、息子を殺してしまう。終戦直後に米兵とつきあっていたとは、娼婦に近い仕事をしていたと見なされるからです。

## 日本人の無意識に残る後ろめたさ

これら三つの作品はまったく独立してつくられているのに、ほとんど同じストーリーの構造を持っていました。

このことを最初に発見したのは、『探偵小説の社会学』（岩波書店、二〇〇一年）などたくさんの本を書いている、内田隆三《うちだりゅうぞう》さんという僕の先輩の社会学者です。内田さんは、『国土論』（筑摩書房、二〇〇二年）という大著の中で、この三つの作品について論じています。

まず、犯人は全員、社会的に非常に成功していた。人から羨《うらや》ましがられる、絶好調の日本の象徴のような人たちです。

しかし犯人たちは、三人が三人とも、自分のアイデンティティ、自分が何者であるかということについて、過去に隠蔽《いんぺい》したある秘密を持っていた。

自分は実は本浦秀夫であった。自分は終戦直後に強盗殺人を犯した。自分は実は、米兵と関係を持って、生きていた。そうした秘密があった。そのために彼らのアイデンティティには、ある位置以上は遡られては困る、大きな断絶があったわけです。

しかもその断絶は様々なように見えて、明らかにしてみると、実は全て同じことに関係していた。つまり終戦直後の混乱期です。犯人たちは、終戦直後の混乱期に、何か決定的なごまかしをしていたのです。

だが、そのごまかしに関わる善意の訪問者がやってくる。訪問者たちは、そのごまかしを使って、脅迫しようなどとは、微塵《みじん》も考えていなかった。しかし犯人にとっては、彼らが存在しているだけで脅威だった。そのために殺していく。

どの作品も、お互いに模倣したわけでもないのに同じ構造を持っていた。しかもどの作品もヒットしています。

その理由は、これらの作品がすべて、日本人の集合的無意識に触れるものがあったためではないかと考えられます。

その「触れるもの」とはつまり、敗戦直後の欺瞞に対する罪の意識。隠そうとすると罪を犯すしかない、ごまかし。

日本人の無意識に「敗戦直後に自分は、何かをごまかしてしまった。私が私であることの証《あか》しになる部分に、何か根本的なごまかしが入ってしまった」という感覚がある。この三つの作品は、その感覚を、寓話のように表現していた。

そのごまかしとはなにか。ずっと話してきた通りです。アメリカに対して、憎悪すべき敵として対処し、バカな戦争をやってしまった。その結果、自分たちは戦争に負けてしまった。このことを否認して、「私たちは初めから自由と民主主義が来るのを待っていたんだ」と書き換えた。そこにごまかしがあったのです。

自分の過去に、スキャンダラスなアイデンティティの欺瞞がある。戦争に負けたときに、アイデンティティをすり替えた。その後ろめたさが無意識に残っていて、これらミステリーのバックボーンになっている。だからこそ、日本人が目を引かれずにはいられなくなる何かになった。そういうことではないでしょうか。

## 抑圧したものは、必ず返ってくる

無意識の後ろめたさを、みんなが持っていた。しかし、それは物語という形で、いわば寓話的、比喩的に表現された。これはいわば、精神分析的な現象です。

精神分析とは、ただの精神医療のことではなく、フロイトという人が一九世紀の終わりから二〇世紀の初頭にかけて開発した、人間の心の治療の技法と、その背景となる理論の集合です。

人間の中にある無意識とは何か。これを発見したのが、精神分析の最大の功績でした。なにかメンタルに問題がある人がいて、今で言うとPTSDのような現象が起きていく。問題は無意識の領域で起きていて、理由はその人にもわからない。談話を通して、その無意識を読み解いていく。それが精神分析のフォーマットです。

精神の中では、しばしば抑圧ということが起きます。自分にとって不都合な出来事を、無意識の領域に抑圧してしまうのです。しかし抑圧したものは、必ず返ってくるというのが、精神分析の一つの教えです。

ただし、返ってくるときには、形を変えて、返ってくる。そのものとして思い出されるわけではなくて、別の形になってくる。

今まで話した例で言えば、日本人は敗戦の事実を否認し、自分たちがどこかごまかしをしたという記憶を、抑圧していた。そのごまかしが、いろいろな形にずらされて表れていたわけです。

例えば先に話した三つの寓話のように、父の病気についての問題点であるとか、かつて犯してしまった犯罪というように、形を変えて表れてくる。

フィクションなのですが、敗戦の時に抑圧された現実が、ずらされて回帰していた。そうした図式です。

もう一つ重要な教えは、トラウマになるようなすごく大きな出来事は、すぐに結果が出るわけではないこと。むしろ何年も経ってから結果が出ることが多い。

例えば、幼児のころに、親族や兄弟や父親に問題があって性的な虐待を受けた場合、それによって起こる精神障害的な反応は、すぐに現れるとは限らない。五歳のときに、そうした出来事があったとして、一〇年も経って、思春期ぐらいになってから、拒食症などさまざまな問題が生じることも多い。問題には潜伏期間があるのです。

そうすると最初は、拒食症になった原因が本人にもわからない。しかし調べているうちに、実は幼児期の性的虐待が原因だったということが、明らかになってくる。

この三つの寓話からも、潜伏していたトラウマという印象を受けます。後に症状となって現れたものの原因は、過去の敗戦だったのです。

敗戦について、それをごまかしたことについて、最初は、大して問題は起きなかった。ところが、高度成長期の成功を収めていく中で「自分たちに、何か根本的に後ろめたいことがあったのではないか」ということを無意識に感じ始める。過去に何か根本的なごまかしがあって、そのごまかしの上に今の高度成長の成功があるのではないかという不安を感じ始めたわけです。

三人の犯人もまた全員が、自分の今日の成功は、敗戦後のごまかしに依存していると感じていた。日本人の不安感をフィクションの形で、エンターテイメントとして提示した。それが、この三つのミステリーでした。

しかし、そこで難しい問題は「では、どのように敗戦を受け止めていればよかったのか」。戦争に負けてしまったことは、しようがないと言えばしようがないのです。では、どのように対処すれば良かったのでしょうか。

「負けた屈辱を、アメリカに助けてもらったことにすればいい」と考えて、そういうシナリオを書いた人がいたわけではない。

敗戦の時を必死で生き延びようとしている間に、日本人の間の無意識の反応で、いつの間にか、そういう図式でものを見るようになっていたのです。

当時はその図式を使ったことで、敗戦のショックが和らげられた。屈辱感はかなり和らげられたわけです。

だから短期的に見れば、「うまくやったな、おまえは」というところもあるのです。しかし、その代償も大きかった。ずっと後になってつくられた『シン・ゴジラ』でさえもまだ、その問題に対応しようとしている。そうした感じがします。

## 木村政彦の忘却と敗戦の否認

どのように代償が大きいのか。このことを別の角度で話します。

日本のテレビ史上、おそらく最初の英雄として力道山《りきどうざん》というプロレスラーがいます。

この人は、もともとお相撲さんでした。横綱、大関にはなってないのですが、幕内に入り、三役にはなった。そこからプロレスに転向して、一九五〇年代に、日本における初の格闘技の英雄になった。

力道山は、ヤクザに刺された怪我がもとで、死んでしまいます。しかしこれから話すのは、この力道山ではなく、彼とセットになっていた人についてです。

木村政彦《きむらまさひこ》という柔道家です。この人は、力道山とタッグを組んで活躍していました。しかし今では力道山だけが歴史に残り、木村は、ほとんど忘れられた存在になっています。けれども、もとはこの人も有名で「木村の前に木村なく、木村のあとに木村なし」と言われた不世出の柔道家であり、専門家の間では、史上最強の柔道家として知られています。彼は戦後、柔道から当時出てきたばかりのプロレスに転向し、力道山とタッグを組んで活動した。そして一九五四年、昭和二九年の一二月二二日に、この二人が対戦します。

テレビはまだ出たて。たいていの家にはありませんが、今風にカウントすれば、この試合の視聴率は一〇〇％でした。

NHKも含めてすべての局が、といっても当時、民放は日テレ一社しかありませんが、この力道山・木村戦を放送したのです。

世紀の一戦です。日本中の人が注視する中で、二人が対決した。そしてこの試合で、力道山が圧勝する。木村は負けたのですが、その後、完全に忘れ去られていくのです。

現在では、いろんな研究がなされています。一九五四年のことですから、過去といってもまだ一部関係者が生きている。評伝も書かれ、新しい事実も出てきているのですが、現在ではこの試合結果は力道山の裏切りによるものだったことがほぼわかっています。

本来、これは引き分けになる予定の試合だった。ところが力道山が本気になって、木村に勝負をしかけたために、表面的には木村が負けた。

つまり、この木村の敗北は「油断していたところに裏切られたためだ」ということになる。しかし、そこまでのプロセスを全部考えてみると、より根深い問題があるような気が、僕はします。

少し大げさな見方をすると、木村の敗北は、実は日本人が戦争の敗北というものにうまく対応しなかった代償の、一つの表れなのです。

試合の後、木村は、力道山よりはるかに優秀、有能で、不世出の英雄だったにもかかわらず、日本人に忘れ去られる。

その忘却は、ただ時間が経ってしまったから、忘れられたのではない。力道山のほうはよく記憶されているのですから。実は、日本人の心の中で、彼のことを忘れようとするメカニズムが働いていた。木村の敗北を、あるいは木村という人を、自分たちの意識の外に追い出そうという集合的なメカニズムが働いて、必要以上に忘れ去られた。そうした気がします。

## 戦争のリターンマッチ

なぜ、一九五四年のプロレスの戦いが、戦争の話と関係があるのか。

まず力道山から話します。そうすると彼との関係で、木村のこともわかってくるでしょう。

力道山は、なぜ有名になったのか。

彼は、実は在日朝鮮人だったのですが、そのことを当時の日本人は知りませんでした。

在日の人の中にも、例えば力道山と仲のよかった、今でもよくテレビで見かける元プロ野球選手の張本勲《はりもといさお》のように、早い段階からはっきり言ってしまう人と、それを隠すことで成功しようとする人の、二種類がいた。力道山の場合は、秘密にしていました。

そのため、日本人として見られていたのですが、力道山の人気は明らかに戦争問題と絡んでいました。

力道山には興行家、つまりイベント屋としての才能があった。彼は当時、シャープ兄弟という人たちと戦ったのです。

シャープ兄弟は、世界チャンピオンというふれこみで、アメリカから呼び寄せた。その シャープ兄弟と、力道山・木村組が勝ったり負けたり、一進一退の戦いを続ける。特に活躍するのは力道山です。試合にパターンがあって、たいてい、前半は木村によって劣勢になり、後半、力道山が挽回《ばんかい》することになっている。木村は足を引っ張る役で、力道山は勝つ役です。

この力道山の戦いに、一九五〇年代序盤の日本人が熱狂した。まだテレビがあまり普及していないので、いろいろ地方を回って試合をしたり、ラジオで放送されたりしたのですが、みんながすごくその試合に注目しました。

その戦いは、戦争が終わってまだ一〇年も経っていない日本人にとって、戦争のリターンマッチだったのです。アメリカから来たチャンピオンと、日本人である力道山が戦う。そういう図式です。戦争に負けたことの屈辱と、力道山人気というものは、明らかに表裏一体の関係にあったわけです。

しかしこの図式については、僕が指摘しなくても、明らかに見えていることです。僕が注目したのは、木村政彦のほうです。彼のほうが、より興味深い人物で、ある種の悲劇性がある。そのことについては次回に話すことにします。

# 第三講

## 勝負師はなぜ八百長のリングに立ったのか

ここまでの流れを復習しておきますと、まず『シン・ゴジラ』の話から入りました。その後、日米関係について考え、『ウルトラマン』や高度成長期とその後の時代に大ヒットした三つのミステリー作品について話しました。それらの作品のベースにあったものは、敗戦という事実に対する関わり方の、失敗。

敗戦という事実を、共同体としてうまく受け入れることができなかった。その歴史的な結果を、我々自身も受けている。そのような感じがします。

そのことを説明するために、不世出の柔道家だった木村政彦の話をしています。

木村政彦について僕が皆さんと一緒に考えてみたい疑問は、二つあります。

一つは、なぜ木村は、力道山戦の敗北に、あれほど高い代償を払わなくてはならなかったのか。どうして、敗北は、彼にとってあれほど高くついたのか。

この疑問については、前回の最後で少しだけ触れました。

木村政彦と力道山の試合は一五分強という短い時間で、決着がついてしまった。木村は一五年間不敗の、史上最も強い柔道家として知られていたのに、この一五分のたった一回の敗北によって、完全に忘れ去られてしまった。

その背景には、当時の日本人に、彼のことを忘れてしまいたいと考えるメカニズムが働いていたということがあります。日本人は集合的な無意識のうちに、絶対に力道山に勝ってもらわなければ困る、と感じていた。なぜなら、力道山は当時、アメリカのチャンピオンというふれこみでやってきたシャープ兄弟と戦い、彼らに勝つことで、日本人の敗戦の屈辱を何％かでも晴らす、ヒーローだったのです。

その彼がもし木村に負けてしまうと、力道山が弱いということになってしまう。あるいは、彼らの試合が、ただの見世物だったという疑いを招いてしまう（当時まだプロレスは筋書きのない真剣勝負と思われていた）ことになります。実は、力道山・木村戦は、いつも足を引っ張る役をやらされていた木村がおもしろくなくなって、本気でやれば俺の方が力道山より強い、と言ったことがきっかけで行われたものです。もし実は、力道山より木村の方が強いということになったら、日本人である力道山がアメリカをやっつけているという構図も壊れてしまう。力道山がシャープ兄弟を倒すという話も、実は、八百長や演技ではないか、という疑いも出てきてしまいます。

だから社会が、日本の社会が、力道山が勝つことを強く望んでいた。おそらく木村でさえも、そのことを知っていたのです。

もう一つの疑問は、そもそも木村ほどの勝負師が、なぜ八百長のリングに立ったのか、ということです。考えてみると、木村は、自分から、「本当は俺の方が強い」と挑発したことがきっかけなのですから、本気で戦えばよいのに、なぜか八百長にしようという話にのってしまうのです。

もちろん、ある種の演技のもとで行われる、プロレスのような興行があってもいいのですが、木村という柔道家の前半生を見た場合、彼が最もやりそうにないことが、八百長の試合に登場することなのです。

なぜ、そのようなことをしたのか。

木村政彦については、作家の増田《ますだ》俊也《としなり》さんの『木村政彦はなぜ力道山を殺さなかったのか』（新潮文庫、二〇一四年）という、人をドキッとさせるタイトルですが、非常に優れた評伝があります。僕の話も、多くはこの評伝に書かれていることに触発されたものです。

この本に詳しく書かれていますが、木村は、一九五一年、戦争が終わってから六年後、サンフランシスコ講和条約が発効する前年に、少数の仲間とともにブラジルに渡っています。

ブラジルで何をしたかというと、柔道を見世物として、興行をしていた。戦後、彼は、そうしてなんとか稼いでいた。後にプロレスに転向することになるのですが、その直前の時代です。

ブラジルで木村たち一行は、彼の地の国民的英雄であるところの、エリオ・グレイシーと勝負しなければならないことになります。エリオ・グレイシーは、グレイシー柔術の元祖にあたる人です。

エリオはすごく強い。木村もすごく強い。どちらが強いか。もともと計画していたことではなかったのですが、現地に入ってからの流れで、勝負することになった。

## 「信じること」と「知ること」という二つのスタンス

当時の背景として理解しておかなければならないのは、ブラジルの日系人社会の八割が、終戦後六年経った段階でも「日本は戦争に負けた」という事実を認めていなかったことです。彼らは、日本が勝ったと考えていました。

日本の敗戦は誰でも知っている世界史的事実ですが、それを日系ブラジル人たちは知らなかった。戦後、間もないころであれば、そういう誤報もあるでしょう。しかしすでに六年も経っていますから、とんでもないと言えば、とんでもないのです。

その理由はいろいろと考えられるでしょう。一つ重要なことは、それほど当時の日系ブラジル人は、不遇だった、ということなのです。

彼らはブラジルで受けていた屈辱を、日本が勝ったと思うことによって、かろうじて耐えることができたのです。日系ブラジル人の大半が、戦後六年も経っても「日本が戦争に勝った」と思いたがっていたという事実に、僕たちは、ただの情報不足とかということではなく、彼らがいかに彼の地で苦しい状況にあったかを読み取らなくてはなりません。

しかし一部の人、普通にポルトガル語の新聞を読むことができたり、きちんと情報が入ってくるような、数少ない人、つまり知識人であったり、特にジャーナリストは「実は日本は負けたんだ」と知っている。知っていながらも、日本人向けの新聞には、逆のことを書いたりしていたのですが。

そうした、負けたことを知っている人と、勝ったと言う人の間で、争いがあった。それは単に意見の相違といった問題ではなく、「負け組」と呼ばれた負けた派と、絶対に負けてもらっては困るという「勝ち組」の間で——こちらの人のほとんどが肉体労働者だったのですが——、血で血を洗う悲惨な争いが続いていた。そうした状況の中に、木村たちがやって来たのです。

少し脚注的に話すと、人間にはものを考える時に「信じること」と「知ること」という二つのスタンスがある。

例えば、「早稲田大学は、立派な大学だと信じています」というのと、「早稲田大学はとてもいい大学だと知っています」。この二つは、ほとんど同じことのように聞こえて、非常に似ているのですが、微妙に違う。

時に人間は、知っていることとは違うことを信ずることがあるのです。このことはよく理解しておかないといけない。

具体的な例を言うと、皆さんは全員、自分はいずれ死ぬことを知っている。「俺は死なない」と思っている人は、いないわけです。

しかしほとんどの人が、自分はいずれ死ぬことを計算に入れず、まるで永遠に生きているかのような感じで、生きている。いずれ死ぬことは、事実として知っているけれども、本当には信じていない。そういうことが人間には起きるのです。

もう一つ、例を出すと、二〇一一年の三月一一日、福島で原発の事故がありました。日本人は、原子力発電所は危険で、事故が起こりうることを「知っていた」。警告する人もいたし、原爆だって落とされているのだから、知ってはいたのですが、事故が起こりうることを、「信じていなかった」。そのために、二〇一一年の三月一一日、現実に事故が起きたときに、不意を打たれたように感じたのです。

この講義でも、大半の日本人が、敗戦したことを知ってはいたが、まるで信じていないかのように振る舞ったことを話してきました。否認していたのです。日本人は敗戦のことを知っていたが、信じていなかった。

## 勝たなければならない歴史的必然性

再びブラジルの話に戻ると、日系ブラジル人たちはさらに強烈で、敗戦という事実さえも否定した。敗戦という事実はない。そのように振る舞おうとしたのです。その意味で、より強烈な否認、否定をした。

そうした状況の中でエリオ・グレイシーと木村たち一行とが戦うことになったのです。最初は木村ではなく、一行のうちの加藤《かとう》という人が、エリオと戦いました。増田さんの本によると、この人は、全日本選手権に出るか出ないかぐらいの実力だったそうです。彼は、エリオ・グレイシーに歯が立たず敗れた。そのことに、日系人がものすごく怒りまくった。

日本の状況と同じです。当時、日本人だと考えられていた力道山がアメリカのプロレスラーに勝つことで、少しだけ敗戦の屈辱を晴らすことができたという話をしましたが、これは日系ブラジル人についても、同じだった。

つまり彼らは、本当のところは薄々、実は負けたらしいということは知り始めていた。だからこそ、日本人がブラジルの英雄、エリオ・グレイシーに勝つことで、溜飲《りゅういん》を下げたかったのです。だが、加藤は完敗してしまった。そのため、日系人はもう本当に怒りまくったのです。

木村たちの宿舎には、日系人が大挙して押し寄せて、ものすごい怒りを爆発させました。当時、木村が「このままでは俺たちは殺されるのではないか」と感じたほどに、激しい抗議、怒り、悲しみがあった。そのために、もはや一番強い木村が、エリオ・グレイシーと勝負しなくてはならなくなった。

ここで細かい背景を説明しておくと、木村とエリオの試合は、ブラジル人にとっても、重要な勝負でした。

試合の行われた一九五一年、その一年前、一九五〇年が、ブラジル人にとって忘れがたい年になっていたのです。

この年、マラカナン球技場で行われたサッカーのワールドカップの事実上の決勝戦。ここでブラジルが勝てばワールドカップを取るはずだったのですが、絶対優勢と言われていたブラジルが、ウルグアイに負けてしまった。

これは「マラカナンの悲劇」として、サッカーファンには有名な話です。特にブラジル人に知らない者はいない。その屈辱がブラジル社会にあった。だから、ブラジル人にとっても、木村とエリオの勝負は、絶対に勝たなければならないものだった。

しかし結果、木村が勝ちます。

その三年後に木村は力道山に負けるわけですが、その時には力道山のほうに、勝たなければならない歴史的必然性があった。いわば、歴史の神が力道山に勝者の役割をふり、彼は八百長のシナリオを裏切ることで、与えられた役割を演じていたと言えます。

一方、エリオ・グレイシーとの戦いでは、木村のほうに勝つ歴史的必然性があった。エリオのほうにも、それなりにあったのですが、木村のほうにより強い必要性があった。それをひしひしと感じて勝負に出て、そして期待どおり、あるいは予想どおり、木村は勝つわけです。

ここで重要なことは、力道山に負けた木村は、その代償が大きかった。人生のすべての栄光を失ってしまった。

ところがエリオのほうは、そうはならなかった。木村に負けたけれども、彼はその後もブラジルの英雄であり、尊敬を集めた。

なぜなのか。エリオ・グレイシーと木村の試合は真剣勝負だったためです。エリオは生涯、木村を尊敬し続けた。グレイシー一家もまた木村を尊敬し続けます。一方、木村と力道山の試合は八百長でした。試合を終えて、木村は力道山を恨むことになります。

## 牛島辰熊という先生

ここから冒頭で述べた二番目の疑問に入ります。

なぜ木村ほど勝敗にこだわった勝負師が、八百長の舞台に上ることになったのでしょうか。先ほどの、なぜ木村の敗北は高くついたのかという疑問より、こちらのほうが難しい問いです。

エリオ・グレイシーの息子、この人は有名ですが、ヒクソン・グレイシーは、自分の父親を破った木村を深く尊敬していました。

その彼が日本に来た時に、木村が後に力道山に負けたという話を聞いて驚いた。そして力道山と木村の試合を映像で見た。ショックを受けるわけですが、その時にヒクソンは「木村は魂を売ってしまった」と言い、「これだけ実績のある武道家が、八百長の舞台に上がること自体が間違っている」と語ったそうです。

その通りなのです。しかし、では「なぜ木村は魂を売ったのか」。それを考えてみたいと思います。

一種の文学的というか、レトリカルな表現ですけれども、先のヒクソンの言葉を使えば、本当に強くなるためには、魂が必要である。

技量があったり、体力があったりするだけでは勝ち続けることはできない。武道家として魂を持っていなければ、本当の意味での技量や体力は発揮できない。

「魂」とは、別の言葉で言えば、大義です。英語で言えば、コーズcause。その勝負に何か特別な意味、特別に輝かしい意味を与えるような、大義。その大義のためであれば、人は勝負に命を懸けることができる。そうしたものです。

木村の場合、もともと、一回でも勝負に負ければ死ぬつもりの人でした。常に切腹用の短刀を持ち歩いていた。そんな彼の試合前の集中力がいかにすごいか。ものすごく勝負にかけていた人です。

その木村にとって勝負の大義とは何だったのか。

はっきり言うと、実は木村という人は、勝負の大義は何であるかとか、哲学が何であるかとか、そうした難しいことを考えるような人ではなかった。強ければいいという、いい意味でも悪い意味でも、ある意味で能天気な、あっけらかんとした人でした。

だから増田さんの評伝でも、木村という人がいかに無邪気で、豪放磊落《らいらく》だったかが語られます。

しかしそれだけではなくて、彼には牛島辰熊《うしじまたつくま》という先生がいました。名前の四文字のうち、島以外は全部、動物。しかも牛と辰と熊ですから、マンガチックなまでに強そうな名前の人です。

この人が木村の才能を、見いだした。先生ですから一回り上の世代になるわけですが、当時、日本一の柔道家でした。木村を単体で考えてはダメで、この牛島辰熊とセットで考えなければならない。ここが重要です。

この牛島は、木村と全然、タイプが違います。写真を見ても、すごく彫りの深い顔の美男子で、内省的な雰囲気を持っている。言ってみれば哲学者タイプなのです。

実際に、牛島は、戦前の思想家であり、軍人であり、ある意味で哲学者でもあった石原《いしはら》莞爾《かんじ》をすごく尊敬していました。

石原莞爾は、東條英機《とうじょうひでき》のライバルでもあり、政治的にはやや冷遇されていましたが、一九四〇年に『世界最終戦論』（中公文庫版の題は『最終戦争論・戦争史大観』、一九九三年）という本を書いています。

彼は、日本を東アジアの盟主にするような形で、東アジアの帝国的連帯を考えていた。やがて世界は日米が地位を分けるような大決戦になる。その大決戦に日本が勝つことで、白人に抑圧されていた東アジアの人民を解放して、グローバルな共同体をつくっていく。そうした思想です。

牛島辰熊は、その石原莞爾を深く尊敬して、石原がやっていた東亜連盟活動というものにも参加しています。

こうしたタイプの人ですから、天皇陛下が見る天覧試合にものすごく重要な意味を与える。皇室とか、天皇というものに対する強いこだわりや、信仰のようなものを持っていた。牛島も強い柔道家だったので、日本選手権のような大会で何度も優勝しているのですが、彼は、現役時代、天覧試合で勝てなかった。だから、牛島は、弟子の木村が天覧試合で優勝したとき、心底から喜んだそうです。戦前、日本選手権で勝つことより、天覧試合で優勝することの方が意味があったのです。

それから、これは実は僕も増田さんの本で知ったのですが、牛島辰熊は戦争中、日本人を欺き続けているとして、東條英機暗殺を企てたそうです。どうやって殺すか。暗殺するしかない。その暗殺の刺客として考えたのは、もちろん木村です。実際には実行しなかったので、東條英機もそこでは死なないわけですけども。

## 牛島を裏切った時に、木村は大義を失った

木村は、この牛島辰熊のことを猛烈に尊敬していた。この人だけを尊敬していると言っていいほどです。絶対的に服従しているのです。

逆に言うと、木村という人は牛島の言うこと以外、まったく人の言うことを聞かないタイプでした。

例えば柔道が得意で、身体が丈夫。しかも腕力もある。木村ほど軍人向きの人はいないのではないかと僕は考えていたのですが、そうではない。実は、木村ほど人の言うことを

聞かないタイプは、軍人としては役に立たないそうです。

軍隊に召集されるけれども、まったく上官の言うことを聞かない。普通の兵士だったら、そこでリンチされたりするわけですが、彼ぐらい強いと、上官のほうが負けてしまう。結局あまりにも役に立たないので、事実上、軍人としては何もしなかった。そのくらい人の言うことを聞かない人物なのですが、牛島にだけは、ものすごく服従していた。

木村自身には大義のようなものはない。だが、牛島先生の言うことは何でも聞く。牛島先生についていく。そうした意識しか彼にはなかった。そうすると牛島が持っている重い大義や哲学を、事実上、木村もまた持っているに等しい状態になるのです。

つまり木村は、師である牛島を媒介にして、大義を持っていた。自分は持っていない。しかし、自分の代わりに尊敬する師が、それを持っている。そのため間接的に木村の勝負にも、大義や哲学が宿ると。そういう構造です。

ここは皆さんにもよく理解しておいてほしいのですが、人間、間接的であっても、やはりやっているということがあるのです。

例えば、今の日本のお葬式ではあまりないことですが、かつての日本や朝鮮半島などには「泣き女」という風習がありました。これは参列者の代わりに、泣いてくれる人です。

お友だちのお父さんが亡くなったとしてお葬式に出る。しかし、そこでは悲しまなければならないのに、直接の面識がないなどして、涙が出ない。そこで泣き女が泣いてくれるわけですが、泣き女が泣けば、社会的には、あなたが泣いたことになる。そうしたメカニズムです。

これと同じです。木村には大義も哲学もない。けれども尊敬する牛島先生には大義がある。そうすると、自分では意識していなくとも、大義があるに等しいことになる。

ところが、先ほどのヒクソンの言葉を使えば、木村は戦後のある時期に、その魂を売ってしまった。つまり大義を失った。木村が魂を失った瞬間は、いつだったのでしょうか。木村は、牛島を媒介にして大義を持ち、魂を持っていた。逆に言うと、牛島という人を裏切った時に、木村は大義を失ったことになります。

では、いつ裏切ったのか。

これは増田さんの本にもはっきり書いてあるわけではないですが、推察はできます。戦後、本当に間もない時期。牛島は、木村がプロレスに行くことには、反対していました。しかし木村は早い段階から、牛島先生に隠れて、ひそかにプロレス転向を画策していた。

牛島は、日本が負けてしまい、柔道の意味もかなり下がってしまったときに、柔道家たちの生活をなんとか成り立たせようとして、プロ柔道というのを旗揚げします。木村もそれに付き合い、連戦連勝を重ねるのですが、なかなかお客さんは集まらない。

そのため木村は、少数の仲間とともに、プロレス転向を画策する。ハワイなど海外に出て、興行を打とうとする。

そのとき、すでに木村は、牛島を裏切っていた。本人には、あまり意識はなかったかもしれないのですが、実は木村にとって、牛島を裏切ることは、魂を失うに等しいことだったのです。

その結果が、いずれ力道山に負けるという致命的な喪失につながる。最初の芽はすでに、戦後間もない時、ひそかにプロレス転向を画策しはじめた時に、生まれていたのです。

**日本が負けた時、牛島の思想もまた負けた**

ですが、僕はこの疑問をもう少し深く考えたい。木村が戦後間もない時期に牛島を裏切ったのだとして、ではなぜ裏切ったのか。

木村は、本当に牛島を尊敬していたのです。あれほど傍若無人で、人の言うことを聞かない人が、牛島の言うことだけは聞き、先生にはかなわないと思っていた。徹底的に心服していた。そうした状況だったのに、なぜ裏切ったのか。

ここからは完全な推測になりますが、僕の考えでは、それには日本の敗戦が影響していた。

日本は戦争に負けました。牛島ひとりで戦ったわけではないのですが、牛島は石原莞爾を強く信じていた思想家でした。

石原莞爾の思想は大東亜共栄圏の思想ですから、日本が負けた時、牛島の思想もまた、負けたということになります。

もちろん牛島は、東條英機の暗殺を考えるような人でした。だから、時の日本政府や日本の軍隊がやっていることに対して、むしろ批判的だったことは確かです。

批判的でしたが、石原莞爾は、戦争遂行論者以上に強く、日本がアジアの盟主になることを主張していた。そのことを考えると、やはり大東亜共栄圏の思想も、戦争によって負けた思想の一つです。

それに牛島は、天覧試合に強い価値を見いだすような人でしたから、皇国思想の持ち主で、天皇崇拝者です。だから、日本が負けた時に、牛島の思想もまた、断罪されたわけです。

さらに述べておくと、例えば柔道のような、日本の武道の延長線上に編み出された格闘技は、GHQが入ってきた時に、軍国主義につながる日本固有の文化と見なされて、厳しく批判されたり、やめるべきではないかという議論が起こったりしました。例えば相撲なども、当時、非常に不振になりました。結果的に、相撲はうまく生き残りましたが。

柔道も、軍国主義につながる精神を鍛えていたと批判され、不振に陥りました。

ただ戦前は柔道というものも、まだ出来立てのほやほや。細かいルールが違っていたりして、いろいろな流派に分かれていました。講道館《こうどうかん》も、その流派の一つに過ぎなかった。むしろ傍流だったのですが、講道館はGHQに対して、非常にうまく対応した。柔道は日本の武芸とは違い、むしろ世界中にあるレスリングと同じようなスポーツであると、打ち出していった。それで生き延びたのですが、ほかの柔術の流れは、敗戦の時にほとんど消えてしまいます。

木村のやっていたのは、高専柔道という、寝技を重視する柔道です。高専とは現在の高等専門学校ではなく、戦前の「旧制高校」と「専門学校」です。戦前の高専は、今の大学とほぼ同格ですので、大学柔道と言っていいのですが、この流れも消えていった。

そうした中、牛島の思想自体もまた敗北したわけです。

思想の敗北に対して、日本人はいかに対応するべきだったのか。ただ政治的に、あるいは軍事的に負けただけではなくて、思想ごと負けているわけです。そうした時に、その敗北をいかに受け止めるか。

いろんな考え方があります。例えば、とりあえず、軍事的に負け、政治的にも負けているが、文化や思想は負けていないと考える。そうした考え方もなきにしもあらずです。

しかしその場合は、政治的には負けたという事実と、文化としては負けていないという捻《ね》じれに、どうやって折り合いをつけるかという問題が出てきます。

特に牛島の場合は、どちらかというと、アジアの盟主になるために、日本は戦争をもっと積極的にやるべきという思想の持ち主だったわけですから、政治的には負けたが、やはり思想は生きているんだ、とはいかない。

牛島だけがいけないわけではない。むしろ牛島はきっと圧倒的にマシなほうだったはずですが、当時の日本人は、なぜ自分たちが思想ごと、文化ごと負けたのか、それを問い詰めきれなかった。牛島にもまた難しかったのではないか、というのが僕の推測です。このことが木村に裏切られるということに、つながっている。

## 私たちも間接的に影響を受けている

こうしたことは、もちろん当時の牛島も木村も意識はしていなかったはずです。

しかし非合理的なまでに牛島を慕い、いわば魅了されていた木村が、なぜ彼を裏切って、八百長をやるような人物になってしまったのか。その理由を考えると、おそらくそれは、日本の敗北とともに、牛島という人から、木村を惹《ひ》きつけていたプラスアルファの何か、微妙なオーラがなくなっていたからではないかと思います。

本人も気づかないような微妙な自信の喪失があった。それが彼に宿っていたオーラを少しずつ減らしていった。

そして、木村は、今までなぜか逆らえなかったその人を、平気で裏切ることができるようになるのです。だが同時に、勝負に対して持っていた哲学や、大義も消えていく。やがて、つまらない試合もやってしまうことになる。そうした経緯だったと思います。

この木村の話で僕が重要だと考えるのは、敗北の影響です。

牛島は、自分でこの戦争の大義はなにか、天皇とはどうした存在かを考えてきた人でした。その結果、敗戦というものを強く受け止めてしまうことになった。

一方、木村は、恐らくそうしたことは考えていなかった。だから、自分自身については負けたという意識はなかったはずです。

しかし、そうした木村でも、敗北の影響を受けていたのです。それが彼の、木村・力道山戦につながっていく。非常に高い代償を払うことになった敗北に、つながっていくのです。

自分では負けた意識もない。悪いことをした気持ちもない。ところが間接的にその影響を受けている。

ということは、僕も皆さんも、自分が負けたわけではなく、負けた意識もないですが、やはり負けというものを前提にした社会を生きている以上、影響を受けている。

戦後、もう何世代目かになる。僕の親は戦争の世代ですが、皆さんの親はおそらく、戦後生まれでしょう。

僕は昔、こう考えていました。

時が経ち、敗戦から遠くなればなるほど、その記憶もなくなっていく。敗戦というものの影響は、時間が解決するんだ、と。

けれども戦後、七〇年以上過ぎても、必ずしも解決されていない。敗戦についての実感もない。事実もよく知らない。それなのに、敗戦にうまく対応できず、敗北の影響を前提にした社会に生き、無意識のうちに影響を受けている。そのような気がします。

**排除された歴史の記憶は、抑圧した記憶よりも重い代償を伴う**

僕は、この話をどうしても皆さんにしておきたかった。

皆さんも、皆さんの親の世代も、敗戦の責任は直接的にはない。戦争を遂行した責任も、直接的にはない。しかし「だから敗戦の影響はない、大丈夫」ということにはならない。むしろ、敗戦について、生々しい実感のある人のほうが、まだその影響を克服しやすい。

牛島と木村でいうと、牛島はまだ、敗戦を意識している分、対応しやすいところもあった。

けれども、意識していなかった木村のほうは、むしろそれが乗り越えがたいものになってしまった。

同じように、戦後、何世代も経って、直接的に敗戦というものを意識しなくなればなるほど、敗戦にうまく対応できていなかったトラウマが、簡単に癒《いや》しがたい形で残っていった。

精神分析では、対応できないほどのトラウマがあったとき、その記憶や、経験、その時の感覚を無意識のうちに、自分がそれを自覚しなくなるように「抑圧」すると言います。

そしてもう一つ、心には「排除」というメカニズムもある。こちらのほうが症状としては重いのです。

抑圧の場合は、本当は知っている。知っているけれども、そのことを意識しないように抑えるわけです。一方、排除は、もはや認知自体を拒んでしまう。ところが認知を拒み、排除してしまえば、それで問題はなくなるかというと、むしろこちらのほうが、より重い精神症状が出ることがある。

戦争の終わったときの状況は、戦後に生まれたわれわれにとって記憶すらない。つまり排除されているのと同じです。しかし排除された歴史の記憶は、抑圧した記憶よりも、より重い代償を伴う。

木村を迎えた日系ブラジル人たちは、敗戦の事実を抑圧するのではなくて、排除しようとした。ある決定的な出来事に対して、本当は知っているんだけど、はっきり自覚しない形に抑圧するか、それとも認知自体を拒むのか。日系ブラジル人は、後者です。

僕らの場合はどうか。僕らは敗戦の後に生まれているから、いわば初めから記憶を排除されているところから出発している。しかし敗戦の影響を、世代を超えて、いまだに七〇年間も受け続けているのです。そのようなことが起こりうる、ということを木村政彦の例は僕らに教えています。

# 第二部

## 善悪の枷から自由になれるか

# 第一講

## あさま山荘事件の衝撃

今日から、新しい話をしたいと思います。

取り上げる作品は『DEATH NOTE』(集英社、以下『デスノート』と表記)です。これはもともと二〇〇三年から二〇〇六年にかけて、『週刊少年ジャンプ』で連載されたマンガです。

大場《おおば》つぐみさん原作で、小畑健《おばたたけし》さんが絵を描いた。この二人で、『バクマン。』(集英社、二〇〇八~一二年)のようにコンビを組んで、執筆していたわけです。

単行本にすると全一二巻。部数についての数字はあてにならないところもあるのですが、翻訳も含めて、正式に売れたものだけでも、何千万部にもなるそうです。海賊版のようなものもあるでしょうから、さらにたくさん読まれているわけです。二一世紀になって、最も成功したマンガの一つと言えます。

アニメ化されたり、映画化されたり、小説化も行われた。テレビドラマやミュージカルにもなっています。いろんな形で繰り返し、つくられてきました。

このマンガは、特に設定が社会学的におもしろく、精神史における現代日本の位置ということでは、非常に重要な作品です。

なぜ重要なのか。そこを理解してもらうために、『デスノート』のことを考える上での前提として、まず戦後七〇年の歴史の中の、二つの重要な出来事について話したいと思います。

この二つの出来事は、皆さんくらいの若い人でも、両方とも知っているはずです。どちらも戦後の節目になった大きな事件。『デスノート』の中心的なモチーフは、善や正義と悪の関係ですね。これから話をすることの二つの事件は、善と悪とが簡単には分けられないパラドキシカルな関係にあるということを実感させる事件でした。

一つは、皆さんもなじみが薄いなりに知識は持っていると思いますが、一九七二年二月に起こった悲惨な事件。当時僕は中学生です。

あさま山荘事件です。この事件の報道は、日本のテレビ史上、ニュース番組としては最も視聴率が高かった。

連合赤軍と名乗る――これは二つの新左翼の組織（赤軍派と京浜安保共闘）が連合しているから連合赤軍と言うのですが――、若い大学生、あるいは大学を卒業したばかりぐらいの若い新左翼の人たちが、ある企業の保養所、あさま山荘に、管理人の奥さんを人質に取って立てこもったのです。そして機動隊と銃撃戦となりました。

この事件は、当時の、ちょうど皆さんのような若い人たちにとって、決定的に大きな出来事でした。

第一部で『シン・ゴジラ』の話をした時に触れた文芸批評家の加藤典洋《かとうのりひろ》さんは、時々「一九七二年の仲間」という言葉を使います。

これは加藤さんの主観的な分類ですが、人でいうと村上春樹《むらかみはるき》、高橋源一郎《たかはしげんいちろう》など、戦後間もなく生まれた団塊の世代の人たち。このあさま山荘事件に衝撃を受けて、社会の見方が変わってしまった世代という意味だと思います。

どういう事件だったかというと、当時、連合赤軍という武力闘争による革命を目指す左翼の若者たちがいた。しかし大した武力は持っていなかったのですが、警察から盗むなどして、銃は持っていた。そして来るべき日に備えて、群馬県から長野県の県境あたりにかけて、「山岳ベース」という基地をつくり、彼らとしては大真面目に革命の準備をしていた。

浅間《あさま》というと軽井沢《かるいざわ》のほうになります。軽井沢は、夏の避暑地ですから、非常に涼しい。しかし事件当時は二月。避暑地の二月ですから、ものすごく寒かった。その寒い中で、戦争ごっこみたいな訓練をしながら逃げていたわけですから、ある意味ですごい精神力だと思います。

一方、警察のほうは、銃を盗んだ凶悪犯として彼らを追いかけているわけです。彼らは逃げて、逃げて、逃げて、最後に五名のメンバーがあさま山荘に立てこもり、機動隊と戦うことになった。最後に機動隊が突入し、敗れます。一〇日間近く戦いを続けるのですが、最後に機動隊が突入し、敗れます。

その最後の突入は、リアルタイムに報道され、先ほど述べたように、ニュース番組の視聴率は最高を記録。この日のことは、当時に生きていた人ならみんな覚えているという、すごい出来事となりました。

僕はこの当時、中学一年生でした。中学の一年といえども、突入した日のことはよく覚えているのですが、正確に言えば、その後の二月の下旬ぐらいの報道のほうが、より衝撃的で、記憶に残っています。当時の若い人たちに、ショックを与えた。いや、日本人すべてが本当に震撼《しんかん》しました。

最初はまだ、機動隊と、共産主義という理想を目指している革命家気取りの人と言ってはなんですけど、そうした若者たちとのあいだの戦いと見られていた。だから一部の学生や若い人たちの間では、連合赤軍側に同情的な気分もありました。はっきり言わずとも、心の中で応援していた人は、きっと多かったと思います。

ところが、彼らを逮捕した後、大変なことがわかってきた。彼らは群馬県の山で、何カ月も軍事訓練をしていた。その間、仲間を、次々と残虐なリンチで殺していって、山中に埋めていたのです。つまり大量殺人事件があった。それが報じられると、それまでは同情的だった人も、もはや同情できないという空気になっていった。

一九六〇年代の末期、あるいはもっと遡《さかのぼ》って六〇年安保闘争の時期から、若い人たちが体制批判をして、特に六八年、六九年は、彼らの左翼運動がピークに達した。当時、東京大学はあまりにもすごい学生運動によって、安田《やすだ》講堂が占拠され、その影響で、六九年三月の入学試験を中止せざるを得なくなった。

しかし六〇年代末をピークにして、そうした運動もやや低調になっていった。それでも、残った過激な人たちが運動を続けていった。

その一部は、一九七〇年に——あさま山荘事件の二年前です——、今でも時々話題になるよど号ハイジャック事件を起こし、北朝鮮にまで行った。彼らは共産主義国である北朝鮮を拠点にして、日本に革命を起こそうと考えたのですが、一部は逮捕され、残りは行ったきりになっています。

こうした流れの最後に、一九七二年のあさま山荘事件が起こった。さらにリンチ殺人のことが報道されて、これで社会主義や、共産主義というものに対する幻想が、木端微塵《みじん》になりました。「ああ、左翼運動って、最後はこういうことになっちゃうんだ」という感覚です。加藤典洋さんも、これを経験した人を「一九七二年の仲間」と呼ぶわけです。

## 善や正義に対する過剰な信仰は、逆に悪へと反転する

この事件の哲学的な意味はなにか。

彼らは共産主義という理想社会を目指していました。ある意味で、純粋に善意だけで、

自分たちが正しいと信じることを追いかけていた。

しかし善とか、正義というものは、あまりにも強く信じ、あまりにも深くコミットして執着してしまうと、逆に悪に転化する。

強烈な共産主義の理想を持ち、そのために戦っていた人は、気がついてみれば、仲間を次々と、些細《ささい》なことで殺していたのです。その事件は、善や正義に対する過剰な信仰は、悪へと反転するという教訓を僕らに残しました。

彼らの間では、少しでも気にいらないことがあると、「共産主義」の大義のもとに厳しい反省を迫られたのです。

一連のリンチ殺人事件のきっかけは、グループの中に少しかわいい女の人がいて、彼女が指輪をしていたことでした。

指輪をしてなんでいけないのかと思うところですが、それが革命への覚悟が足りないと批判された。しかもその女性が、男の人たちに人気があったりもしたのです。結果、厳しく糾弾された。徹底的に自己反省を迫られ、そして反省が足りないと言われ、殴る、蹴《け》るの乱暴を受けるわけです。

若松孝二《わかまつこうじ》監督が撮った『実録・連合赤軍　あさま山荘への道程《みち》』（二〇〇七年）という映画では、こうした例も描かれています。

彼らは山の中で山小屋のようなところに泊まり、這《は》いつくばるようにして軍事訓練に明け暮れていた。そうした生活では、ろくにお風呂《ふろ》も入ることができない。普段はドラム缶を風呂桶《おけ》にして、火で水を温めて、なんとかお風呂にしていたのですが、ある日、二、三人の仲間が町まで出ていって、銭湯に入ってきた。そして、いつもよりもこざっぱりとした顔で、仲間のところに戻ってくるわけです。

そうすると、ほかの人たちが怒り始める。本当は嫉妬《しっと》しているだけなのですが、銭湯に行くことは、――彼らのよく使う左翼用語ですが――「共産主義の地平」では許されるのか、と糾弾する。これは共産主義の大義との関係で、ここで銭湯に行くことは、許されるのか、といった意味です。

そして厳しい自己反省を迫り、やがては殴る、蹴るの暴行を働く。その結果、運が悪ければ、死んでしまう。こういうことを繰り返していくうちに、仲間を次々と殺してしまった。一二人も殺して、それを山に埋めていたのです。

こうした集団では、必ずジャーゴンというか、奇妙な言葉が生まれます。当時、彼らが――もともとは普通の言葉ですが――、独特の意味で使った用語に「総括」があった。総括するとは、普通は、まとめるなどといった意味ですが、彼らの場合は、死に至る自己反省を強いることを意味した。

死に至るまで反省するとは、徹底的な自己否定です。その自己否定を周りの人が助けるわけです。助けるということは、つまり殴る・蹴るわけです。そして最後に本当に命ごと否定される。それを彼らは「総括」と呼んだ。

こうしたことが一〇人以上に対して連続して起こった。彼らの間では、共産主義が、気にいらない人を殺す時の大義になっていたのです。善や正義に対する過剰なのめり込みが、逆に殺人という悪へとつながっていった。

## 小説に込められた思想

『薔薇《ばら》の名前』（ジャン＝ジャック・アノー監督、一九八六年）という有名な映画があります。この映画の原作は、二〇一六年に亡くなりましたが、ウンベルト・エーコという学者としても一流、小説家としても人気という人が書いた同名の小説です。

エーコは、歴史学者であり、哲学者であり、あるいは記号論という新しい学問の創始者の一人です。彼の歴史小説は、とてもきちんとした歴史考証がなされている。歴史的な背景に、フィクションを入れて、おもしろくするという、そうした小説を書く才能を持つ人でした。

彼の小説『薔薇の名前』（東京創元社、一九九〇年）は、ヨーロッパの中世を勉強するためにすごくいい内容です。

なぜこの小説の話をここでするかというと、『薔薇の名前』には、善意に過剰な関わり方をせず、善きものであってもそれを少し突き放してみたり、からかったり、少し笑ったりすることが大事、そうした精神を忘れて過剰に善に関わると、悪へと反転してしまうという教訓が描かれているためです。

主人公は、映画ではショーン・コネリーが演じる中世の修道士、バスカヴィルのウィリアム。彼はフランチェスコ会という、中世の大修道会の一員として、旅をしているのですが、彼が立ち寄った大きな修道院で、連続変死事件が起きる。不可解な状況で、若い修道士が次々と死ぬ事件が起きるのです。

物語は、この事件の謎を解くという探偵小説の構造になっています。しかしそれだけではなく、なぜ若い修道士が死んでいったのか、その理由を考えると、哲学的な意味があって、これがなかなか勉強になるのです。

当時はまだ印刷出版以前の段階ですから、写本と言って、本は非常な貴重品でした。この本をたくさん持っているのが教会、こうした修道会で、そこのライブラリーには古い本が置いてある。その中の一冊に実は毒が仕込まれていたのです。

大きな羊皮紙のページの左端に毒が塗られていた。そのため、ページをめくろうとして指を舐《な》めると、読んだ人は死んでしまう。

なぜその一冊だけに、毒が仕込まれていたのか。その本は、当時、ヨーロッパに一冊しかない、哲学者のアリストテレスの著作でした。『詩学』の完全版です。これはいわば文学論で、特に演劇について書かれていた。この『詩学』の中の、喜劇について書かれた部分に毒が塗られていたのです。

なぜか。当時、中世は、聖書の次にアリストテレスが権威となっていました。「アリストテレスがこう書いている」ということは、聖書に書いてあることの次ぐらいに、真理として信じられていたのです。つまり、アリストテレスが言えば、もうそれで決まりです。そのぐらい権威があった。

ところが、この修道院の指導者、老修道士のホルヘは、あるとき貴重な『詩学』のある部分を読み、そこに喜劇について書いてあるのを知って、驚愕《きょうがく》する。

なぜかというと、彼は厳格な信仰のためには、笑いはいけない、笑いというものは、信仰の敵であると考えていたからです。ところが、あの権威あるアリストテレスが喜劇について「喜劇は人間にとっていいものだ、必要だ」ということを書いていた。

それはとうてい我慢ならなかった。彼にしてみれば、本来の信仰には笑いがあってはいけないのです。そこでアリストテレスの記述を秘密にするために、万が一そこを読んだ人は、必ず死ぬように、毒を仕込んでおいた。そうした物語です。

ホルヘは、善き信仰や、正しいものにコミットしようとするとき、人は笑ってはいけないと考えていた。その思想に対して、ウンベルト・エーコは、人間に笑いは必要であり、たとえ信仰の対象であったとしても、時にはからかったりできる距離を持つことが重要なのだと書いたわけです。

入れ込み過ぎた善や正義、狂信的な信仰というものは、むしろ悪に変わる。信仰する人にとっても、喜劇やユーモアや笑いは必要なのだということが、この小説に込められた思想です。

僕にとって、一九七二年の出来事は、エーコが『薔薇の名前』で描こうとしたことと関係がある。後者は前者への批判、前者への解毒剤としての意味を持つのです。

**東京地下鉄サリン事件**

もう一つの出来事は、あさま山荘事件から、およそ四半世紀後。こちらのほうは皆さんもより知っているはずです。と言っても生々しい記憶がある人は、ある程度年輩になってしまうかもしれない。その事件とは、オウム真理教事件です。その中心に、地下鉄サリン事件があります。

これは、オウム真理教という宗教団体が――今でも名前を変えて残っていますが――、無差別テロを起こした事件です。教祖は、麻原彰晃《あさはらしょうこう》(宗教名)という男です。通勤時間帯、八時ごろ、霞ケ関《かすみがせき》を中心にした東京の地下鉄に、サリンという毒ガスをばら撒《ま》いた。その結果、一三人もの人が亡くなり、何千人もの人が被害を受けたのです。重い後遺症が残った人もいるし、そのときだけの異状で助かった人もいますが、六〇〇〇人以上の人の人生に影響を与えた事件です。

オウム真理教は、当時、公称で一万人ぐらいの信者がいた。本当にそれだけいたのかはともかくとして、特徴的だったのは「仏教系」であると自分たちのことを考えており、出家という制度を特別に重視していたことです。出家してコミュニティをつくる。信者全員が出家するわけにはいきませんが、本来はみんな出家することが望ましいかのように主張していた。

その出家者たちのコミュニティが一〇〇〇〇人を超える、大きな規模になっていた。そうしたものをいきなりつくられても困るのですが、当時、山梨県の富士山麓《ふじさんろく》にある、戦後開拓された上九一色村《かみくいしきむら》（現在は甲府市と富士河口湖町へ編入）という村に安い土地を買って、大規模なコミュニティをつくっていたのです。そこが出撃拠点になった。

彼らは青山《あおやま》に、東京事務所と言われる、東京総本部も持っていました。いいところにあったのです。青山と山梨県。車を飛ばせば一時間半ぐらいで着きます。

そして一九九五年三月二〇日の朝、彼らは満員の地下鉄にサリンを撒いた。世界で最初の、都市のど真ん中で起こった無差別テロです。言ってみれば、今のイスラム原理主義者のテロと同じ宗教テロでした。

このテロには明確な狙いがあって、霞ケ関に向かっていく官僚たちをターゲットにしていた。そのために霞ケ関に乗り入れる地下鉄の三本にほぼ同時にサリンをばら撒いて、多くの死傷者を出した。教祖の麻原彰晃の他に、一七人の信者が犯人だったとされています。直接サリンをばら撒いた信者に加えて、その人を車で運んだ人やサリンそのものを生成した信者がいたからです。

この事件が起きたとき、僕は、既視感を覚えました。先ほど話した連合赤軍事件を思い出したからです。これと同じ既視感を、僕だけではなく、多くの人が抱いたはずだと思います。

地下鉄で事件が起きてから二日後に、オウムの施設に警察がいっきょに突入した。場所は、先に述べた山梨県の富士山麓の上九一色村です。オウム真理教のほうが、大きなコミュニティですから、人数は断然多い。しかしそこにヘルメットをかぶった警官が捜査に入る。やはり、あさま山荘事件と似ています。

三月ですが、富士山の麓《ふもと》ですから、こちらも非常に寒い。その日は春分の日の翌日でしたが、東京でさえも寒い日でした。

## オウムは悪こそが最高の善だという転換を示した

先のあさま山荘事件とオウム真理教事件。これら二つの事件について、僕はこのように考えています。

この二つの事件は、いわばその哲学的構造、哲学的教訓が、ちょうど裏腹の関係になっている。つまり「善のほうから深く入り込みすぎると、悪に向かってしまう」というのが、あさま山荘事件の構造だとすれば、「悪のほうから善へと抜けていく構造」が、オウム真理教事件にはある。

サリンは、たちどころに人を殺す、大量破壊兵器です。それを満員の地下鉄でばら撒くということは、無差別殺人の中でも、最悪の犯罪の一つです。それが悪であることをわかった上で、信者たちはその遂行を、宗教的に非常にレベルの高い、最も崇高な行為である、と意味づけていた。

連合赤軍の場合は、自分たちにとっての理想、善きものについての考え、正義についてのアイデアが悪へと転化した。それに対して、オウム真理教は逆です。彼らの場合、理想や善や、正義について、そのどれにも、まず、執着してはいけないのです。徹底した善の相対主義というのがあった。

本来、誰でも自分なりに、善きものについて価値観はあるわけです。だからどうしてもそれに執着がある。しかしオウムでは、そうした価値観をできるだけ相対化して、執着を解くということをやるわけです。

そして、徹底的に執着が解けているとはどういう状態かというと、「こんなひどいことは、誰にもできない」というほどの悪さえも、平気で遂行することができる心的な状態になる。

いかなることでも平然と実行できるとは、いかなる価値観にもコミットしていないということですから。逆にいうと、ある価値観にコミットしてしまうと、何かができなくなるわけです。

例えばイスラム教というものにコミットしていれば、豚肉は食べられなくなる。あるいは礼拝をしなければならなくなる。それに対して、そんなものは気にしなければ、豚肉だろうが何だろうが、自由に食べることができます。そうしたことです。

普通に考えると、殺人は悪いことであると、みんな理解している。しかし悪いことであればあるほど、それを平気で実行できることが、崇高に見えてくる。みんな実行できないような悪を、平気で行うことが最高の善である。そうした逆転が起きていた。それが先ほど述べたオウム真理教の宗教テロです。

だからオウム真理教事件では、あさま山荘事件の中で盲点になっていたことが、浮上してくるのです。

つまり、あさま山荘事件には、善とか、正義というものに距離を置いて相対化すればいいだろうという教訓がある。

ところがオウム真理教事件は、コミットメントを捨てて完全に相対化するということは、どんな悪でも平気でなしうることにつながるということを示しました。最高に悪いことを平気でなしうることこそが、最も輝かしい、最も崇高な善に見えてくる。悪こそが最高の善だという転換を示した。

連合赤軍に「総括」という言葉があるように、オウムにもジャーゴン、宗教用語がありました。こちらはチベット密教を、自分なりに勝手に解釈したもっと独特のものです。日本人が知っているような言葉ではない。彼らは、その転換を「ポア」と呼んだ。「ポア」というのは、本来は、「死にゆくものの心を確実に身体から抜き出し、より高い状態に移し替える」という意味らしい。

しかし、彼らが「ポアする」と言うと、殺人をするということとほとんど同じ意味です。彼らの教団の中では、「殺してあげる」という意味で、この語を使った。

彼らはもちろん殺人が最も悪い行為、究極の悪であることを知っている。この究極の悪が至高の善に反転するわけですが、なぜ殺人＝ポアが善と解釈できるのかということについての彼ら自身の主観的説明は、次のようになります。

例えば、大澤《おおさわ》が悪いことばっかりやっているとすると、寿命が長ければ長いほど、悪いことが積み重なるわけです。悪業という借金が増えていくような状態です。そうすると一応、建前上は仏教ですので、来世に悪いことが起きると、彼らは考える。

ですから、早めに殺してあげると借金が貯まる前に死ぬので、善いわけです。というわけで他人に対する功徳として「殺してあげる」のが、ポア。殺人という最悪の行いを、それを善としてなしうるときに彼らが使う言葉が、ポアです。以上は、特定の行為（殺人）についてのアドホックで、主観的な――つまり言い訳めいた――説明であって、悪が一般にその極限において最高善に転回する理由を説明するものではありません。


人間の精神は複雑で、悪そのものが、いつの間にか善へと転換する構造がある。

善と悪。あるいは正義と悪というものののパラドキシカルな関係が純粋なかたちで、日本の戦後史の中で現れた事件がオウム真理教事件でした。あさま山荘事件が示す、善から悪への反転はわりと理解が簡単で、そういう狂信的なコミットメントに対しては、「笑い」や「ユーモア」で対抗しましょう、という『薔薇の名前』のようなことも言えます。しかし、オウムが示した、逆方向の反転は、もっと手強《てごわ》く、理解も難しい。そこに暗示されていた善と悪との関係を、さらに劇的に表現している作品が『デスノート』です。なぜ悪が善へ反転するのでしょうか。

# 第二講

## 「理想」「虚構」「不可能」

ここまで戦後史上の二つの事件、両方とも若者の起こした、イデオロギー的な側面を持つ二つの事件について話しました。

一つは一九七二年のあさま山荘事件。革命を目指した若者たちが、あさま山荘というところに立てこもり、警察・機動隊と銃撃を交わした事件。もう一つは一九九五年に起こった地下鉄サリン事件です。この二つの事件は、戦後の精神史において、大きな節目となりました。

僕は、戦後の精神史は一九四五年を起点にして、「理想の時代」、「虚構の時代」、それからもう一つは「不可能性の時代」という三段階に分かれると考えています。

「理想」「虚構」「不可能」。これらはすべて、「現実」という言葉の反対語。

現実に対して「理想」。「理想ばかり高くせず、現実を直視しなさいよ」というときの「理想」です。

あるいは現実に対して、つくり話という意味での「虚構」。

そして、現実に起きることと不可能なこととというように、「不可能」もまた、現実に対する反対語です。

一九四五年から、だいたい一九七〇年前後あたりまでが、理想の時代。

この時期、人生の理想、社会の理想についてのイメージがはっきりしていて、その上、社会的にコンセンサスがあった。

理想が理想として機能するためには、それが実現可能だと信じられているということが必要です。当時は「自分たちの理想は、実現できる」という、コンセンサスもあった時代です。

戦後、民主主義や平和というものが社会的理想になり、続いて経済的な豊かさを目指すようになった。例えば東京に出てきて、それなりの大企業に入って、結婚して、仕事でも成功して出世して、都市郊外に家、マイホームを建てて、その間子どもも二人程度を育てて、というような、理想の人生が見えていた時代。それが理想の時代です。

しかしこの「理想」の部分が、一九七〇年あたりからバーチャルな「虚構」に変わっていく。そうした時代がまた四半世紀、一九九五年くらいまで続き、さらに「不可能」性に変わっていく。

先ほど話した二つの事件は両方とも、これらの時代の境目に起きています。つまり理想の時代は終わっているということを強調する出来事が連合赤軍事件とすれば、虚構の時代が終わろうとしているということを強調していたのが、オウム事件でした。それが僕の考えです。

## 月とL

さてその上で、『デスノート』です。この作品の主人公は夜神月《やがみライト》。月と書いてライトと読みます。

この名前によって、どういうキャラクターか、イメージをはっきりさせているわけです。夜の神と書いて、やがみ。だから神になろうとしている。悪魔的な、自分自身が神になろうとしている男といった意味。けれども最終的には、それは失敗する。

マンガの中では、謎の大量殺人事件が起きる。それが「デスノート」というものによって引き起こされている、ということが、だんだん明らかになっていく。その「デスノート」を使って殺人を犯す人物のことを、キラと呼びます。「デスノート」は、死神がこの世に落としたもので、このノートに名前を書くと、その名前の人物は死んでしまうのです。そのキラが、最終的には月《ライト》であると暴かれる。つまり「デスノート」を拾い使っていたのは月《ライト》だった、そうした話です。

この物語は「悪人がいて、それを捕まえる」という、ディテクティブストーリー、探偵小説の基本スタイルを取っているのです。

しかし、探偵小説には、成功するための絶対条件があります。その一つが、犯人が超能力者ではないこと。

確かに、超能力が使えるという設定では、探偵小説はふつう、成り立たない。例えば、密室殺人があったとして、その解決が、犯人は実は魔法が使えたとか、超能力者だった、では話にならない。ですが『デスノート』では、思いきり謎のパワーを使っています。それでもなぜ『デスノート』が成功しているかというと、特徴として、異様な数のルールが設定されているのです。「デスノート」には、この状況では使えて、これでは効力を発揮しないなど、煩雑なまでのルールがある。

謎のパワーがあって、何でもありであれば、結局、真の謎にならない。そのために、虚構の空間の中にもう一つ制約をつくって、現実をつくり出しているわけです。

僕自身が、このマンガを読んでまず連想したのは、このキラの由来。キラはキラー、「殺し屋」という言葉から来ている。

前回、オウム真理教について「最高の悪が、いつの間にか輝かしい、最高の善に転換する」という構造を持っていたという話をしました。この最高の悪のことを、彼らは「ポア」と呼んでいた。オウム真理教では、そうした宗教用語が多く使われますが、ポアとは何を意味するかというと、殺人でした。

その宗教的な意味づけとしては、ある人を殺せば、その人はこれ以上の悪行を重ねなくてすむ。だから殺された相手にとっていいことだ。犯人も一方では、殺人が、最もひどい悪であることはわかっている。しかしその悪が、最も英雄的な善行になるのだ、といった理屈でした。

夜神月《ライト》＝キラの大量殺人は、この構造に少し似ています。夜神月《ライト》の場合、基本は犯罪者を殺していく。「殺したほうがいい人を、殺してあげる」という考え方です。

その月《ライト》に対するのがL《エル》という探偵。名前がLということ以外、はっきりしない。このLは途中で死んでしまい、その後、探偵はN《ニア》に引き継がれて行きます。ところが、基本的に対峙《たいじ》するのはまずLです。

悪役が月《ライト》だとすると、探偵ですからLが善ということになる。けれども誰もが気がつくように、両方ともイニシャルは同じです。

つまり暗黙のメッセージとして、月《ライト》とLは、敵対しているように見えて、実は表裏一体。同じ何ものかの二つのアスペクト。Lとは月《ライト》のLじゃないのか？　あるいは月《ライト》こそが、Lである、という、そうした含みがある。

つまり、月《ライト》とはすなわちLであり、そしてLを引き継ぐN《ニア》もほぼLである。この等式が、このマンガの隠れたメッセージだという気がします。

月《ライト》＝L≒N《ニア》

実際に、このマンガの後半では、月《ライト》自身が、二代目のLであるということを、偽装するようになっていきます。

このマンガを読んでいると、だんだん月《ライト》の立場で物語を見るようになってくる。図式としては、月《ライト》が犯罪者で、それを捕まえようとする善い人がLのはずなのですが、読むうちに、月《ライト》が味方であって、Lが敵という感じになってくる。

「デスノート」を使って人を殺すためには、その名前を書く。ただ、名前を書くだけではダメで、その人の顔を思い浮かべる必要がある。だから、『デスノート』では、名前だけでなく顔も重要な要素です。

その風貌《ふうぼう》も、月《ライト》は非常に端整で、清潔な感じ。それに比べてLのほうは見るからにエキセントリックで、どこか薄汚れた感じがする。はっきり言うと、Lのほうがよっぽど悪玉っぽいのです。

しかも、物語の中においても、キラの位置付けが変わってくる。キラは、犯罪者を殺す。日本には死刑制度がありますけど、法廷では死刑にならないような犯罪者でも謎の方法で死んでいく。その結果、犯罪を行うことのコストがあまりにも高くなり、世の中から犯罪自体が大幅に減っていく。

そうなると、むしろキラこそが、世の中に善をもたらす者ではないか。むしろ正義になっているのではないか。物語の中でもそうした扱いになって、世界中の人がキラを、どこか英雄視するようになっていきます。キラを捕まえようとしている警察が、むしろ悪。そのように悪と善が、いつの間にかひっくり返っていく。

## カントの「悪の三類型」

『デスノート』は、悪とは何かという問いに、新しいアイデアを提示している。まず、ここで考えるべきは、悪とは何か。そして善とは何か、です。

善について考えるのとは違って、悪について考えた人は、哲学者でも実は多くない。だが、その少ない中で重要な人としてイマヌエル・カントがいます。

主に一八世紀の後半、とりわけ一八世紀の終わり頃に重要な著作を次々と発表し、一九世紀の最初期に亡くなった哲学者で、どんな数え方をしても近代哲学史上、重要な哲学者として五番以内に入る人。同じくらい重要な人に少し前のデカルトや、後のヘーゲル、二〇世紀に入ってハイデガーなどがいますが、ヨーロッパ近代の中で、最も重要な哲学者のひとりです。

カントは、悪には三つのタイプがあると考えています（「たんなる理性の限界内の宗教」『カント全集 10』岩波書店、二〇〇〇年）。このカントの「悪の三類型」を手がかりにして、『デスノート』を読み解いていきたいと思います。

まず、カントの言う第一の悪。これは一番わかりやすくて、人間の意志の弱さに由来する悪です。つまり、何かするべきことがあるのに、あるいは逆にしてはならないとわかっているのに、意志が弱いために欲望に負けたり、快楽に溺《おぼ》れたりしてしまうこと。

例えば、人のものを盗んではいけないとわかっていても、目の前にきわめて高価なダイヤモンドが置かれた時に、欲望に負けて盗んでしまう。こうした悪です。

衝動的に、気にいらない奴を殴ってしまったというケースもこの悪になります。つまり、人を殴ってはいけないとわかってはいても、自分の衝動に負けてしまった。抑制する意志が十分発動しなかった。一番典型的で、我々が悪について持つイメージに、一番近い。これが第一の悪です。

二番目の悪。これこそカントが挙げた悪の中で、一番複雑です。例えば、子どもの虐待。これは悪いことです。けれども、その時に、「いや、これはしつけですから」と言って、虐待を正当化することがあります。

そのように、一見、何か正しい倫理的な動機に従った行動のように見せながら、その内部では、個人的な欲望や、子どもを殴って鬱憤《うっぷん》を晴らすような快楽のためにやっている。しかし殴ってはいけないと言われると、「子どもが言うことを聞かないから殴った。しつけです」と答える。このように行動の形だけ見れば、倫理的に見えるけれども、内部にある動機が、私的な欲望であるケース。これが二番目の悪です。

この場合、殴る本人は、それが嘘であることをわかっている。本当は、子どもはそこまで悪いことをしていない。ほんの少しうるさくしただけだと、わかっているのですが、しかし自分がむしゃくしゃしているので、猛烈に殴る。簡単に言えば「不純な動機」と言われるものが、この二番目の悪です。

そして三番目。これが盲点になりやすい。カントはこの悪が一番、破壊的だと言っています。それは、正しいこと、正しい義務への内発的動機がないケースです。

どういうことでしょうか。一番目の悪は簡単で、例えば人を殺してはいけないとか、盗んではいけないとか、老人には席を譲るべきだとか、なにをやるべきか、やってはいけないのかわかっていても、欲望に負けてしまうケースでした。

二番目の悪も、本当は何をするべきか、してはいけないのか、それはわかっている。例えば子どもをむやみに殴ってはいけないとわかっているからこそ「しつけのためだ」と言い訳をするわけです。

しかし三番目は、何をやってはいけないか、やるべきなのか、そうした感覚がまったくないケース。

例えば、世の中には「だってさ、ルールさえ守っていればいいだろ。どんなことしても」と言う人がいます。皆さんも結構、言いますよね。

そうした人は、もし批判されたら「なんで文句を言うんだ。俺はルールを守っているのに」と答えるでしょう。しかしカントの観点からは、それはやはり悪なのです。

ルールを守っていても、なぜ悪なのか。それは、そのルールを守ろうとする、内面的な動機がないからです。「ルールを守っているから、文句を言うなよ」と言うのですが、そのルールが正しいとか、それが善いことであると自分が考えているわけではない。ただ、そのルールを守ることが得だと考えているだけです。

ふつうの社会生活の中では、こうした人は悪人や犯罪者ということにはならない。しかしカントは、それをけしからんと考えます。

内発的な、これをやらなければならないという強いモチベーションがないといけない。内側から生じる義務感がないまま「ルールを守っているから、文句は言うな」と言うのは、カントに言わせると、悪になるのです。

カントは、悪にはこの三つの類型があると考えました。

## 形式的には善と区別ができない悪がある

では、『デスノート』の月《ライト》は、この三つの類型の中で、どの悪に入るのでしょうか。

まず、第一の悪ではないことは確かです。「意志が弱くて、衝動に負けた」という悪ではない。これは、はっきりしています。

三番目の悪でないことも確かです。これは重要なことですが、月《ライト》は、内発的な義務感が、ない人ではない。

彼は「デスノート」に律儀に悪人の名前を書いていく。誰でも書くわけではなく、そこにはきちんと決まりがある。彼には、なすべきこと、あるいは何をしてはいけないということについて、むしろ過剰なまでに義務感がある。「人間に義務なんてないよ」というようなタイプの悪ではないのです。

彼は自分がつくったルールに対し、ものすごく強い義務感を持ってやっています。だから三番目の悪でもない。

では、残る二番目の悪か。ここは一番間違いやすいところです。このマンガにはさまざまなキャラクターが出てきますが、その中に、火口《ひぐち》という人物が登場し、月《ライト》が一時彼に「デスノート」を委《ゆだ》ねる場面が出てきます。

この火口は、第二の悪に近い。彼は「デスノート」で人を殺すことを、本当は、自分の出世のために利用している。自分のライバルや、自分の会社にとって都合の悪い人を殺したりして、人を殺すことに私的な欲望が入りこんでいた。

しかし、それをあたかもキラのように、何か原則に基づいて、犯罪者を抹殺しているように見せていた。だから火口は「なにか規範に従っているように見せて、実は自分の欲望を果たしているだけ」という、二番目の悪の型に入る。

けれどもキラ、すなわち月《ライト》は、この二番目でもないのです。彼は、悪人を殺しますが、その背後に、個人的欲望を隠しているわけではない。「あいつ、嫌いだからさ、犯罪者を処罰するという口実で殺してやれ」といったことを考えているわけではないのです。

キラという人は、自分がやっていることは、ある意味では悪であって、少なくとも悪と認められるものであることは、よくわかっている。

ふつう、悪とわかっているのにそれを敢《あ》えてなすのは、自分の利益に適《かな》うからです。先の火口が、その例です。

ところが、月《ライト》の場合は、殺人が自分に何の利益ももたらさない。わざわざそんなことをしても、何か得することは彼にとって一つもない。損得の計算からいけば、危険で、まったく割に合わないにもかかわらず、実行する。

そうすると彼は第二の悪でもない。つまり彼の悪は、一八世紀の終わりの最も偉大な哲学者の視野にも入っていないということになる。

実は、カントの考えた悪とは違う、第四の類型がある。それが『デスノート』の月《ライト》の悪。この月《ライト》の第四の悪とは、形式的には善と区別ができない悪のことです。善と見間違える、あるいは善とほとんど同じ形式を持っている悪です。これまでの三つの悪は、善の欠如や善の不完全性によって定義されていて、その意味で善に依存していました。しかし第四の悪は、善に依存しない悪、悪としての悪、純粋な悪です。

## 定言命法

今度は逆に、カントの「善の定義」から考えてみたいと思います。

カントの善の定義はいくつかあるのですが、一番重要な条件とされているものは、日本語では難しい言葉になります。

英語で言うとcategorical imperative（ドイツ語原語ではkategorischer Imperativ）なのですが、日本語では定言命法、あるいは定言命令と呼ばれます。

この定言という言葉は、仮の言、仮言hypotheticalと対になっていて、定言命法がどういう意味かというと絶対の義務。一方、仮言命法は、条件付きで従う命令という意味です。例えば「この時はこうしたほうが得だから、こうしよう」といった状況です。

これら二つのうち、最も重要な善は、この定言命法なのです。つまり何が何でも、守らなければならない。自分の都合によって、やらなくてもいいということにならないもの。それが本当の意味での善だとカントは言います。

例えば、「人を殺してはならない」ということが定言命法の一つだとします。常識的には、例えば戦争や死刑執行人であるときなど、人を殺すことが許されるという状況が、人間の社会にはあるように思いますが、しかしカント的に言えば、いかなる状況であっても、それはやってはいけないことです。

ただ、カントは何が定言命法に当たるか、あまりはっきり書いていないのです。しかしその中でも有名な例があって、カントは、絶対に嘘はついてはいけないと言っています。

例えば、「自分は時々、嘘をつく」というルールでいきたい人もいるでしょう。先生に怒られそうなときには嘘をつくが、それ以外は真実を言うとか、彼女には、本当のことを言うときと嘘をつくときがあるとか、です。

だがそれでは、我々の秩序は成り立たなくなってしまう。「みんな都合の悪いときには、嘘をついてもいい」というルールにすると、相手の言っていることが信用できなくなってしまうのです。

だから「お互い常に正直であって、絶対に嘘をつかないという条件で、社会は営まれるべきだ」というのが、カントの考えです。それが定言命法の典型例です。これは、かなり厳しい。ほとんどの人が実践できないでしょう。だから様々な批判もなされています。

実際には、嘘をつかなければならない場面はあるはずです。有名な例では、例えば親友が、今、悪い奴に追いかけられていると言って、あなたの家に助けを求めてきたとします。あなたは友人を自分の家に匿《かくま》った。そこに悪い奴がやってきて、彼はどこにいると聞いたとしたら、普通はそこで「あっちに行きました」と、嘘をつきたいところでしょう。親友の命が危ないわけですから。

ところが、カント的には許されないのです。定言命法だから。相手が強盗であろうと誰であろうと、真実を言わなければならないということになるのです。

「そこまではどうかな」と思うところですが、カント的に言えば、善とは、条件次第で変えてはダメ。絶対無条件に従うべき命令です。

## 理想がない時代の善と悪

さて、そのカントの善と月《ライト》を比べてみると、彼の殺人は、絶対無条件の義務の下に行われているのです。彼はある原則に従って、何が何でも人を殺し続ける。つまり定言命法と同じです。絶対無条件の義務として遂行しているわけです。そうすると、悪なのに、善の定義と同じということになります。

つくりものの物語ですが、『デスノート』は寓話《ぐうわ》として、善の定義と悪が一致してしまう場合があることを示している。善と悪の区別がつかなくなってしまう。そういう場合があることを表現しているのです。

ここで言いたいのは、逆に言えばカントは、なぜ、この手の悪に気がつかなかったのか、です。これが、カント哲学の限界なのです。

先に日本の戦後史について「理想の時代」「虚構の時代」「不可能性の時代」に分けられ

るという話をしましたが、現代社会は「社会にとって何が望ましいか」という理想が、見えにくくなっている。あるいは、そもそも理想がない時代です。

どんな人生が理想かという合意がまったくないし、善や正義についても、どのような形が理想か自明ではない社会です。

だからこの社会では、善と区別がつかない悪がありうる。オウム真理教は極端な例ですが、悪を善として遂行することも起きうる。


細かいことに触れておくと、先ほど、火口というキャラクターについて言及しました。彼は大企業の御曹司なのですが、後半、結末のほうに、魅上《みかみ》というキャラクターも出てきます。

この人はキラの狂信的なファンでした。月《ライト》は、自分を信奉している魅上を利用するのですが、魅上はオウム真理教や、連合赤軍の例に似ています。あまりに狂信的に月《ライト》を信じてしまっているがために、悪へと反転した人です。

しかし月《ライト》自身は、より狡猾《こうかつ》で、複雑です。魅上は取り違えているが、月《ライト》自身は、自分が悪であることは、すでにわかっている。

そう考えると、僕はこの物語の解釈に、さらに複雑な哲学的教訓が得られるような気がします。

カントの定義した悪の三つの類型の話をしましたが、カントの哲学では、実は善と悪が、完全に対等ではない。まず善がはっきりとあって、その上で、衝動や欲望から悪に転ずる。あるいは善に対する感覚が抜けているという形で、悪を定義する。つまりカントの場合、善の欠落という形で悪を定義しているわけです。

けれども『デスノート』では、むしろ悪が先にある。

ポアロでもシャーロック・ホームズでもいいのですが、普通の探偵小説の場合は、まず善なる探偵がいて、次に犯罪者がいる。善を代表する探偵がヒーローになります。

ところがこの物語は違います。『デスノート』はLと、彼を継いだN《ニア》が月《ライト》を追い詰めていく話ですが、単体で見た場合、LもN《ニア》もそれほど魅力がない。月《ライト》の敵役として初めて輝くのです。逆に言えば、月《ライト》のほうは独立した魅力を持っています。

この物語の悪と善の対決においては、むしろ悪のほうにプライオリティがある。普通は善人がいて、悪人がいる。善に対して、邪魔をする者として悪が出てくるわけですが、『デスノート』の場合は、まず悪があって、それへの対抗者として、二次的にLやN《ニア》に多少の意味や、価値や、魅力が出てくる。そうした構造になっている。悪が善に先行しているのです。

『デスノート』という作品は、暗に僕らの常識と違う世界観を示している。人間において、実は善よりも悪のほうが本質的で、悪がまずあって、それに対抗するものとして、善が定義される。そうした世界観を示しているのです。

しかし『デスノート』だけではなく、「善よりも悪のほうが本質的なものではないか」

という直感は、実は宗教でも、しばしば語られてきました。その中でも最も有名なものは、皆さんもよく知っている、キリスト教です。

キリスト教には「原罪」という概念がある。つまり人間は、まず悪。善と悪ならば、まず悪を選択することで、人間が生まれる。その原罪を修復する形で、善が定義される。

エデンで行われた悪の選択によって、人間は人間になる。悪になってしまった後に、善が出てくるのです。

『デスノート』は、それをより顕著に、より強調して表現していました。ついに善そのものと区別がつかなくなってしまうほどの悪を、描いていたわけです。

## 悪そのものを描くことは難しい

『デスノート』は完全にマンガであり、ファンタジックな作品でした。よりリアリズムに則《のっと》った物語で、同じ問題を扱う作品はあるのでしょうか。それについても考えておきたいと思います。

善と悪が対決することは、物語の基本的なフォーマット。だが、善に対する悪ではなく、悪としての悪、悪そのものを描くことは難しい。

例えば吉田修一《よしだしゅういち》さんの代表作に『悪人』（朝日文庫、二〇〇九年）という小説があります。映画にもなっていますから、見た人も多いかもしれません。

吉田さんは人間ドラマを書くことが非常に上手な人で、僕も彼の小説は好きですが、

『悪人』という小説を読むと、本当の悪人は、ひとりとしていない。そうした印象を受けます。

描かれるのはやはり犯罪です。福岡である保険外交員の女性が殺される。普通に考えると、その犯人は悪です。ところが小説も映画も、むしろ犯人に対してすごく同情的なのです。殺された女性のほうが、はっきり言うとイヤな人物で、ひどいことを口にして、それによってプライドを著しく傷つけられた少年が、ついに彼女を殺してしまう。

これはカントでいうと、第一の悪になる。本当は、殺してはいけないとわかっていたが、あまりにもひどい目に遭ったので、我慢ができなくなって、殺してしまった。『悪人』の場合、殺人のようなひどい犯罪にもかかわいそうな事情があった、犯人といえども本当の悪人ではないという話なのです。こうした悪人は、本当の悪ではない。そうした気分になります。

もう一つ、ドストエフスキーの有名な小説『罪と罰』（角川文庫、二〇〇八年）の例を出しましょう。

この小説では、ラスコーリニコフというロシアの苦学生が、高利貸しのお婆《ばあ》さんを殺してしまう。

これも罪を負うのは、もちろん殺人を犯したその青年です。しかし彼もやはり、すごくかわいそうなのです。その青年は本当に貧乏で、才能もあるのにひどい境遇にいる。それに対して高利貸しのお婆さんは、強突張《ごうつくば》りなのです。ですから、青年にはとても同情したくなる状況です。

『罪と罰』もまた、本当の悪が描かれている感じはしない。ラスコーリニコフが悪いことをしたのは確かだけれども、本当の悪人じゃないと、僕らに思わせるものがあります。彼は自分の罪をよく自覚し、悔いています。

最後にもう一つだけ例を出すと、村上春樹の『1Q84』(新潮文庫、二〇一二年)。長い小説ですが、村上さんの他の長篇小説と同様に、あっという間に読むことができます。

これは明らかにオウム真理教を念頭に置いた犯罪が描かれるのですが、正直に言えば、現実のオウム真理教事件よりも、インパクトを感じませんでした。

なぜかというと、作中で殺される教祖が、またそれなりに威厳があってかっこいいのです。この場合も、悪人が本当は悪人ではない印象を受けます。

## 第四類型の悪を描いた『OUT』

このように、悪人や犯罪者を描いた作品は多いのですが、本当の悪は滅多に出てこない。それほど悪としての悪を描くことは、とても難しい。

しかし、桐野夏生《きりのなつお》の『OUT』(講談社文庫、二〇〇二年)という小説があります。これは、『デスノート』のような完全なファンタジーではなく、リアリズムに則って、悪としての悪を描いた数少ない作品の一つだと思います。

この作品は、一九九七年に小説が書かれて、二〇〇二年に映画になっています。登場人物は四人の主婦。犯罪者は彼女たちなのですが、本当の悪は、この四人の中のひとりです。

つまりカントの類型に入らない、悪としての悪、第四の型にあたる悪を遂行する人が、ひとりだけいます。

四人の主婦は、パートの労働者として弁当工場で働いていました。すごく単調な仕事です。ベルトコンベアでやってくる、コンビニ向けのような弁当を作る作業です。弁当を朝早くコンビニに運ぶために、作業は深夜になる。またその方が、時給は高いのです。午前零時から早朝五時半まで、ベルトコンベアの前で立ち詰めになって働く。流れを止めないために、原則、トイレに自由に行くことすら許されないという、きつくておもしろみのない労働をしています。

時給が少し高いというだけで、この主婦たちは深夜労働をしている。そうした状況ですから、四人ともそれほど裕福ではありません。しかし、ものすごく貧乏という感じでもない。ホームレスまでは行かないです。人によって多少の違いがありますが、ほぼ中流に属しています。

この四人の中のひとり、一番美しい弥生《やよい》という女が、ある日、夫を殺してしまう。その夫はもともと真面目な、地味なサラリーマンでした。収入が十分ではないと思い、妻の弥生はパートをしていたのですが、その地味なサラリーマンが、水商売の女にまんまと騙《だま》されて、ギャンブルにのめり込んでいった。

それで夫婦が必死になって、こつこつと貯めていた五〇〇万円の貯金を、妻が気がつかないうちに、全部、使ってしまっていたのです。

　そのことを知った弥生が夫に対して切れる。夫のほうは逆切れして、暴力をふるう。そうして喧嘩《けんか》をした翌日、ふとした弾みで、夫を殺してしまった。

　この犯罪が、この物語の原点になります。

　夫を殺してしまい、弥生は困った。しかし頼りにできる人はいない。夫しかいない。けれども、その夫を殺してしまった。ほとんど友だちもいないのですが、そんな彼女が、助けを求めたのが、深夜の工場で働く仲間の雅子《まさこ》でした。

　それほど深い友情で結ばれているわけではない。ただのパートの仲間です。普通であれば雅子は「自首したら」と言うしかない。しかし雅子は事情を聞いて、弥生のことを助けようとするのです。

　殺してしまった以上、死体を処理しなければならない。雅子もお金持ちではないですが、たまたま自宅の風呂場が広かった。夫や息子は、昼間はいない。そこで死体を雅子の家に運んで、そこで処理しようとする。死体を細かく刻んで、ゴミ袋に入れて、生ゴミとして捨てる。それが一番安全な処理法だと、彼女は考えたのです。

　ただ女二人がやるには、作業があまりにも過酷。そのためにもうひとり仲間を増やします。やや年長で、みんなから九割がたバカにされているけど、一割ぐらいは年長ということで尊敬もされている、ヨシエを抱き込むことにするのです。

　ヨシエはなぜ手伝うのか。普通だったら「死体の処理をやろう」と言われて、「私に任せてよ」という人はいません。これがまた悲しい話で、ヨシエは雅子に借金をしていた。ただ、雅子だって貧乏ですから、大きな金額ではない。八万円くらいです。子どもの修学旅行の費用が払えず、そこで雅子に頼んで借りたお金です。

そのお金をいますぐ返してくれ。返せないのなら手伝ってくれと言われ、こんな些細な金額のことで、ヨシエは死体処理の幇助《ほうじょ》に巻き込まれる。

もうひとり、邦子《くにこ》という女も絡んでくるのですが、これは四人の中で、一番ダメで軽薄な女ということになっていました。雅子は、この邦子は一番バカだし、秘密を守るのもダメだし、言うことも聞かないということで、仲間に入れる気はありませんでした。ところが、たまたま彼女が雅子の家に来たときに、死体解体作業を見られてしまった。しかたがないので、この邦子も仲間に入れた。

もちろん邦子だって、「えっ！　そんなこと、やりたくない。ふざけるな」となるのですが、弥生からお金を出させるから、と言われて仲間になります。

邦子は実際に軽薄な女なのです。お金といっても、一〇万円ぐらいのものですが、それが彼女にはありがたく、犯罪に協力する。

そうして弥生の夫は憐《あわ》れ、バラバラにされ生ゴミとなってしまったという話なのですが、問題はこの四人です。

この四人は、一つの犯罪、死体遺棄という犯罪を実行したわけですが、彼女たちに深い友情があったわけではなかった。

時々、仕事上で協力はし合っていた。しかし、それ以上でも、それ以下でもない。利害と打算といっても、仕事を楽に回すという程度の、それほど大きくもない利害のために、仲良くなっているだけ。その人たちが手を組んで、犯罪を行った。

**定義上、善と完全に一致する悪がある**

この作品で描かれた犯罪は、大まかに言うと、殺人と死体遺棄。ところがストーリー全体の中で、悪として最も純粋な悪は、実は一ヵ所しか出てこない。

普通に犯罪として見るのであれば、一番罪が重いのは、もちろん弥生です。ほかの人は殺人までは犯していないですから。

だが哲学的に言ってしまうと、弥生の悪は大した悪ではない。衝動に任せて過剰な暴力をふるってしまいましたが、これはカントの言う第一類型に属するものです。少なくとも四つ目の悪には入らない。

では、ほかの人はどうか。ヨシエや邦子は、どう解釈しても、せいぜい第二類型の悪です。要するに、本当は借金が返せなかったり、お金がほしいだけなのに「弥生がかわいそうだから助けた」と、偽装している。そうした意味で、第二類型に入ります。

そうすると彼女たちの中で唯一、本物の悪は、雅子のところにある。雅子こそ、正真正銘の純粋な悪人なのです。

雅子は犯行によって、何ひとつ得るわけではない。それなのに、弥生に頼まれたら、いともあっさりと請け負った。

普通だったら「自首したらいいんじゃないか」「そんなことといやだ」などと答えるはずです。ヨシエや邦子は事実、最初はそう答えました。けれども雅子は、躊躇《ちゅうちょ》することなく請け負う。なぜ雅子は、受け入れたのでしょうか。

桐野夏生さんは、作家として非常に才能がある人です。『ＯＵＴ』の事実上の主人公は雅子、香取《かとり》雅子で、多くの記述がこの人に割かれている。その記述が、彼女にリアリティを与えています。つまり、そうした人物が、本当にいるという印象を与えている。至難なことですが、成功しています。

雅子は、なぜ弥生の頼みを聞いたのか。凡庸な人だったら「弥生と雅子は深い友情で結ばれていた」とか、あるいはちょっとエロチックにレズビアンの関係にあったとか、そうした話にしたくなる。しかしそれでは、面白くも何ともない。

雅子は、この三人の誰に対しても、実は友情はまったく、欠片《かけら》も感じてはいない。ある意味で、非常に冷たい人物なのです。

親しくもない弥生のために献身的に働くぐらいだから、さぞや心の温かい、やさしい人だろうと思うと、まったくそんなことはない。

雅子の家の実態が、かなり丁寧に描かれているのですが、家庭は完全に崩壊しています。三人家族で、夫は仕事にも家庭にも情熱を失って、夫婦間の関係も完全に冷え切っている。寝室も別です。

息子が一人いますが、その息子は昔、自分がやったわけではない冤罪《えんざい》で退学処分を受けてしまって、その時に親が自分を十分に守ってくれなかったという意識がある。そのために、親子間の断絶がひどく、親とまったく口を利かない。だから家庭は完全にバラバラで、家族の中にすら温かいものはゼロです。

そうした雅子が、弥生の依頼を断固として引き受け、中心となってグループを組織し、死体の処理を完全に実行する。

これは、カントの考えた善の基準を満たす悪。形式的には善と同じ条件を持った悪の典型なのです。

カントの考えた善は、「絶対無条件にそれに従わなければならない」というものでした。だから殺人犯に、友人の居場所を聞かれても、そこで嘘をついてはいけない。なぜなら、嘘をつかないことは、社会の絶対無条件のルールだから。

雅子も同じ原則に従っているのです。困っている人は、好き嫌いに関係なく、絶対に助けましょう。そうした基準に従っているのです。ただし、その実行は完全な犯罪になるわけです。

新約聖書の中の有名な話の一つに「善きサマリア人《びと》のたとえ話」があります。イエス・キリストは「汝《なんじ》の隣人を愛しなさい」と言っていた。そこに意地悪なユダヤ教徒が挑戦的に「隣人の定義とは何か」と聞いてきた。そこでイエスが語ったものが「善きサマリア人のたとえ話」です。イエスの話はすべてたとえ話です。

一人の旅人が旅の途中、強盗に襲われる。そして身ぐるみはがれ、ほとんど瀕死《ひんし》の状態になる。その旅人のすぐ横を、まず宗教担当者、祭司が通った。しかし彼は旅人を避けて、スタスタと行ってしまう。

そのあとにレビ人が来る。レビ人は、当時、ユダヤ人たちの中で宗教的にも地位が高く、比較的恵まれている人が多かった。しかしレビ人もよけて通る。最後にサマリア人がやってきます。

このサマリア人について知らないと、この話のインパクトは薄れてしまいます。サマリア人とは、当時、かなり差別され、冷遇されていた人たちでした。

そのサマリア人が来た。サマリア人は旅人を助け、介抱して、宿まで連れていき、宿代を払う。そして宿の主人に、もし宿代が足りなかったら、私がこの宿にもう一回寄るので、その時に支払いますとまで言って去っていく。

それでイエスは言うわけです。隣人とは何か。それはサマリア人だ、と。

香取雅子がやったことは、この善きサマリア人と、ある意味で同じなのです。盗賊に襲われた旅人に当たるのが、弥生です。

弥生は困っていた。ヨシエや邦子は、結局、カネで買収されなければ絶対に助けない。しかし雅子は、いかなる利益もないにもかかわらず、犯罪に加担する。無条件で弥生を助けてあげるわけです。

そうすると、これはイエスの善きサマリア人に当たる、いわば最高の善と一致した悪ということになる。

定義上、善と完全に一致する悪がある。形式的には善の基準をすべて満たした悪がありうる。

『デスノート』の場合は死神が出てくるなど、現実にはありえないファンタジーでしたが、『ＯＵＴ』は、それをリアリズムの領域で描くことに成功した、数少ない作品でした。

**「アイロニカルな没入」**

前回の講義で、連合赤軍とオウム真理教事件について話しました。そのオウム真理教の事件も、形式的には善と同じ構造でなされる悪でした。善の基準を満たした悪の、現実に起こった例です。

彼らは善なるものとして、殺人を犯した。二〇年以上も前に、オウム事件では、現実に善と見紛《みまが》われた悪がなされていたわけです。

この善と見紛う悪は、これは大澤の社会学用語なのですが、「アイロニカルな没入」という形式をともなう。

例えば、「そんなことは悪いことだとわかっているけどさ」といった形です。アイロニーの意識、ちょっとバカにしたような距離感をもって関わる。難しげな言葉を使えば、クリティカルな、批評的意識がある。

そのように冷静で突き放すような意識を持ちつつ、いつの間にかハマッていくという構造を、「アイロニカルな没入」と呼びます。

オウム真理教の犯罪や『デスノート』や『OUT』のように行くところまで行かずとも、実は現代社会においてこの「アイロニカルな没入」はいたるところに見られる。その一つの例が、僕の解釈では、トランプの当選です。

トランプを支持するのは、道徳的にはスキャンダラスなことだとわかっている。あるいはバカだと思われることはわかっている、しかし、そう笑いながら支持する。

トランプ自身が絶対の悪と言ったら、いくらなんでも間違いですけれども、しかし彼を支持する気分には、どこか「アイロニカルな没入」が感じられる。

「アイロニカルな没入」は、非常に現代的な現象です。それを極限まで持っていくと、善と悪とが不思議な形で、メビウスの帯のように悪の極限で善の形式へと裏がえることがある。そういう反転の例を、フィクション等をもとに考えてみました。

# 第三部

## 資本主義の鎖を引きちぎれるか

# 第一講

## 「くん」は「さん」にとって重要な背景になっている

今回から、新しいお話をします。

一九六〇年代に『週刊少年サンデー』（小学館）に連載された『おそ松《まつ》くん』（一九六二〜六九年）という有名なギャグマンガがあります（その後、各誌で連載）。作者は赤塚不二夫《あかつかふじお》。アニメ化もされました。

主人公は六つ子の兄弟。彼らの苗字は松野《まつの》。長男、といっても六つ子ですから歳は同じですが、長男がおそ松。ほかはカラ松《まつ》とかチョロ松《まつ》、一松《いちまつ》、十四松《じゅうしまつ》、トド松《まつ》で、全員、名前の後ろに松がついています。

この作品をベースにした『おそ松さん』（藤田陽一監督）というアニメがつくられ、二〇一五年一〇月から翌三月にかけて、第一期全二五回が放送されました。『おそ松くん』の六つ子たちは、『おそ松さん』では二〇代前半くらいの年齢になっている。つまり彼らはすでに、大人になっています。

原作では、六つ子は小学校五、六年くらいですから『おそ松さん』まで約一〇年の時間が経過している。六つ子のお母さんやお父さんも、少し老けた感じになっています。

「シェー」で有名なイヤミ、チビ太《た》、ダヨーン（駄四）のおじさん、それに魚屋さんの娘で、かわいい女の子の同級生トト子《こ》ちゃんや、ハタ坊《ぼう》など、他の登場人物も同じだけ歳をとって『おそ松さん』に出てきます。

その点で『おそ松さん』は、『サザエさん』（長谷川町子原作、TVアニメは一九六九年～）や『ドラえもん』（藤子・F・不二雄原作、TVアニメは一九七三年～）など、作中の時間が完全にストップしている作品とは異なります。『クレヨンしんちゃん』（臼井儀人原作、TVアニメは一九九二年～）や『ちびまる子《こ》ちゃん』（さくらももこ原作、TVアニメは一九九〇年～）などとは違うのです。サザエさんの家ではカツオ君はずっと同じ学年。ちびまる子ちゃんも歳をとらないのですが、しかし『おそ松さん』は、ちゃんと歳をとっている。

ただ、先に言ったように、原作は一九六〇年代のマンガです。僕が子どものときに見ていたわけですから、もう半世紀ほど経っている。そこから数えて、実時間と同じだけの時間が経っているとすれば、おそ松さんたちはこの程度の年齢であるわけがなく、もう六〇を超えているはずなのですが、『おそ松さん』では現実より短い時間しか経っていません。

もう一つの特徴は、原作『おそ松くん』のほうでは、六つ子にさほど個性がなかった。トド松や十四松など、名前だけは出てきますが、そのトド松がどんな人で、十四松とどう違うのかといった個性は、名前以外には乏しかった。おそ松だけは、一応はメインということになっているので、微妙に中心人物らしいようにはなっていますが、それでも六人がただ六人いるというだけです。

ところが、『おそ松さん』のほうは、六人にそれぞれ固有の性格があって、ずいぶん違った性質を持っている。ここが、オリジナルとは非常に違うところです。

正直に言うと、原作を見てきた僕などは、かつてと比べて「どこがおもしろいのだろう」と感じていたのですが、この『おそ松さん』は、深夜の番組にしては意外と人気が出て話題になりました。

原作『おそ松くん』を見ていた人は、五〇代か、六〇代ですから、『おそ松さん』のほうはあまり見ていないと思います。視聴者層は、六つ子と同じぐらいの年齢か、それより若いぐらいの人が多いのではないでしょうか。これは実証的な根拠なしで言っていますが。

では、どうせ見る世代が違うのであれば、原作『おそ松くん』など関係なしに、もてないニートっぽい男の子たちのアニメをつくればいいのではないか。

しかしそれが成功したかというと、おそらくそうはいかない。背後に『おそ松くん』がなければ、『おそ松さん』も成り立たなかった。『おそ松くん』があって、『おそ松さん』が成功した。『おそ松くん』なしで、『おそ松さん』を楽しむことができたかと言えば、できなかった。「くん」は、やはり「さん」にとって、重要な背景になっている。

ところが、『おそ松くん』を詳しく知っていなければ、『おそ松さん』はおもしろくないかと言うと、そうしたこともない。

例えば「スター・ウォーズ」シリーズであれば話が全部、つながっている。もちろんそれぞれおもしろいのですが、背景をよく知っていたほうが、よりいっそうおもしろく、価値がある。

『おそ松さん』の場合は、原作は必要な背景ではあるのですが、そんなに詳しく知らなくてもいい。漠然と知っているだけで十分です。

この『おそ松さん』をもとにして、これから話したいと思います。

## お約束に反する、きわめてリアリティある展開

まず確認すると「主人公たちの十数年後の状態を描く」という『おそ松さん』の設定は、近代的な物語の基本的なお約束を破ると同時に、きわめて忠実にリアリズムに準拠しているという印象を受けます。

近代的な物語、特に小説の最も基本的なベースの図式は、よく使われるドイツ語の表現だと、ビルドゥングスロマン。つまり成長物語です。

主人公はさまざまな試練を経て、精神的に成長していく。その成長のプロセスが、小説になっていくという図式です。

だから近代的な物語は、一人の主人公が、どのようにしてプリミティヴで幼稚な精神状態から、より高いフェーズへと成長したかということを描く。

しかしこの『おそ松さん』は、そのお約束を完全に破っています。つまり、この六人は、歳はとっているので、その分の変化はありますが、精神的にはほとんど成長していないの

です。

それは一方では、ものすごくリアリズム、リアリティがある状況でもあります。このように一〇年後の話をつくろうとすると、普通は「一〇年前はあんなヤンチャな子どもたちだったけど、今となったら、ずいぶんと立派になったものね」とか、「全然ダメだと思っていた奴が、起業して、社長になって、結構成功しているんだよね」といった設定になりがちです。描かれていない不在の時間の中で、主人公たちはそれなりに成長していたのであったという、話がつくられる。ビルドゥングスロマンの基本的なフォーマットを利用するわけです。

ところが『おそ松さん』では、まったく成長していない。しかし考えてみたら「それがリアリティがあるよね」という話です。

もともと『おそ松くん』の六つ子は大した能力もないし、勉強に努力する人たちでもなかった。普通に見ればまったくダメな奴なのです。ですので『おそ松さん』は「あんなダメだった奴は、やっぱりダメだね」という、予想どおりの展開なのです。

つまり小説の基本的な約束には反するけれども、きわめてリアリティのある展開になっています。彼らは、十数年経っているが、大人になっていない。仕事も持っていない。もちろん、妻や子供も持っていないので、新しい家族も築いていない。六つ子は全員、ニートなのです。リア充ではない。つまり恋人もいない。童貞でもある。

基本的な設定として「ダメな奴は結局、仕事も得られず、もてなくて、恋人もいなくて」という点で、ある意味、きわめてリアリティがある。「一〇年経つあいだに彼らがすごいことになっていた」という展開にはならない。きわめてリアリズムに則《のっと》っています。あまりにも予想どおりの展開です。

しかし一話一話に関しては、リアリズムどころか、かなりシュールな展開が出てきます。原作もギャグマンガですから、嘘っぽい話の連続でしたが、それ以上に『おそ松さん』には、ありそうもない幻想的な展開があったり、SF的な展開が出てきたりします。

例えば背景に幻想的なシーンが時々入って、おそ松さんたちが、「実はジャニーズのグループのようになっていてすごい人気者になっていたらなぁ」といった話が何度か出てきます。

現実のおそ松さんは、今ひとつ風采《ふうさい》の上がらない若者であって、仕事もない。その意味でベースはリアリズムに則っているのですが、その上で展開される個々の話は、逆に極端にフィクション的な側面が強い。そうした印象があります。

## 何もしないことの積極的意味

物語の中では、この六人は何度か多少、就職のための活動をします。その結果、アルバイト的な職が得られる場合もある。スターバックスみたいなところで働いたりはしますけれども、長続きせず、就職にまでは至りません。

だからこの人たちは、ニートではあるけれども、一方で就職したいという気持ちは持っているのです。しかし就職できない。

六つ子の中には二つのポテンシャルがあって、仕事との関係でいくと、本当はきちんと仕事を持ちたいというアスペクトと、けれども実際には全然得られないというアスペクトの二重の側面がある。

実はこの六つ子の外側には「仕事を得られたアスペクト」を強化した人物としてチビ太がいます。これもある意味で予想どおり。彼は子どものときからおでんが大好きというキャラクターでしたが、屋台のおでん屋さんになっている。そのまんまですが、仕事はきちんとある。それどころか、この仕事にかなりの誇りを持っている。

そして「仕事のないアスペクト」のほうを、もっと徹底させた人物が、イヤミです。イヤミは原作の当時からすでに大人でしたが、十何年経っても、いまだにろくな仕事をしていない。詐欺師のようなことをやっています。

イヤミとチビ太は仲が良く、しばしば二人で徒党を組んで六つ子に対抗します。しかし、二人は、六つ子の中に宿っている二つの対立的なアスペクトをそのまま外化した姿であると解釈することができるのです。

そしてもうひとり、ハタ坊というキャラクターも出てきます。彼はもともと原作でも登場頻度はそう高くないキャラクターで、『おそ松さん』でもあまり登場しませんが、彼はどういうわけか、一番、非現実的な展開になっています。ドナルド・トランプのような富豪で、ものすごい金持ちになっているのです。不思議な展開です。

ここで一度、整理すると、彼らのポイントは、まずニートであること。だが本当は就職したいという気持ちを持っているし、両親やその他の周囲の人も、就職することをひそかに望んでいる。

しかし他方では、彼らが、仕事が見つからなくて悩み苦しんでいるかというと、そうでもないのです。本人たちも、ニートであることを「どうせ仕事は得られないんじゃないか。こんなもんだぜ」と開き直って受け入れているようなところもある。

ニートである自分を受け入れ、それを笑いものにしている。そこが喜劇的になる部分です。

もう一つ解説しておくと、彼ら六つ子の裏面になっているのが、トト子ちゃんです。この人はクラスで一番かわいい女の子でしたが、事実上ニートです。仕事があると言えばある。ないと言えばない。

アイドルになりたいけど、アイドルになれていない。仕事のないアイドル。そのような感じでライブみたいなのをやっているけど、実際にはファンというと、この六人ぐらいしか聴きに来ない。そうした地下アイドルのような状況です。

ただ彼女には、六つ子的な開き直りがないのです。六つ子はもはや「俺たちなんかどうせ能力もないし」といった現状の受け入れ方をしているのですが、トト子ちゃんは、自分は本来、テレビに出て大活躍するようなアイドルであるはずだが、そうなっていないのはどうして？　といった気持ちでいます。

トト子ちゃんをハタ坊と対比してみるとおもしろいかもしれません。チビ太のおでん屋は、「成功」といっても地味な、逆に言えばいかにもありそうな成功ですが、ハタ坊の成功は、非現実的なありそうもない成功です。「こんな成功だったらいいけれど、ありえねえよ」といったノリでこのアニメの中に出てくる。そのありそうもないレベルでの成功にいつまでも固執し、あきらめられないのがトト子ちゃんで、やはり笑いものにされています。

これほどたわいのない話もないといえばないのですが、この『おそ松さん』を素材にして、仕事をしない、何もしないことの積極的意味といったことを、話してみたいと思います。まず全二五話のうち、第二三話について、話します。このアニメの全体的な雰囲気がわかりますし、アニメのモチーフをよく代表しているからです。

## 作者も自覚していない何か

第二三話の前半では、六つ子が冬の寒い部屋の中でいつものようにぐうたらしている。ところが、ストーブの灯油が切れてしまった。そうすると、灯油を入れなければならないのですが、この人たちは仕事をしないだけではなく、部屋を出て灯油を取りにいくという、ごくわずかな作業すら、断じてやりたくない人たちなのです。

だから、なんとかして自分以外の、つまり残りの五人の誰かに、灯油を取りにいかせようとする。それで六人のあいだで「何ごともやるまい、絶対に」ということを目標とした、厳しい駆け引きが行われるのです。

ギャグではありますが、ふつうに考えると、これほどはっきりとしたパフォーマンスの転倒はない。ちょっと灯油を取りにいくより、その作業を他人に押しつけるために必死でせめぎ合うほうが、はるかにめんどうなわけです。

その灯油騒動で前半が終わるのですが、後半は打って変わって、極端な展開になっていきます。

六つ子が外に出て行くと、ダヨーンのおじさんの口の中へ吸い込まれて、身体の中に入っていってしまう。そうすると、そこには、ダヨーン族という人々がいる。みんな、ダヨーンのおじさんのような感じの顔をした人々で、牧歌的な生活を送っているのです。

イメージからすると、原作『おそ松くん』のヒットしていた時代、『三丁目の夕日』（西岸良平、小学館、一九七四年〜）のような昭和三〇年代の雰囲気です。『おそ松くん』が始まった一九六二年は、昭和三七年。だから『三丁目の夕日』の舞台よりも少しあとの時期になりますが、ダヨーン族は昭和的なコミュニティの中で、非常に幸せそうに暮らしています。

生活に必要なものはほとんど全部、コミュニティの中にあって、ダヨーン族は、基本的には大した仕事などしなくても安楽に暮らせるのです。

六つ子たちも、彼らのコミュニティに受け入れられそうな感じになります。結婚もできそうな感じになる。六つ子たちの一部は、そのまま残って、ここで結婚して、一生、暮らしたいと考え始めます。

ところが、最後のところで、「いや、これじゃいかん」と考え、決心を翻していく。せっかく結婚相手も見つかりそうな状況になっていたのですが、どういうわけかダヨーン族のほうも、その気持ちもわからなくはないみたいなことで、別れを認めます。そうしたお話が、第二三話の後半です。

作者がどういう意図で、このようなエピソードをつくっているのか。恐らく、おもしろいからつくっているだけで、見ている人が、どういう受け止め方をするかについても、そこまで細かく考えているわけではないと思います。

しかし、ある作品にどこか惹《ひ》かれてしまう時、そこには、つくっている人たちですら自覚していない何かがある。その何かをうまく取り出すことができれば、そこから哲学的であると同時に、社会学的であるような、有意義な問題について考えることができるのです。

皆さんも大学に来て講義を聞いて、『おそ松さん』について詳しくなるだけでは不本意でしょうから、ここで一つ学問的な視線を入れていきたいと思います。

## 『プロテスタンティズムの倫理と資本主義の精神』

『おそ松さん』で問題になっているテーマは、仕事です。仕事がない。仕事が得られない。そうした状態です。

社会学は比較的新しい学問で、まだ二〇〇年くらいの歴史しかないのですが、その歴史の中で一、二を争う重要な社会学者に、ドイツのマックス・ヴェーバーという人がいます。第一次世界大戦が終わったころに亡くなりましたが、彼の名を不朽にした最も重要な著作、『プロテスタンティズムの倫理と資本主義の精神』（岩波文庫、一九八九年）という本があります。

これは日本語でもいくつも翻訳のバージョンがありますが、もともと最初の大塚久雄《おおつかひさお》という人の翻訳が非常に良く、難しい本なのですが翻訳がかなり信用できる、数少ない本の一つになっています。

テーマは、タイトルにあるように「資本主義というものが、なぜ西洋に生まれたのだろうか」です。

僕らは、アメリカやイギリス、あるいはフランスをはじめEUなど、そうした西洋が世界の先進国で、最も豊かな国であるというように感じています。しかし考えてみると、ある時期まで、例えば一六世紀ぐらいの地球を見たら、明らかに西ヨーロッパは、後進国。経済的に見ても明白に遅れている地域で、中国のほうが、はるかに進んでいて、豊かです。今、混乱してテロも起きる中東のほうが、よほど商業も盛んでした。

ところが資本主義は、後進的な地域であるヨーロッパから起こり、気がつけば、地球全体を席巻《せっけん》してしまっていた。なぜそうした資本主義がヨーロッパで生まれたのだろうか。

その結論は、すでにタイトルに暗示されていますが、決定的だったのは、プロテスタンティズムの「倫理」。タイトルでは「倫理」となっていますが、これのもとになっているのはエートスēthosという概念。エートスというのは、エシックスethicsという言葉の語源ですから、「倫理的な生活態度」といったライフスタイルのことを意味します。

単に倫理というと、頭の中にある道徳的な感情のように感じられますが、この場合の倫理とは「生活様式に一体化している倫理」といった意味なのです。

とにかくプロテスタンティズムから出てきた倫理的な生活態度と、資本主義の精神とのあいだには、何かのつながりがある。それを証明しようとしたのが、この『プロテスタンティズムの倫理と資本主義の精神』でした。

この本は社会学の古典中の古典ですが、今でもいろいろと批判も非常に多い。しかし、はっきり言いますが、批判の多い本のほうが、もう圧倒的に立派な本なのです。こと社会科学に関して言えば、どうでもいい本は批判もされない。一方、批判する者がたくさん出てくる本は、多くの人の何かを刺激している。なにか常識を揺すぶっているのです。


念のために解説しておきますと、プロテスタントとは、ご存じのように「反抗する者」という意味。具体的に何に反抗しているかというと、カトリックです。

西ヨーロッパのキリスト教は、今も残っているローマを中心にしたカトリックでした。皆さんがよく見るような大聖堂などは、みな、カトリックのものです。

そのカトリックに対抗したのが、プロテスタント。プロテスタントは、一六世紀あたりから、西ヨーロッパ、北ヨーロッパに、多く出てきます。例えばアメリカ大統領選挙の関係でもよく言及されるアメリカの福音派も、プロテスタントの典型です。アメリカに渡った人たちは、当時、まずプロテスタントだったのです。

このプロテスタントの倫理の中に、資本主義の精神のベースがある。それがヴェーバーの説です。

しかし普通、プロテスタントは非常に厳格で、禁欲的というイメージがある。僕らが資本主義というものについて考える、大金持ちで強欲で享楽的といったイメージと、まったく逆です。

ですから発表された当時から「とんでもない話だ」と批判もたくさん出てきました。ところが、このすべての批判を押し切って、ヴェーバーの指摘は、いまだに根幹的な部分に説得力があるのです。

## 仕事に宗教的な意味合いが入ってくる

実際、考えてみると、皆さんも「ヴェーバーの説の通りかも」と感じませんか。

例えばEUを見てください。EUの中で、一番成功している国は、今、ドイツではないでしょうか。

その一方でスペインや、イタリア、さらにギリシャにいたっては、なんとなくちょっと、落ちこぼれという目でみんな見ている。

EU以外では、今、世界をリードする一番豊かな国は、明らかにアメリカです。アメリカの前は大英帝国、イギリスでした。イギリスの前に一時的に栄えたのは、オランダです。アメリカ、イギリス、オランダ。これらはすべて、プロテスタント系なのです。一方、どうしても今ひとつ、うまくいかないという感じの、スペインやイタリア。これらはカトリック系なのです。

その中で、成功しているのかうまくいっていないのか微妙なのが、やはりカトリック系のフランス。フランスはご存じのように、近代の歴史の多くの局面で、一見、イギリスに対して優位に立ちそうなときに、常に負けてきています。

ヴェーバーの説が正しいかどうかは別にして、とにかく所得の高い国は、みんなプロテスタント系なのです。なぜプロテスタントは経済的に成功するのでしょう。なんとなく感じられてきたこの疑問に対して、一つの答えを与えたのがマックス・ヴェーバーでした。ヴェーバーが本の最初のほうで語り、とても重視している一つの重要な概念を、皆さんに紹介します。

それはドイツ語の「ベルーフ Beruf」。これは、聖書の中に出てくる概念です。ここで考えてほしいのですが、ヨーロッパでは、長いあいだ、ラテン語の聖書しか使われていなかった。これは妙な話であって、旧約聖書はもともとヘブライ語、新約であればもとはギリシャ語。ローマはキリスト教を弾圧していたくらいですが、もともと聖書はラテン語で書かれていたわけではないのです。

しかし西ヨーロッパでは、すべてラテン語の聖書が使われるようになっていた。つまり、外国語訳のものしかなかったのです。しかもその外国語は、普通の人はあまりよく知らない言語です。

例えば、重要な書物が全部、中国語で書かれていたとすると、日本人は、漢字を通してなんとなくイメージはわかるものの、完全に読むことは、なかなかできないでしょう。ラテン語聖書もそうした状況でした。

まったくなじみのない言葉ではないから、少しでも文字を読むことができたら、なんとなくイメージはわかる。でも普通の人にとってはやはり外国語です。お経と同じです。

そうした聖書しか、使ってはいけなかった。これでは、ダメだ。これでは信仰というものは、本物にならない。そう考えて、プロテスタントが聖書を普通の言葉、俗語に翻訳したのです。その中で、一番有名なものは、ルターのつくったドイツ語の聖書です。

考えてみると、ドイツが統一された国になるのは一九世紀の後半。ルターは一六世紀前半の人ですから、まだドイツという国もないわけですが、ドイツ語が使われている地域というものはある。ただ、標準的な言葉は、一つの国ができて、公用語が定められて、何よりも学校があることで定まるものなので、当時はまだ標準的なドイツ語などなかった。だからルターは、ドイツ語がわかる人ならだいたいわかるといったドイツ語で、聖書を訳したわけです。

このことだけでも、すでにカトリックに対する強烈な反抗でした。実は、部分によっては、本当にルター自身が訳したかどうかには異論があります。恐らくルターが主に訳して、ほかの人が直していると思われますので、厳密に言うと「ルターが訳したと信じられている聖書」ということになるのですが、とにかくそれが普及した。そのルター訳とされている聖書の中で、「ベルーフ」という概念が出てきて、これが非常に重要な意味を持ったのです。

ベルーフのもととなるのは、ギリシャ語の、クレーシス klēsis という概念でした。このクレーシスは「神から呼びかけられる」という意味です。難しい言葉ですが、日本語では「召命」と訳されます。

「神からの呼びかけ」とは、具体的には各人の仕事、職業のことを指します。日本語の感覚ですと、「これは俺の天職だ」と言う時の「天職」に近い。何か自分に運命的に定められている、このために生まれてきたのだという仕事です。

神から呼びかけられて、俺の仕事がある。大学で若い人に教えることが、俺の天職だ。俺はそのために生まれてきたのだ。大学の先生がみなそう思っているかわかりませんが、もしそのように感じることがあれば、それが「召命」なのです。

この召命、ベルーフという言葉を、ドイツ語の聖書では職業という意味で使った。このことは非常に重要な意味合いを持った、というのがマックス・ヴェーバーの説です。

例えば、自分は靴職人であったとする。靴がなくて困っている人につくってあげようという利他的な行為とか、自分が生きていく糧として靴をつくって小麦に換えようなど、靴をつくることにも、さまざまな意味があるわけです。

しかしベルーフには、それ以上のもの、神が「おまえは靴職人として定められている」と呼びかけているという感覚がある。

そうすると、仕事というものに宗教的な意味合いが入ってくるのです。もともと仕事は生きていくために必要なものであって、これほど、日常的なものはない。しかしそこに宗教的な意味合いが、生じてきたわけです。

資本主義にとっては、この感覚が非常に重要だった。それがマックス・ヴェーバーの説で、ある程度当たっている可能性が高い。

資本主義の世界で成功するには、確かに仕事にベルーフ感を持てないと、難しいのです。単に「儲《もう》けよう」というぐらいのことでは、なかなか成功しない。一攫千金《いっかく》を目指すということではうまくいかない。金持ちになろうとしても、なれない。むしろベルーフとしてやっているうちに「気がついたら金持ちになっていた」というほうが、普通ではないでしょうか。

## 資本主義になると、すべての日が聖日になる

ヴェーバーと同じドイツですが、少し若い世代に属するヴァルター・ベンヤミンという人がいます。この人はヴェーバーどころではない難解さがあるのですが、左翼系の学者や思想家のあいだでは、ほとんど神さま的な扱いをされる、カリスマ的な影響力のある学者

です。

　この人はナチスから逃げていく途上、山の中で若くして亡くなった。そのために完成しなかった草稿が多く残っているのですが、そのベンヤミンの残された草稿の中に、「宗教としての資本主義」（『ベンヤミン・コレクション　7』、ちくま学芸文庫に所収、二〇一四年）という文章があります。

　これは先ほどのヴェーバーの説を、より一般化した、非常に重要な論文です。ヴェーバーへの反論という体裁をとっていますが、ヴェーバーの説を否定しているというより、ヴェーバーの言わんとしていたことをヴェーバー自身よりもっと強調し、純化しているような論文です。

　そのテーマは「資本主義を宗教のコンテキストで見なければいけない」。例えば資本主義の中に入ると、労働する日、労働日と、宗教的な意味を持つ日、聖日の区別が、ある意味でなくなっていくのだと彼は主張します。

　凡庸な人は、「資本主義になると、仕事が競争。だから休日がなくなって、毎日、働かなければならなくなる。すべてが労働日になる」と考えたくなりますが、ベンヤミンの言っていることは、まったく逆。資本主義になるということは、すべての日が聖日になるのです。

　信仰がないと、日曜日は、単にのんびりできるお休みの日に過ぎない。

　しかし信仰のある人にとっては日曜日が一番大事。日曜日は、普通の仕事から離れて、むしろその日には日常の仕事をしてはいけない。つまり宗教的に振る舞わなければならない。

ところがベンヤミンは、資本主義になると、日常の仕事こそが一つの宗教的行為になる、と言っています。つまりすべての日が聖なる日であって、神から与えられたものとして労働をする。それが資本主義の特徴なのです。

これは「われわれが普段、生きるためにやっている世俗の活動である職業が、神からの呼びかけとしての意味を持っている」という、ヴェーバーの説と、重なります。

## ニートには「ベルーフ」がない

ここからもう一回、『おそ松さん』の話に戻ると、彼ら六つ子の一番の特徴は、ニートであることです。時々、働こうとするが、まともな仕事は得られない。

そうした六つ子を中心に、いろいろな形でキャラクターが配置されていて、一方では、一応、仕事を持っているチビ太がいる。そしておそ松さん以上に完璧《かんぺき》なニートになってしまっているのが、イヤミ。そして仕事なのか、仕事ではないのか、訳のわからない仕事を持っているのがハタ坊です。そのような配置になっていますが、主人公がニートであることが、一つのテーマになっています。

ニートであるということは、簡単にいうと「ベルーフ」がないという状況です。つまり神から呼びかけられていないのです。資本主義という神に呼びかけられていない。誰にも呼びかけられておらず、その意味で、見捨てられているのです。

作中では、おそ松さんたちが、ちょっと笑い飛ばしながらも、惨めな存在として描かれるわけですが、何が惨めかというと、「仕事がなくて、収入がないから惨め」ということではない。そうではなくて、呼びかけられていないことが悲惨なのです。世界から必要だと呼びかけられていない。おまえには「ベルーフ」がない。そこが惨めなところです。ついでに付け加えれば、自分は呼びかけられているはずだ、呼びかけの声も聞こえないのに、呼びかけられているはずだということにこだわっているのがトト子でしょう。

こういう議論を背景にして、次回ではまた、仕事ということの意味を考えます。そうすると、『おそ松さん』という作品がまた、別の形で見えてくることと思います。

# 第二講

## 「階級」

前回、マックス・ヴェーバーの『プロテスタンティズムの倫理と資本主義の精神』について話しました。

その彼が一九世紀以来の社会学、社会科学の歴史の中で、二番目に重要な学者だとすると、一番はカール・マルクスです。

マルクスの場合は学問としてだけではなく、現実への影響が非常に大きかった。ただ、その影響は功罪相反のところがありますが、学者としては超一流中の一流です。このマルクスの話も、ここでしておきたいと思います。

日本語でも「階級」という言葉があります。これは普通に日常でも使われますが、もとは完全な学問用語です。この「階級」という概念を最初に使ったのが、マルクスでした。

もともとはドイツ語、クラッセ Klasse です。英語のクラス class に当たります。この言葉の持つ含みを、ここで解説します。

マルクスよりも上の世代で、マルクス自身が絶大な影響を受けた人が、カントとマルクスの間に入ってくるヘーゲルです。

ヘーゲルは一九世紀前半の哲学者で、難解中の難解ですが、人類知の頂点に立っているという感じの人です。

率直に言えば、マルクスの書いた有名な『資本論』(国民文庫、一九七二～七五年)も、ヘーゲルの理論を経済学的に置き換えながら、社会を見たものです。ヘーゲル自身は哲学なので、思想的、観念的に傾くのですが、その思想をより現実によせて考えると、マルクスの『資本論』になります。理論の骨格は、もうヘーゲルそのものです。ヘーゲルが「精神」と呼んだものを「資本」に置き換えれば『資本論』になる、と言ったらちょっと言い過ぎかもしれませんが、それに近いところがあります。

ただしヘーゲルにはクラッセ、階級という概念はない。マルクスが階級と呼んだものについて、ヘーゲルはシュタントという言葉を使っています。日本語に訳す時は「身分」になります。

## 呼びかけられているのかいないのか不透明なプロレタリアート

マルクスよりも半世紀後のヴェーバーが、前回から話題にしている『プロテスタンティズムの倫理と資本主義の精神』の脚注で述べていることが、思わぬヒントを与えてくれます。

前回に述べたベルーフに関係することです。これはドイツ語ですが、ギリシャ語で書かれた新約聖書ではクレーシス klēsis でした。この辺で、少しピンときませんか。クレーシスとクラッセ、ちょっと似ています。

マルクスの使ったクラッセという言葉は、フランス語のクラース classe からの転用で、この語をドイツ語風に使ったものです。ドイツ語としては、ほとんど造語です。

フランス語のクラースのもとになったのは、ラテン語のクラッシス classis です。このラテン語の単語は、特に軍隊に関係した言葉です。市民の中で、兵士として徴集された人の集まりを、クラッシスというらしい。市民の中で、兵士として呼びかけられ、選ばれた人がクラッシスです。このクラッシスが、フランス語のクラースになり、そしてマルクスのクラッセになっている。

ヴェーバーは先ほど述べた脚注で何を書いているかというと、ちょっと細かいことですが、ギリシャ語のテキストの中で、後の「ベルーフ（職業）」を連想させるような意味で、「クレーシス」という語を使っているのは、ハリカルナッソスのディオニュシオスの一節だけだ、というのです。そのディオニュシオスはどういうことを書いたかというと、ラテン語のクラッシスの語源は、ギリシャ語のクレーシスだというのです。

この説通りだとすると、「クレーシス（ギリシャ語、召命）↓クラッシス（ラテン語）↓クラース（フランス語）↓クラッセ（ドイツ語、階級）」という流れができます。そうすると、マルクスがつくって、当時の「現代社会」の分析のために使ったクラッセ（階級）という概念も、またヴェーバーが資本主義の中核にあると考えたベルーフ（職業）という概念も、ともに、クレーシス（神からの呼びかけ）に源流を持っている、という話になる。

残念ながら、ギリシャ語のクレーシスがラテン語のクラッシスになったという説は、今日の言語学では認められないそうです。しかし、仮にそうだとしても、この説は、なかなか啓発的というか、考えさせられるものがあるのです。

というのも――後で話題にするイタリアの政治哲学者アガンベンが言っていることなのですが――、クラッセについてのこの語源学的な推論は、マルクスがわざわざクラッセという語をつくり、使った理由を映し出しているからです。クラッセにもやはり、「特別に呼びかけられた人」という含みが響いているのです。


ヘーゲルが使っていたシュタントと、マルクスのクラッセは、もともと同じものを指していた。だがマルクスはシュタントではなく、クラッセのほうがいいと、書き直したわけです。では、その違いはどこにあるのでしょうか。

身分とは、貴族であるとか平民であるとか、そうした身分のこと。これは、基本的に初めから定まっている。つまり個人と身分とのつながりは、例えば自分が男であるのと同じで、生まれた時から離れない属性です。

それに対して、クラスというのは、資本家階級であるとか、労働者階級であるというもの。

この階級について大きく分ければ、資本主義には二つある。自分の土地を持ったり、工場を持ったり、機械を持ったりして、つまり生産手段を持っている資本家の階級と、そうした手段を持たず、自分の労働力を売るしかない労働者の階級です。

古いマルクス用語でいうとブルジョワジーとプロレタリアート。ブルジョワは「市民」とも訳されますが、マルクス主義の文脈では「資本家」です。それに対するところの、プロレタリアートには、どこかニートに関係のあるような響きがしますね。現在のニートの先祖かもしれません。ただプロレタリアートには仕事があります。賃労働者としての仕事が、です。しかし、「疎外された労働」という感じです。

マルクスが階級という言葉をつくったときに、イメージの中心にあるのは、もちろん、ブルジョワジーです。この人たちがちょうどヴェーバーの場合と同じように、いわば、世界から呼びかけられて、仕事をやっている。

あたかも神から呼びかけられるかのように世界から呼びかけられて、その仕事に何か特別な使命感を覚えることもできる。そして呼びかけに応じて努力して、やがてブルジョワジーとしての地位を獲得する。そうしたイメージです。

ブルジョワジーとは呼びかけられている人々。ではプロレタリアートとは誰か。ブルジョワジーとプロレタリアートの違いは、どこにあるのか。もちろん、先ほど述べたように、客観的な条件からすれば、お金があって、資本というか生産手段を持っている人と、自分の肉体で労働するしかない人という分かれ方になる。けれども、こういう客観的な条件だけではなく、当事者そのものに即した主体的条件の違いのようなものがあったと思います。

簡単に言えば、資本主義という社会のもとで「何か超越的なものに呼びかけられていると感じられるか、られないか」ということになります。自分が呼びかけられているかのように感じられるのがブルジョワジー、そのように呼びかけられず、むしろ見捨てられているのではないかと感じざるを得なかったのがプロレタリアートです。

例えば、僕らになにか仕事が与えられた時に、「ほかならぬ君が必要なんだ」と言って与えられる場合と、いちおう必要ではあるが、本当はそれをするのは誰でもいいという場合があります。

第二部で紹介した桐野《きりの》夏生《なつお》の『ＯＵＴ』に出てくる、お弁当工場で弁当を詰める作業は、典型的な、誰でもいいという仕事。

それをする人は、もちろん必要です。その人たちがいないと、弁当がつくられない。その意味で言えば募集されていますが、「おまえじゃなければいけない」という絶対不可欠な呼びかけられ方ではない。「誰でもいいから来てくれ」という、呼びかけられているのか、呼びかけられていないのか、わからないような呼びかけられ方です。これに応じるしかないのがプロレタリアートなのです。

## 学者の間で有名な「バートルビー」

ここで重視したいのは、ほとんど日常語にもなっている、社会科学用語の「階級」という概念の中に、呼びかけられている人たちと、呼びかけられてはいるが、ほんとうに呼びかけられている感じではない、消極的にしか呼びかけられていない人たちがいる。そうした含みがあるということ。

このコンテキストを理解した上で、もう一度、『おそ松さん』に戻ります。しかし『おそ松さん』だけでは、なかなか話が深まらないので、補助線として、もう一つ、フィクションについて話しておきます。

そのフィクションとは、一九世紀のアメリカの作家、ハーマン・メルヴィルが書いた小説です。メルヴィルというと有名なのは、『白鯨』。エイハブという船長が、執念でクジラを追いかける、クジラのストーカーになるような話です。

このメルヴィルに、ごく短い、本にしたらすごく薄い本になるくらいの「バートルビー」(『幽霊船　他一篇』岩波文庫に所収、一九七九年)という小説があります。

「バートルビー」は、一八五三年、一九世紀の真ん中ぐらいに書かれた作品で、読むと一時間もかからないくらい短い小説ですが、二〇世紀末期の哲学者たちがとてもよく取り上げたので、学者のあいだでは特に有名です。

この「バートルビー」は、一つの寓話《ぐうわ》として含蓄があって、その意味においては非常に学者好みの作品と言えます。

「バートルビー」とは人の名前。主人公の名です。彼は、おそ松さんたち以上におそ松さんです。おそ松さん的なスタイルを徹底すると、ある悪魔的な力を持つという話です。

## I would prefer not to

話の舞台はニューヨークのウォール街にある法律事務所です。

ウォール街は、皆さん知っているように、ニューヨークの金融取引の中心ですが、この一九世紀の段階で、すでに今と同じように金融の中心になっていました。アメリカもとっくに独立していて、経済も非常に好調で、豊かな国になりつつあります。

ウォール街は、この発展しつつあるアメリカの、いわば資本主義の中心でした。そうしたところですから、法律家もたくさん必要で、当時は不動産や株式の法律に詳しい人たちが、ウォール街に法律事務所を開いていた。そういう事実が小説の背景になっています。

これは雑談になりますが、皆さん、ウォール街がなぜウォール街と呼ばれるか、ご存じでしょうか。ウォールとは壁。トランプさんも国境に壁をつくるらしいですが、ウォール街とは壁の街という意味です。

今のニューヨークは、最初はオランダの植民地でした。オランダが世界で一番強かった時期に、そこに町をつくったのです。そのときにネイティヴアメリカンやイギリス人に襲われないように、壁をつくった。それがウォール街の始まりです。

その後、イギリス領になり、そしてアメリカが独立した。ニューヨークとは新しいヨーク。ヨークは、イングランドの都市ですね。今となっては古いヨークよりも、ニューヨークのほうが有名ですが、ニューヨークは、それ以前はニューアムステルダムでした。

その繁栄の中心地、ウォール街にあったある法律事務所が、人手が足りなくなり、新しく書記を雇おうとする。募集を掛けると、バートルビーという名前の男がやってきました。

この小説は、バートルビーを雇った法律家の立場で、彼が語り手となって、書かれています。この語り手の法律家は、金融の中心であるウォール街で、金融資本主義にうまくパラサイトして、儲けている。それでいろんな書類の処理が必要になる、という雰囲気です。

そこで、バートルビーを雇い、給料を払うことになるのですが、彼がまったく、仕事をしなくなっていく。仕事を依頼しても、常に拒否するのです。

書記として雇ったわけですが、例えば「郵便局へのお使いを頼む」とか、職務以外のちょっとしたことを頼むということも、あるわけです。しかし彼は断る。このときは、本来の業務ではないことを頼んだからいけないのだと思うわけですが、既にその前に、書類のチェックを断っており、そして書類を写すなど、書記として一番重要な仕事を頼んでも拒否するのです。その能力がないわけではないのに、やらない。できるけれども、やらないのです。

このときに、バートルビーが使った拒否の言葉が、この小説の一番のキーセンテンスになっています。

邦訳が何バージョンもあって、それぞれ違いがありますが、もとの英語は、「I would prefer not to」。

これは英語としても、とても変な表現で、小説の中でも、英語のネイティヴスピーカーがふつうは使わない、聞いたこともない不自然な英語だという意味のことが書かれています。

プリファーというのは何かを「より好む」。比較のイメージがあります。「not to ～」。このtoのあとに動詞が来るわけです。つまり、これこれをしないほうを（より）好むというような意味。なかなか訳が難しいのですが、「私はこれこれをしないほうがいいのですが」というように訳されています。

意味は文字どおりに取ればいい。つまり「何々しないほうがいいと思います」。することよりも、しないほうを私は好むと言っているわけです。

どんな頼み方をしても、そう答えて、仕事をしない。しかもこのバートルビーは、やらない理由をいっさい言わないのです。

では、解雇してしまえばいいという話になりますが、これがなかなかできない。読んでいると、バートルビーはその事務所に、もうずうっと寝泊まりしているらしいことがわかってきます。いつまで経っても、ずっと事務所にいるのです。

結局、最後には、語り手の法律家とほかに数名いた事務員は、あきらめて、自分たちのほうが先に出ていってしまう。バートルビーを、その事務所に置いていくのです。

出ていった後も、バートルビーはまだそこに居座っている。そうすると新しい人が入ってくるのですが、新しい人が来ても、そこにバートルビーはいる。これは困る。新しい人が、前に部屋を借りていた語り手のところに、「なんとかしてくれ」と言ってくるのですが、それでもどうしようもなくて、最後は、バートルビーは監獄に入れられてしまいます。

僕の考えを言うと、『おそ松さん』の六つ子は、このバートルビー予備軍。言ってみればバートルビーまで行かなかった、不徹底なバートルビーなのです。

六つ子もバートルビーと同じように「何々しない」を選んでいる。ただ、バートルビーほど完全に平然と、何もしない状態に留《とど》まることができてはいない。

バートルビーは呼びかけられている。何々の仕事をやってくださいよと、周囲に言われるけれども、しないほうを取りますと言って、その呼びかけを断固、拒否している。

一方、六つ子のほうは「本当は呼びかけられたいな」と考えている。本当は、呼びかけられて、何かをしたい。しかし、誰も呼びかけてくれないのです。

前回、『おそ松さん』の第二三話の話をしました。

その後半では、ダヨーン族のコミュニティに入り込む。非常に安楽で、六つ子はそこに留まっても良さそうな状況でしたが、最後には安楽な生活から戻ってくる。

つまり彼らにとって、安楽であるかどうかは重要ではなかった。

結局、ダヨーン族の安楽な生活の中にいても、神からは呼びかけられていない。資本主義の神さまから呼びかけられていなかった。世界から呼びかけられていないという点では、結局、同じなのです。だから彼らは、ダヨーン族の世界に安住せずに、また戻ってくる。拒否するわけです。どうせそこでもベルーフがあるわけではないのですから。

六つ子は、本当は呼びかけられて、つまり世界に必要とされて、それに応《こた》えて何かしたいと考えている。その意味では、呼びかけられているのに、それを平然と拒否するバートルビーほど徹底はしていない。

しかし、その第二三話の前半では、誰が石油ストーブの灯油を取りにいくかということで、全員が断固として仕事をしないことにこだわる。とにかく徹底的に何もしない。敢《あ》えて何かしないほうを選ぶという態度も取っている。一応、「俺だって、仕事は欲しいよ。いい仕事があったら、やりたいよ」と言っているわけですが、無意識のレベルまで行くと、バートルビーと同じように、拒否しているところがあるのです。

だから六つ子の奥にある隠し持った欲望を、あられもなく、そのまま表現すれば、バートルビーと同じく「I would prefer not to」になります。「私はそうしないほうを好みます」です。

## 四つ目の「様相」、しないことができる

「バートルビー」は、先に触れた二〇世紀末以来、ヨーロッパの、特にフランス現代思想系の系譜を引く哲学者たちに好まれて、よく取り上げられる小説になっています。その中でも代表的な哲学者に、先ほども一瞬名前を出した、イタリアのジョルジョ・アガンベンがいます。

団塊の世代より、少し上ぐらいの人ですが、今も現役で本もどんどん出しています。こ

のアガンベンの、「バートルビー　偶然性について」（『バートルビー　偶然性について』月曜社に所収、二〇〇五年）という名前の、小さなテキストについて、それを紹介しながら、考えていきます。

まず、これは少し難しいですけども、論理学に「様相」という概念があります。英語で言えば「モード mode」とか「モーダル modal」。様相とはどういうことか、簡単に説明します。

命題には、真なる命題と偽なる命題がある。真なる命題とは、それが事実と一致するものです。例えばきょうの東京は晴れている。このとき「きょうの東京は晴れている」という命題は真です。それに対して、「きょうの東京は雪が降っている」というのは、間違っているわけですから偽なる命題です。

普通はこのように、命題は「事実と一致するか、しないか」と分ける。つまり、命題がとりうる「値」は、真と偽の二つしかない。しかし、世界の様相とは、それだけではない。様相には、そうなることが可能であるとか、それはただ偶然でしたねとか、それは必然ですねというものも含まれます。

例えばこういうことです。

今日、山田《やまだ》君に会ったとする。それを、ただの偶然と見ることもできる。それに対して、山田と俺は運命で結ばれていて、こうなるべく定められていたと考えることもできる。例えば『君の名は。』の主人公二人のように、結びつくのは、何か必然性があったからと見ることもできます。

同じ出来事でも、可能だとか、不可能だとか、必然だとか、偶然だとか、そういう様相を分けてみることもできるのです。

そうしたことを「様相」というわけですが、大きな様相とは、可能なもの、不可能なもの、必然的なもの。それからもう一つ、これがポイントなのですが、偶然的なものです。

これからの話では、これが一番重要なのです。

より人文学らしい言葉で言えば、偶然とは、偶有。英語で言えば、コンティンジェントcontingentです。

可能なものというのは、することができるもの。これは簡単です。不可能なものというのは、することができない。これも簡単です。

それぞれ定義を言えば、可能なこととは、存在することができること。不可能なこととは、存在することができないこと。そして必然的ということの定義は、存在しないことができないもの。そうするしかないということです。そして、一番おもしろいのは、この四つ目の偶然的（偶有的）なものです。存在しないことができる、です。様相は、このように、「存在すること／しないこと」×「できる／できない」の2×2＝4種類ある。

バートルビーは、この「何かをしないことができる」という状態をキープしているのです。それが彼の「I would prefer not to」なのだ、というのが、アガンベンの読みなのです。

ここで重要なのは「人が何かをなしうるとは、どういうことか」です。

「様相」の分類

| | | | |
|---|---|---|---|
| 可能なもの | とは存在 | することが　＋　できる | 何かである |
| 不可能なもの | | することが　＋できない | |
| 必然的なもの | | しないことが＋できない | |
| 偶然（偶有）的なもの | | しないことが＋　できる | |

出所：ライプニッツ『自然法の諸要素』

普通、常識的な人は「なしうるとは、要するにすることができるということでしょう？」と考えるかもしれません。つまり「可能なこと」だと。しかしそうではない。何かをなしうるとは、むしろ、「存在しないことができる」（偶有性）の方に関係のあるものなのです。

## 「何かをなしうるという状態の権化」

ここで重要なのは、何かをなしうるということと、何かをしているということは別だということです。

何かをしているという状態は、簡単です。例えば大澤《おおさわ》は歩いている。しかしこの歩いているという状態と、歩くことができるという状態は、どうやって区別することができるのか。

ポイントはここです。単に歩いているという状態に対して、「歩くことができる」は、歩かないこともできるということです。歩かないこともできるという状態があるからこそ、歩くことができるという状態と、単に歩いている状態の区別がある。

実際に歩いている状態だと、この二つの区別はつかないのです。必然的に歩いており、もはや歩くことしかできないのかもしれない。止まることができないような状態なのか、それとも「歩くことができる」という状態なのか、つまり、ポテンシャルとして歩くことができるという状態なのか。

これだけだと、論理学の問題に過ぎないと思われるかもしれませんが、このことは、実践的な意味がある。それは、自由ということと関係があるのです。

自由というものは、何かをなしうることでしょう。その「なしうる」に関係しているのは、論理学の様相としては、「存在しないこともできる」なのです。つまり、コンティンジェントであること、コンティンジェンシー（偶有性）です。

そこでバートルビーに戻ると、彼は「何かをなしうるという状態の権化」といいますか、純粋に「私は何かをしないことができる」という状態だけを、保っている。「しないことができる」という状態を人格化して形にすると、バートルビーの生き方になる。アガンベンは、そのようにこの話を読むわけです。

「何かをなしうるということは、しないこともできるということだ。しないことができるというのは、バートルビーみたいな生き方だ」ということですが、この話だけだとまだ、単なる論理のゲーム、言葉遊びだと感じられるかもしれません。

そこでこのことがどういった意味を持つか、具体的な場面で一つ説明しておきます。

ここで話すのは無為について。何もしないことが、ときに何かすることよりも重要で、決定的な意味を持つ場合があるという話。あるいは何もしないことの勇気が、意味を持つ場面がある。無為こそが、最もクリティカルな場面で断固たる行動につながりうる。そうしたことを事例によって示してみます。

## メンシェビキとボリシェビキ

皆さんも知っているように、二〇世紀の初頭にロシアでは革命が起き、結果的にソ連という国ができました。そのソ連は今や崩壊してなくなってしまっているわけですから、革命の功罪については様々な評価があります。

しかし、どれほどソ連について厳しく言う人でも、ロシア皇帝がいて、ロマノフ王朝が続いたほうがより良かったと考える人は、あまりいないでしょう。

ロシア革命の最中、一九一七年の革命の渦中に、身を置いていると思ってください。これから話すのは、一九一七年六月一八日という日の話です。すでにロマノフ王朝が倒れ、臨時政府による統治段階ですが、革命がどんな結果を呼ぶか、まだわからなかった。そうした状況で、ペトログラードで大規模なデモが起きるのです。

当時、革命勢力は二つに分かれていました。両方とも革命派なのですが、微妙な違いがあった。すでに臨時政府は事実上、崩壊していたのですが、革命をどう進めるかということを争点にして、二つの勢力に分かれていたのです。

一方は、臨時政府を構成していた主要な党派。こちらのほうが人数は多い。その中心にいたのは、メンシェビキと呼ばれるグループ。メンシェビキとは「少数派」という意味なのですが、実際には、メンシェビキを含むグループのほうが多数派です。

もう一方が、ボリシェビキ。こちらのリーダーがレーニンです。

六・一八、この日の六月一八日デモに、それぞれの勢力が、どういうプラカードを出しているか。それを見て皆さん、この二つの勢力の微妙な違いが、直感的にわかるでしょうか。

集団的自衛権のときの大規模なデモを思い出してください。あれの、もっとすごいものという状況です。

メンシェビキを含むグループは「憲法制定会議を通じて、民主共和国へ！」とか、「革命勢力統一！」とか、確かにいかにも革命らしいスローガンを掲げています。

一方、ボリシェビキの側はどうか。「一〇人の資本家大臣を倒せ！」と。あるいは「全権力を労働者・兵士代表ソヴィエトへ！」と。

どちらの陣営も威勢がいいことを言っているわけで、似たようなものと、そう感じるかもしれませんが、違います。よく見れば、メンシェビキ側のほうがずっと穏健です。憲法制定会議を通じて、新しい憲法をつくって、民主主義。メンシェビキら主流派の掲げることは、目標としてはわりと普通です。これに対して、ボリシェビキのほうは、資本家大臣を倒して、殺してしまえというようなことまでも言っている。はるかに過激です。

そして最終的に革命の主導権を握ったのは、このボリシェビキのほうです。こちらが革命を最後まで遂行することになるのです。

この二つを分けていたものは、何か？

明らかにメンシェビキのほうが、微妙なところで消極的なのです。腰が引けているのです。

当時、革命勢力が優勢に、ことは進んでいた。そこまで進めてきて、あとは一気呵成《かせい》に資本家大臣を国外に追い出したり、殺してしまったりして、貴族に牛耳られてきた体制を倒してしまおうというボリシェビキに対して、メンシェビキは「いやいや、そこまでできないよ。きちんと国会をつくって、西洋式の民主主義にしましょうよ」と言っていたわけです。

メンシェビキの人たちの考えの前提には、彼らが抱いていた歴史についての概念がありました。

この人たちは、歴史について「前近代的で封建的な体制から、市民革命で民主主義を実現する。そして時を経て、もしかすると将来、社会主義が実現するかもしれない。そうした法則があるのだ」という通念を持っていた。

つまり彼らは恐れていたのです。考えてみればロシアは、ヨーロッパの東の東。東のはずれです。ヨーロッパの観点から見るとかなりの田舎で、フランスやイギリスとくらべて遅れている。実際、二〇世紀になってもまだ一八世紀のような王がいるわけです。

そのロシアで今、古い王制が倒れた。しかしここで調子に乗って、まだ時期尚早な段階で先走って行ってしまうと、失敗して、自分たちは歴史の法則から仕返しをくらうかもしれない。それを恐れていた。機が熟する前に、社会主義の実現まで目指すと、保守勢力や民衆の反撃を受けて、失脚するかもしれない。そして、後で、愚かな失敗と見なされるかもしれない。

比喩《ひゆ》的に言うと、メンシェビキはいわゆるフライングを恐れていた。神が、（社会主義への）ヨーイドンの号砲を鳴らす前に、調子に乗ってスタートしてしまい、失格になるのを恐れている。だから彼らがデモで掲げたプラカードは、革命が行き過ぎないように、憲法制定会議をつくって、穏健に行きましょうと、抑制気味に主張していたわけです。

今回の講義の話でいうと、彼らは、歴史の法則、いわば歴史の神の呼びかけにこだわっていた。神からの呼びかけがある前に、先に進みたくないということです。間違って進み過ぎてしまうと、歴史の神によって罰せられる。それを恐れていたのです。

それに対して、レーニンたちボリシェビキは違う。彼らは、いわば「歴史の神の呼びかけなど、気にするな。そんなものは無視しろ」と言っているわけです。つまり、彼らは行動を起こすにあたって、歴史の神の許可など要らない、という立場だったことになります。

### 呼びかけを拒否する姿勢が意味を持つ局面がある

この二つのうち、どちらがバートルビーに近いか。浅く考えると、メンシェビキのほうが消極的ですから、バートルビーに近く見えます。

しかし本当にバートルビー的なのは、ボリシェビキです。なぜなら、彼らもまた、バートルビーと同じように、神の呼びかけに対しては、これに応えようとしないわけですから。一方メンシェビキは、行動しようとはしないのですが、それは神の呼びかけがどこまでかということにこだわっていたためでした。こだわってひるみ、臆病《おくびょう》になっていた。歴史は今、どこまで進めと呼びかけているのか。歴史の法則に許されるのは、どの段階までか。まるで自分たちの行動の外に、歴史という神さまがいるかのように振る舞って、神の許可証を貰《もら》いたがっていた。その許可を貰って初めて動くという態度です。

それに対してボリシェビキは、もはや呼びかけにこだわるときではない。自分たちで動くときだという感覚です。

結果、どちらがよかったのか、歴史の評価は分かれるでしょう。ただ、もしメンシェビキの方針を採っていたら、民主主義革命すら成功しなかったと思います。一方、呼びかけを断固拒否すると、逆にやるべきときにはやれる。それがボリシェビキでした。

これほどクリティカルな場面ではなくとも、世の中では「慌てるな。時期尚早だ」ということがよく言われます。

例えば僕は死刑制度に反対する人たちの団体に呼ばれて、講演をしたことがあります。国民全体で見れば、日本人は死刑制度に賛成な人が多いのですが、会場には九割がた死刑制度に反対の人がいました。僕は、講演をした後に、一部の人にこんなことを言われました。「大澤先生は死刑をなくしたほうがいいと言われましたが、それはまだ時期尚早じゃないですか。国民の理解は十分得られていません」と。その人は死刑制度には反対だが、死刑制度を廃止するには時期尚早だ、と言うのです。

そういう言い方はよくあります。時期尚早。国民の理解をまだ得られていないという言い方は。

けれども時期尚早ではない状況というのは、ないのです。国民の理解を得ることを待っていたら、永遠に時期尚早です。むしろ思いきってやることで、初めて国民は学習するのです。

時期尚早を返上する唯一の方法は、時期尚早で行動を起こすことです。ときに失敗するかもしれませんが、その失敗を通じて国民は学習し、やがて「時期尚早」の段階を越えられるのです。

ロシア革命の場合も同じです。時期尚早だから、前に進み過ぎないようにしておこうと考えたら、結局、行きたいところまで行けない。ロマノフ王朝打倒さえも結局は失敗したでしょう。

話を資本主義における仕事、労働というところに戻しましょう。神の呼びかけに応えて、働く。働きたい。それが資本主義を成立させた。

ところが、その呼びかけに応じない、呼びかけを拒否するという姿勢が、最もクリティカルな場面では、逆に断固とした行動につながる。そういう局面がある。このことを僕は言いたいわけです。

バートルビーの態度は、いわば革命へのポテンシャルです。資本主義の下では、呼びかけに応じて働くことは美徳だとされている。しかし呼びかけがなくとも行動するためには、呼びかけを拒否することが、重要なのです。

## 過去は撤回できるか

あらためて「バートルビー」について話すと、この小説は、資本主義に対する抵抗の寓話なのです。

ウォール街の富裕層を相手にする法律事務所に、バートルビーという得体の知れない男がやってくる。

その男は「I would prefer not to」と言い続けることで、法律家を移転へと追いやっていく。たわいもない話のように見えますが、一九世紀の半ばの段階で、どうやって資本主義というものに対抗するか、それを描いているのです。

資本主義というのは、いわば、呼びかけによって成り立つシステムです。そこで、仕事はベルーフとして意味づけられる。人々が自らの仕事をベルーフだと感じて、熱心に禁欲的に取り組むと、それが資本主義になる。では、その呼びかけを徹底して拒否すればどうなるのだろうか。それを小説的実験、文学的実験として描いたものが、この作品なのです。

このこと、つまり資本主義への抵抗ということは、同時に哲学的な挑戦と連動しています。哲学的な挑戦というのは、先ほどから話している偶有性ということに関係しています。

偶有性というものがある、と言えなくてはならない。この世界に、現実性とも必然性とも区別された、偶有性なるものがある、と言うことができるのか。それが哲学的な挑戦です。

　偶有性というものがある、偶有性なるものが確保できる、このように主張できるためには、実は二つの原則を否定しなくてはならない。広く信じられている二つの原則を斥《しりぞ》けることができなければ、偶有性なるものがある、とは言えないのです。これは、哲学的にはかなり難しい。

　この二つの原則のうちの第一のものは、「条件的必然性の原則」。英語で言ったほうが理解しやすいかもしれない。「conditioned necessity」の原則です。何であれ、存在するものにはすべて十分な理由があって、それゆえ必然性があるというのが、conditioned necessity です。

　例えば今、皆さん、ここにいる。ここにいるということは、ここに来るに至った、前の日の行動や、あるいはそもそも大学に合格するなど、さまざまな原因があったはずです。その原因の結果として、今、ここにいる。その因果系列以外の出来事はありえないとすれば、存在するものには、必ずすべて必然性があるということになる。こうした考え方です。

　そのように考えると、「ほかの可能性もありえた」という偶有性が、存在する余地はない。皆さんは今、ここに来ている。それは、他ではありえなかった因果関係の結果で必然的なものだったと考えると、サボることもできたという可能性は存在しなくなる。偶有的なものに存在する権利があると言えるためには、だから、条件的必然性の原則を斥けることができなければならない。

これはつきつめて考えるとかなり難しい哲学的議論になっていきます。ただこの議論は、あまりにも思弁的なものになってしまう。それに、そもそも、実際には、ある出来事を規定しているすべての原因などというものはどうせわからないわけですから、何とでも言える、というところがあります。

本当に否定し、斥けるのが難しいのは、もう一つの原則のほうです。僕らは過去については、もう取り返しがつかないと考えています。例えば大学に一度、落ちてしまったとする。たまたま運が悪かった。もっと勉強していれば落ちなかったのにと考えても、起きてしまったことは、もはや撤回できない。他でもありえた、などという権利はない。そんなことは、虚《むな》しい言い訳にしかならない。

しかし、偶有性ということは、まさに「他でもありえた」ということでしょう。そうすると、偶有的なものがあると言えるためには、「過去の撤回不可能性の原則」を否定しなくてはならない。「principle of the irrevocability of the past」、この原則を斥けられなくてはならない。でも、過去を撤回できないというのは、常識中の常識、過去の定義そのものですから、この原則を斥けるということは、ものすごく難しい。

『おそ松さん』の六つ子は二〇年以上、怠惰に生きてきて、ついに仕事を得られなかった。ほんとうはこんなはずじゃなかったのに、と思ったりもする。この過去は撤回できるだろうか。

いや、それはできないと考えると、偶有性は成り立たない。何らかの意味で、過去を撤回することもできると言えないと、偶有性ということを、積極的に語ることはできないのです。

偶有性ということが、哲学的に存在の身分を持つためには、条件的必然性の原則と、過去の撤回不可能性の原則、これら二つの条件を否定できなくてはならない。しかし、そんなことはできるのか。

# 第三講

## 「存在し、存在しない」

僕らは、ものがある、存在するということは当たり前に受け止めています。例えば、「ここにマイクがある」ということは、比較的多くの人が認めるかもしれない。

しかし、あるような、でも、実はないものが、結構たくさん思いつきます。例えば、「夢の中のもの」は、あるのでしょうか。これは、存在しないもののほうに含める人が多いかもしれない。では鏡の中に映っている自分は、存在しているのか、存在していないのか。

鏡の中の自分は、この現実の自分自身よりは存在していないようですが、夢よりは実在性のレベルが高そうな感じもする。つまり「完全にない」よりは、リアリティがあるように感じる部分も、なきにしもあらずです。

あるのか、ないのか。存在するものは、いかなる経緯で、いかなる意味で存在すると言えるのか。これを説明することは、実は難しい。

では過去の出来事は存在しているのか、していないのか。すでにないからこそ過去なのですから、存在しないと言いたくなりますが、まったくの空想やまだ起きていないことに比べれば、圧倒的に「存在」に寄っていますから、存在しないとは言い切ることができそうにない。だが、単純に存在しているとも言えない。

そうした存在というものの領域の中で、コンティンジェンシー（偶有性）を、どうやって確保するのか。それが偶有的（偶然的）である、ということは、より厳密な言い方をすれば、それは、存在することも存在しないことも、両方ともできる、ということです。しかし、そんな言い方は矛盾しているように思える。はっきり言うと「Aであるが、Aでない」というようなものですから。

例えば「あれは赤く、かつ青い」という、属性の話であれば、まだ成立しそうな気がする。この角度からは赤く見えるが、あの角度からは青く見えるものはあります。これなら、なんとかなりそうな気がします。

けれども「存在し、存在しない」ということになると、もはや正反対。それが両方とも可能だと言うためには、どういう理論、どういう考え方をすればいいのでしょうか。

これは難しく聞こえますが、哲学では伝統的な主題になっているのです。

## 過去の撤回不可能性の原則を破れるか

存在するとはどういうことか。一つは、前回にも話した条件的必然性。conditioned necessity です。存在しているものには、必ず原因ないし理由があって、そうなるべき必然性があったのだという考え方です。

あらゆる存在には十分な原因があるとします。皆さんがここにいるためには、皆さんのご両親が皆さんを産み、両親の両親がいて、……といくと、背景には、地球の、宇宙の全歴史があるわけです。ビッグバンから始まって、一四〇億年の間に、とうてい数えられない無数の原因が絡まり合って、結局、皆さんはここに今、来ている。今ここにいるのは、条件的必然、そうなるしかなかったのだという考え方です。

この考え方をすると、偶有性は、成り立たなくなるのです。すべては無数の原因からなる必然的な結果であり、「今日は早稲田に行かず、別のところにいたかもしれない」という偶有性は、成り立たない。そのような自分を想像しても、宇宙開闢《かいびゃく》以来、必然的な因果の連鎖から、はずれたことはできない、ということになりますから。

一七世紀の哲学者ライプニッツは、難しげな表現ですが、これを「充足理由律」と呼びます。これも英語で聞いたほうがまだわかりやすい。principle of sufficient reason。存在するどんなものにも、それが存在する十分な理由があるというわけです。この考え方を否定できないと、偶有性は、確保できないのです。

これを否定することは、手強《てごわ》い。手強いのですがしかし、同時に条件的必然性の原則、あるいは充足理由律が正しいということを証明することも、難しいのです。これを実際に証明することは、不可能に近いのです。

例えば、皆さんが早稲田大学の学生になって、ここに来るのが必然だったとしても、では、宇宙の歴史を遡《さかのぼ》って、その原因をすべて列挙できるでしょうか。できないですよね。

それに、そもそも皆さんの日常生活の中では、必然性は否定されていませんか。例えば、朝起きて「よし！　今日は授業に出るぞ」と意志を決める。そこで前提になっているのは「学校に行くこともできるが、行かないこともできる」という状態です。つまり、日常の生活の中では、条件的必然性は、否定されているのです。

ただし、偶有性を確保するために、より手強い条件が、より手強い敵がもう一つあります。前回の最後に言ったように、それは過去の撤回不可能性の原則です。

未来についてならば、存在することも、しないことも、どちらでもありうる気分がする。しかし過去については、起こったことがすべてですから、存在しなかったものは、もはや存在しない。

過去は、すでに起きてしまったことは、撤回できないという感覚。これはわれわれの日常感覚においても強く感じられていることですし、哲学者も、だいたい同じ考えになります。

そうすると偶有性は、かなり不利な立場に追い込まれることになります。

すべての出来事は、いずれ過去になる。ということは、過去の撤回不可能性を認めてしまうと、結局、すべてのことは必然であるということになる。

ですから、偶有性を確保するためには、過去の撤回不可能性の原則を、どこかで破らなければならないのです。しかしこれほどしぶとい原則はないので、なかなか難しい。

どうやって考えていけばいいのか。そのことをここで話しておきます。

## ニーチェが提案した「後ろ向きに欲する」こと

過去は撤回できない。当たり前のように思えます。この問題について、古代の段階ですでに本気で考えていたのは、アリストテレスです。

アリストテレスについては、第二部でも触れました。紀元前四世紀頃のギリシャの哲学者。キリストよりもはるか前の人です。

ソクラテス、プラトン、アリストテレス。この三人は哲学者の中の哲学者。すべての哲学はこの人たちから始まるという、三大哲学者ですが、この順序で師弟の関係でもあります。

そのアリストテレスは、過去の撤回不可能性について、「トロイアが陥落したことを欲することは、誰もできない」という、気の利いた言い方をしています。

実際に、トロイアはギリシャ（アカイア人）との戦争で負けて陥落した。ただし、アリストテレスの時代よりもずっと前のことです。このトロイアを「陥落させたいな」と願うためには、陥落するかしないか、不確定でないといけない。

すでに陥落してしまった以上、トロイアを陥落させたいと願うことは誰にもできない。過去のことは、すでに起こってしまった以上は、これを望むことはできない。アリストテレスが言っているのは、そうした意味です。

つまりアリストテレスでさえも、「過去の撤回不可能性」の側に立っているわけです。

さらにこのアリストテレスが言ったことを、つまり「過去の撤回不可能性の原則」を強調した、ある意味で必要以上に強調した有名な哲学者がいます。その人のことを、紹介します。

その哲学者とはニーチェ。一九〇〇年に死んでいますから、一九世紀の終わりの哲学者。アリストテレスと比べると、学問の歴史の中では圧倒的に最近の人と言えます。

ニーチェは、いわば、過去の撤回不可能性の原則の肩を持つのです。しかも肩を持つだけではなく、われわれが普通に感じている以上に、それを肯定するという作戦を考えました。

ニーチェの哲学には、「永遠回帰」という思想が出てきます。何のためにそんなことを主張したのか、ちょっと意図がよくわからない思想です。この永遠回帰は、実は普通以上に、過去の撤回不可能性を支持してしまう思想なのです。撤回不可能性を敢えて強く肯定することで、過去の撤回不可能性からくるネガティヴな感情を乗り越えてしまおう、というわけなのです。どういう意味か説明しましょう。

ニーチェは、人間が編み出したものの中で最悪のものは、復讐《ふくしゅう》精神だと考えていました。復讐精神とは、すっぱい葡萄《ぶどう》の精神。

ニーチェがフランス語を使って「ルサンチマン ressentiment」と呼ぶもの。英語ではリゼントメント resentment。これは恨み、つらみ、嫉妬《しっと》、復讐精神等を全部含む言葉です。

これほど醜く、手に負えないものはないとニーチェは考えた。では人間は、これを、どうすれば乗り越えることができるのでしょうか。

そもそも、復讐精神はどこから生まれてくるのでしょう。それは、戦争や競争に負けた過去が我慢できない、好きな人を取られた過去が我慢できないなど、耐え難い過去から生まれる。起こった出来事を嫌悪すると、復讐の気持ちが生まれるのです。

ニーチェは名文家ですから、このことについて、素晴らしくかっこうのいい言葉で語っています。日本語に訳しても素晴らしいので、読んでみます。復讐精神がどこから来るかということに関連して述べている部分です。

《そうあった》。意志の歯ぎしりと、その最も孤独な憂愁とは、このように呼ばれるのだ。なされてしまったことに対して無力なるままに――意志は、一切の過ぎ去ったものに対して、一人の悪意をいだく傍観者である。……（中略）……時間が逆行しないこと、これが意志の怨恨《えんこん》である。《あったところのもの》――意志がころがしえない石は、こう呼ばれる。

（「ツァラトゥストラ 上」『ニーチェ全集〈9〉』ちくま学芸文庫、一九九三年）

意志というのは、ドイツ語の「ヴィレ Wille」です。英語でも「ウィル will」。

意志は過去を欲することができない。時間は逆行しないところから、意志の怨恨が生まれる。悪意を持って過去を見ることになる。「意志は、一切の過ぎ去ったものに対して、一人の悪意をいだく傍観者である」。こういうところがニーチェの言葉のかっこいいところです。

では、こうした悪意を、どうやって人は克服することができるのか。そこでニーチェが提案するのが「後ろ向きに欲する」ことです。

「後ろ向きに欲する」とは、例えば、皆さんが、早稲田大学に入ることができなかったとします。そうすると「悔しい。なんであいつが受かって俺が落ちたんだ。問題がよくなかったんだ」と恨みが生まれて、悪意の傍観者になってしまう。

そこで、落ちたという現実を受け入れ、肯定する。ただあきらめて肯定するだけでは、復讐精神は消えないので、もっと強く積極的に肯定する。過去に向かって、敢えて欲するわけです。

自分は、受験に失敗して、落ちてしまった。なぜなら勉強しないで、遊んでいたわけだから。だから落ちたって仕方がなかったんだ。いや、落ちてよかったんだ。ある意味で、過去のほうを向いて「落ちること」を欲するわけです。そのように考えれば、過去への恨みは消えるのです。

アリストテレスは「トロイアが陥落することを欲することはできない」と言っていましたが、ニーチェは「いや、できる」と言っていることになります。

トロイア人が「こんな堕落した町は陥落してしまってよかった」と過去に向かって欲す

ることができたとする。そう考えることができれば、トロイア人は、陥落を恨まずにすむ。例えば日本は戦争に負けた。普通はその歴史を、悪意をいだく傍観者として見ることになります。しかし、「いや、負けるべくして負けた。もともとこんな腐った国は、負けようと思っていたのだ」と考えると、恨みも出てこないのです。

これがニーチェの考えでした。この考えの延長線上に、永遠回帰の思想が出てくる。要するに、起きたことを欲するとすれば、どうなるのか。それがまた起きて欲しいと望むはずでしょう。過去が、何回、繰り返してもいい。むしろ今、起きてしまったことが、繰り返せば繰り返すほど、もっとうれしい、と思うはずです。

逆に、今、起きたことを、悔しいと感じ、絶対に起きるべきではなかったと思い続けると、復讐精神が盛り上がって、醜い人間になっていく。

だから敢えて、「いや、これこそが俺が欲していたことだ」と言い続けよう。この世界は何百回も繰り返して欲しいと言い続けよう。

早稲田大学に落ちたとしても、それは私が望んだこと。だから何度落ちたって、構わない。むしろもう一〇〇回、一〇〇万回でも落ちてみせよう。その感覚が、永遠回帰です。「後ろ向きに欲する」気持ちが、どんどん強くなれば、今、あることは、またやってこいと感じる。どんなに不幸な状態でも、敢えてまた来いと言うほどに、強い精神になる。そうすると、復讐精神が消える。それが、ニーチェの考え方でした。

これは、人生の知恵の一つかもしれません。しかし、コンティンジェンシー（偶有性）を救い出してはいない。逆です。むしろ過去の撤回不可能性を、標準以上に強く肯定している。

つまり「他でありえた」という可能性を、救い出しているのではなくて、「現にそうである」ということを、さらに強く主張している。だからニーチェもまた、偶有性ではなく必然性の側にいるのです。必然性の側の、贔屓《ひいき》の引き倒しと言いたいくらいの応援団です。

**ニーチェの言葉にも、限界がある**

ここで一度、『おそ松さん』に戻ると、見方によっては、この作品にも「後ろ向きに欲する」側面がありました。何とかして、「現在」までの過去を、後ろ向きに欲しようとしている物語である、と解釈することもできます。

この作品には、時々、微妙に過去を悔恨するエピソードが出てきます。

例えば六つ子がジャニーズのようなアイドルグループになっていたりするなど、「こうであったらよかったのに」という形で、実際には存在しなかった出来事が、幻想や夢想のように挿入される。

それが一番強烈だったのは、第一話です。六つ子がすごい大金持ちになって、超人気アイドルになって、女の子たちから大騒ぎされることになっていたらどうかという展開だったのですが、パロディ等もきわどい物が多く、あまりにも強烈だったので、この話はDV

Dではカットされました。「こんな風になっていたらいい」という話。いずれにせよ、ここには、ニーチェが最悪のものとみなした、復讐精神がある。

しかし『おそ松さん』という作品は、全体としては、そういう自分たちを笑いとばすことに重きを置いている。「そんなことは実際ありえないね。バカげたことですね」と言って、むしろ一笑に付す。だから逆に、現状に対して「これでいいのだ」と言う感じです。

僕たちはこうなるべくして、なったのだ。「こうなることを欲していた」とまでは言い切れていないですが、しかし「これでいいんだ」というぐらいには、なっている。

夢想として、違う自分が出て来るのですが、本来、そうなるべきだったということを、鬱々《うつうつ》と語るわけではない。「な〜んちゃって、俺たちは本当はニートだよね」と笑う。だから六つ子たちは、「後ろ向きに欲する」とまでは行きませんが、しかし少なくとも復讐精神を克服しようとしていますし、あと一歩で、「後ろ向きに欲する」ところまで来ています。

逆に、『おそ松さん』の中で、復讐精神の権化となっている人は、トト子ちゃんです。

トト子ちゃんは、アイドルになりたい。そこそこかわいいので、ちょっと人気があるけれど、それも要するに仲間内、近所の中でかわいいと言われるぐらいのことで、とてもメジャーなアイドルにはなれない。

ところが彼女は「こんなはずじゃないわ！」という心境で、過去に対する悪意をいだく傍観者になってしまっています。主人公であるおそ松さんたちと、対比させているわけです。

「後ろ向きに欲する」というニーチェの戦略を話しましたが、これは皆さんにとっても、人生の態度として、意味があるかもしれない。

しかし僕は、「後ろ向きに欲する」は、万能ではないと感じます。例えば、『おそ松さん』の六つ子ぐらいの境遇であれば、そう言ってもいい。

君たち、後ろ向きに欲しなさい。君たちはアイドルなんかじゃなくて、はじめからこのようなニート的な生活を欲していたんだ。そうなりたかったんだよ、と。

ニートくらいであればいい。しかしもっと悲惨な場合はどうでしょうか。例えば原爆で死んでしまった人やその遺族に、永遠回帰の思想を伝えることはできるでしょうか。「何万回でも、原爆は落ちてみろ。あなたがたはそれを欲していたのだ」とは、なかなか言えないはずです。

大学に落ちたくらいの、大して不幸ではない人にはいいです。けれども本当の人間の不幸に対しては、ニーチェの言葉も、限界がある。これはなかなか難しいところです。

**過去の出来事を一つの物語の過程と見ると、偶有的なものは消える**

だから、過去の撤回不可能性をとことんまで肯定するニーチェの戦略とは逆に、偶有性の肩を持つことはできないものか、と考えたくなります。もし偶有性を真に肯定することができれば、偶有性というものにはっきりと居場所を見つけてやれば、「バートルビー」や、あるいは『おそ松さん』といった作品が持つインパクトを、全面的に引き出すことができるのです。

そもそも、過去の撤回不可能性について、僕らはどのような時に一番、説得力をもってそれを感じるでしょうか。

過去の出来事を、一つの連続的な流れとして見ると、現在のこの状態に向かってすべては必然的に連続して起こっているのだという気分になります。

例えば『カサブランカ』（マイケル・カーティス監督、一九四二年）という、古い映画があります。第二次世界大戦中にアメリカで公開された映画です。

モロッコのカサブランカという場所で起きている出来事なので、『カサブランカ』というタイトルなのですが、主人公はひとりの男。ハンフリー・ボガートが演じています。

時代は、第二次世界大戦の最中で、カサブランカはフランス領でした。しかし、当時フランス本国はナチスに占領されて傀儡《かいらい》政権のようなものができていた。そこで、ナチスに反発している人は、国外に亡命しようとした。

カサブランカにもナチスの手が回っているのですが、半分は力が及び切れていないところがあって、亡命しようとする人はまずカサブランカに逃げて、そこで出国ビザを手に入れて、ほかの国、特にアメリカに（リスボン経由で）亡命するのが、ルートになっていました。

主人公はそのカサブランカで、バーを経営しているのですが、そこにかっこいい男と美人の奥さんの夫婦がやってくる。彼らはナチスと戦うレジスタンスの闘士とその奥さんだったのですが、実はその女は、ハンフリー・ボガートの元カノでした。イングリッド・バーグマンが演じています。

とにかく夫婦は、亡命しようとしてここに来た。そのためには出国ビザが必要なのですが、ビザとなるドイツ軍の通行証は、ハンフリー・ボガートが持っている。夫、奥さん、元カレの三角関係があって、その葛藤《かっとう》が見どころなのですが、最終的にハンフリー・ボガートは、夫婦のために通行証をあげる。

そこで話したいのは、最後のシーンについてです。

夫婦は飛行機に乗って亡命する。その時、飛行場にハンフリー・ボガートも来ていて、彼は見送るという場面です。

この場面、観客は、ハラハラ、ドキドキしながら見ることになる。実は、事前の打ち合わせでは、レジスタンスのリーダーである夫だけ亡命させて、妻であるイングリッド・バーグマンと元カレのハンフリー・ボガートはカサブランカに残る話になっていたのです。しかし最後にハンフリー・ボガートが彼女を突き放して、彼女を夫とともに行かせる。夫婦は飛行機に乗って、飛んでいくのです。

このラストシーンが非常に有名なのですが、実は「製作者たちは、イングリッド・バーグマンが残るか行くか、ラストを決めずにつくっていた」という都市伝説があるのです。

この都市伝説は、後の映画史研究で否定されているのですが、確かにそうした伝説が生まれた理由もわかります。残るにしろ、行くにしろ、どの結末でも見ている人は、そこに必然性を感じるからです。

僕らが映画を見ていると、最後にハンフリー・ボガートが、飛行場に取り残されることになる。イングリッド・バーグマンの気持ちは実は夫よりもボガートのほうにあるのですが、ボガートは、彼女をレジスタンスのリーダーのほうにゆずる。

それを見て僕らは、そのストーリーに、物語としての必然性というか、自然さを感じます。「やっぱり、この二人は最後は別れるしかない。イングリッド・バーグマンとしても、この男と一緒にアメリカへ亡命するしかなかった。こうなるしかなかった」と感じるわけです。過去を一つの連続的な物語の中に位置づけると、そう見えるのです。

しかしでは、もしこの映画の結末が逆であったらどうでしょう。イングリッド・バーグマンがハンフリー・ボガートと一緒に残っていたらどうでしょうか。

僕らは「え！　それはないだろう。おかしいよ、不自然だよ、それは」と感じたでしょうか。むしろそれもまた「残るのが必然的だよ。それが自然だよ。そうなるべくしてそうなった」と感じたことと思います。

僕らは出来事を事後から一つの物語のように見ると、どんな終わり方をしても、「それが必然ですよ。そうなるほかないですよ。それは自然な流れですよ」と感じる。

つまり過去の出来事を一つの連続的な物語の過程として見ると、偶有的なものは消えるのです。ほかに存在しようがないように見えてくる。人間の心は、そのようにものを見てしまう構造になっているのです。

## 不連続が入ると、過去の可能性が見えてくる

どうすればいいのか。逆に、不連続、ディスコンティニュイティが入ってくると、僕らは過去が違って見えてくるのです。

皆さんも時々経験していることなのですが、一つの例を出します。

二〇一一年の三月一一日に、思いもかけぬ形で津波が発生し、そして、安全とされていた原発に、事故が起きた。

この津波や事故は、日常的に連続している時間に対して、不連続を導入するカタストロフィでした。こうした不連続が入ると、過去がまったく違って見えてくる。このことが重要なのです。

実際には事故を経験していますので、逆にありありと思い起こすことが難しくなっているのですが、二〇一一年三月一一日以前のわれわれの大半は、原発というものは、抽象的な論理としては事故を起こす可能性はあるが、技術の粋をこらした安全対策が何重にも施され、事故の可能性は何万分の一ほどであり、事実上は、事故はほぼ起こらないと考えていた。

例えば皆さん、教室の外に出た瞬間にテロリストに殺される可能性は、一〇〇億分の一

と言われたら、そんな事態は事実上起きないと考えるでしょう？　同じように、原発の事故も起きないと考えられていた。

それを踏まえて、過去を遡ってみます。なぜ福島県の東の端の海岸線沿いに、原発があるのかというと、そこの地域は福島県の中でも最も所得の少ない貧しい地域だったからです。

企業を誘致しようとしてもなかなか来てくれない。最終的に、一九六一年頃、県の肝いりで、原発を誘致することを決断する。それによって、かろうじて生活が成り立っていくようになる。人々が生きていくためには、それしかなかった。必然的に、なるべくしてなったというプロセスを、われわれは思い浮かべます。

僕自身が、この原発事故に関係するエピソードの中で、一番痛々しく感じたのは、双葉《ふたば》町《まち》の元町長さんの話でした。

NHKのEテレで二〇一四年一月に放送された『「地方から見た戦後」第5回　福島・浜通り　原発と生きた町』という番組でこの人のことを知ったのですが、番組製作の時点で、すでにこの人は亡くなっていた。過去の映像や、その人の親族、周りの人の証言などがあり、それがすごく痛々しいのです。

実はその元町長さんは、社会党系の人で、地元の反原発運動のリーダーでした。県議会議員にもなっていたのですが、野党ですから常に当選するというわけにもいかず、だいたいは落ちている。しかし反原発運動ではカリスマ的なリーダーで、尊敬されてもいました。

この人が、前の町長の汚職事件を受けて、町長にならざるを得なくなる。不祥事の後ですから、一番クリーンな人を、ということで彼が選ばれてしまったのです。

この町長さんの難題はここから始まった。町長としては、町の活性化を考えなければならない。そうするとやはり原発が頼みになるのです。原子力発電所というものは、一度完成して稼働してしまうと、町に入る税収も、地元の雇用も小さくなってしまう。地元にとっては、原発の建設中が一番儲かるのです。であるならば、町の経済振興のためには、原子炉を、もう一つ、導入するしかない。もともと原発には反対の人ですから、苦渋の決断だったはずですが、結局はそう考えてこの人は、原子炉をもう一個つくってくれと、東京電力にまで陳情に行く。

東京電力としては願ってもないことなので、「町長さん、よく言ってくださった。私たちは世界で一番安全な原子力発電所をつくってみせます」と受けあって、それがあの事故で壊れた四号炉になった。

僕は、この人は、本当に誠実な人だと思います。けれども町長になった時に、妥協してしまった。この人は二〇一一年の三月一一日に避難所に逃れて、その四カ月後に病気で亡くなってしまう。おそらく精神的にかなりこたえたからだと思います。

もし原発の事故がなければ、われわれも、その町長さんの判断はやむを得ないと感じていたでしょう。町の歴史、状況を考えると、原発をつくるしかなかったし、そうなるほかはなかった。その流れは必然だと感じたでしょう。

ところが、不連続が現れるのです。思いもかけず突然に、原発事故という名の破局が来た。そうすると、今度は過去が、別様に見えてくる。これは不思議な感じがします。

不連続が入り込んだ立場から見ると、元町長さんの話は痛々しく気の毒に感じるけれども、しかしわれわれはこう思う。

「あなたはもともと原発にそれほど賛成ではなかった。むしろ反対だった。であればどんなに町が苦しくても、やはりそこで原子炉を新たに導入すべきではなかった。むしろ原子炉をなくす方向に、動くべきだったんだ」と。

そうなるほかはなかった、なんてことはないんだ。違う道もあったのだ。本当は原発なしでいけた。原発を導入しない道があったはずだと、見えてくるのです。

不連続が入るとは、こういうことです。

過去にありえた別の可能性が、十分に現実味のある選択肢として見えてくる。過去には実は、満たされていなかった願望や、希望があり、それらを満たしてやることもできたはずだ、と思えるようになる。逆に言えば、実際に起きた過去に関して、それをしないこともできたはずです。「I would prefer not to」です。そう考えると、過去の撤回不可能性の原則が揺らぎ始めるのです。

不連続を経験する前には、過去の「別の可能性」（原発を導入しない可能性）は、論理的には一つの道かもしれないが、現実味のない空疎な仮定に過ぎない、と感じられる。しかし、不連続を経験した後から振り返ると、それは、空疎な仮定どころか、十分にありえた、実質的な道であったことがわかる。

## 「呼びかけを拒否すること」

原発を例にとって話しましたが、一九世紀後半から二〇世紀前半を生きたフランスの哲学者ベルクソンが、これと実質的には同じ意味を持つ経験について書いています。

それは一九一四年六月の出来事。第一次世界大戦です。

戦争が始まる前は、どのように世界が見えていたか。それは原発事故と同じで、ヨーロッパには戦争の火種がたくさんあると言われるが、実際には戦争なんて起こらないと、みんな考えていた。

しかし実際に戦争が起きてしまうと、過去の見え方が変わる。今までは、戦争など起こらないと見えていたものが、これは当然、起きても仕方がない状況だったと、見えるようになる。

不連続が入った瞬間に、必然に見えていた経路が、偶有的なものに変わる。一つしかないと思われていた道が、違う可能性もあったと見えてくるのです。過去に撤回可能性があったことがわかってくるのです。

歴史のなめらかな物語的な連続の中に、不連続を持ち込むということ。このことは、講義で使ってきた言葉で表現すると「呼びかけを拒否すること」と同じことです。ここはちょっと難しいかもしれません。

こう考えてください。歴史の連続的な過程や発展の中に自分たちがいると感じていると き、僕たちは、いわば、歴史の終極で待っている神の呼びかけに応じ、それに従って生き ているような気分になっています。比喩的な意味ですが、神が定めた道、歩むべき道を歩 んでいるんだ、と。

今このとき、人が不連続を実感するということは、この神の呼びかけに入っていないと ころ、神が呼びかけてはいないところに、自分の身を置く、ということです。神の呼びか けを拒否し、無視して、思い切って連続の過程の外にジャンプする。それが、歴史に不連 続を導入する、ということです。

だから、不連続を持ち込むということは、歴史の神のようなものに対して、バートルビ ー風に、「I would prefer not to」と言い切ることです。連続の過程に対して、不連続の 「今」を選好する、と。

## 手紙で締められた二つの話

最後に、『おそ松さん』と「バートルビー」の結末を見ておきます。面白いのはどちら の作品も、ともに手紙に関するエピソードで終わっていることです。ただし、この手紙の 持っている意味が、『おそ松さん』と「バートルビー」で、ちょうど逆さまになっていま す。

『おそ松さん』は、最後の一話半を使って、一つの話をつくっています。

結局、六つ子のうちの五人は物語の最後に来て、一念発起する。なんとか就職したり、一人暮らしを始めたりします。もちろん、そんなによい仕事が得られているわけではない。「召命（天職）」と思えるような仕事ではないですが、妥協して、中途半端に就職するのです。ところが、主人公のおそ松だけは妥協しない。ニートを貫く。だから、彼だけが寂しく一人、実家に取り残されていました。そこに手紙が届く。どこから届いたのか、よくわからないのですが、その手紙には、「松野家センバツ出場」と書かれている。高校野球のセンバツ大会のようなものらしい。手紙は、それにあなたがたが選ばれた。出場が認められたという通知でした。

シュールな話ですから、何だかよくわからないですね。とにかくおそ松は「やった、選ばれたぞ」と喜ぶ。ほかの五人にもすぐに知らせると、全員、仕事や一人暮らしを放棄して、再び集まります。そして野球大会が始まって、出場するのですが、一回戦で老人の鉄工所グループに大敗してしまう。選ばれたのに、あっという間に負けです。

しかし、ここで彼らは終わらない。悔しくなって、特訓して、翌年も出場する。今度は特訓の甲斐《かい》があり、決勝まで駒を進める。

決勝の相手は、さっきの老人グループより、もっとわけのわからない第四銀河大付属高校というグループです。宇宙人です。六つ子グループ対宇宙人で決勝戦が行われ、大接戦になる。トト子ちゃんが応援する。そのトト子ちゃんの最後の決め手が「勝ったら、セックスに応じてあげる」。それで、六つ子たちは大奮闘するのですが、最後、力及ばず敗北。これが『おそ松さん』第一期の最終話。こうした形で終わります。

何の選抜かわかりません。それにしても、この選抜出場の通知は、誰から来たものなのでしょうか。この物語の寓話的な意味から言えば、それは資本主義の神からやってきた、と解釈するのがよい。資本主義の神は、六つ子を見捨てていなかったのです……と一瞬思えます。

彼らは、資本主義の神に呼びかけられずに、ニートをやっていた。そしておそ松以外の五人は、呼ばれていないのに、しょうがなしに仕事を見つけて就職したりしていた。しかし突然、手紙が来る。「神は私を捨ててなかったんだ」と感じて、呼ばれるがままに戦いに出る。

そうして決勝で勝って、いよいよ大団円になればというところですが、結局、決勝には勝てない。

だから「本当には呼びかけられていなかった」というオチになるのです。ただ、ここからわかることは、彼らはやはり神に呼びかけられることを熱望していた、ということです。しかし、やはり呼びかけられていなかった。それが結末です。

メルヴィルの「バートルビー」も、手紙に関するエピソードで締め括《くく》られます。含蓄のある終わり方です。そもそも、募集に応えて法律事務所にやってきたバートルビーとは、何者なのか。語り手である法律家が、彼の来歴についての噂を書いていきます。

噂によれば、バートルビーは、もともとワシントンの郵便局の、デッドレターを扱う部局の下級局員だった。

デッドレターとは、配達不能郵便の通称です。彼は、その配達不能郵便を扱う部局にいたのですが、政権交替によって解雇され、法律家の事務所にやってきたらしい。

このデッドレターについて、メルヴィルは、語り手の法律家にこう書かせる。死に文（デッドレター）は死せる者（デッドマン）と似た響きだ、と。そして、こう続きます。

> この未然の絶望感を募らせるのに、朝から晩まで死に文をとり扱い、区分けし、炎に燃やすという職業くらいうってつけのビジネスがまたとあろうか。

この仕事が絶望感を高める仕事かどうかは、「勝手なこと言うなよ」というところもありますが、しかし、誰かに宛てて書かれながら、その誰かに届く可能性がまったくない手紙をただ焼却することがあなたの仕事ですよと言われて、「おっ、いい仕事を貰った。これこそ俺の天職だ」と思うことはあるでしょうか。「これが俺のベルーフ、神は俺にこれを呼びかけている」とはなかなかならないかもしれません。

語り手は続けます。

ときには折り畳んだままの手紙の山から、この青ざめた書記が取り出すものは指環――ああ、その指環を嵌《は》める運命にあった指は、きっと墓で朽ち果て、崩れ落ちているであろう！［引用者注・つまり、この指環の相手は、もう死んでいるかもしれないということです］それとも、恩赦状――その人は、もう絶望の果てに死んでしまったのに、免罪の符とは！　希望を知ることなく死んでいった人への希望を、救いなき禍害に息絶えた人へは良き音信をと、文は生の使いをのせて走っていったろうものを、それが死出の旅路を急いだとは！

この最後の、「生の使いをのせて走っていったろうものを……」というところは、新約聖書の中の、パウロの「ローマ人《びと》への手紙」の一節を踏まえています。それはともかく、ジョルジョ・アガンベンは、この「決して届けられなかった手紙」について、「存在しえたが実現しなかった幸福な出来事の暗号である」と言っています。僕たちの観点からは、この届かなかった手紙は、歴史の中で、実現はしなかったがなお存在していると言える願望の隠喩でしょう。

**「六つ子たちよ、あと一歩だぞ」**

いずれにしても、『おそ松さん』と「バートルビー」は、ちょうど対照的な結論になっています。

『おそ松さん』は、やはり最後を見てわかるように、神から呼びかけられることを、渇望していた。だが、呼びかけられていなかった。

それに対して「バートルビー」は、「呼びかけられること、そのものを拒否している」という物語です。その上で最後に、偶有性の象徴であるようなデッドレターのエピソードで、話を終える。

結論的に言うと、僕は、六つ子たちへのメッセージとして「六つ子たちよ、あと一歩だぞ」と感じます。

六つ子たちは、神からの呼びかけにどこか不信感を持ってはいる。神はほんとうに良いことを呼びかけてくれるのだろうか。われわれを救う気があるのか。あるいは救うことができるのか。そもそも、呼びかけてくれていないのではないか。

しかしそれでもやはり、神から呼びかけられたいという思いを捨て切れなかった。呼びかけをもっと勇敢に拒絶できれば、「おまえたちはさらにもう一歩、前に行けたのではないか」。

六つ子たちもバートルビーのように、「I would prefer not to」、しないことを好むというところまで行けたら、さらに進むことができた。

もっとも、その「あともう一歩だぞ」という感じが、この『おそ松さん』のおもしろいところでもあります。それが僕の結論です。

# 第四部

## この世界を救済できるか

# 第一講

## 無関係の極限と関係の極限に振れる

今回から、『君の名は。』（新海誠監督）について話をします。ただ、この作品だけではなく、こうの史代《ふみよ》原作のアニメ『この世界の片隅に』（片渕須直監督）も取り上げ、こちらと比較、対照しながら論じてみたいと考えています。

この二つの作品は、同じ年（二〇一六年）にヒットしました。ところが、内容は対照的。非常に両極的な印象を受けます。そこを考えてみると、おもしろいのです。

『この世界の片隅に』について先に少し紹介しておくと、これはかなりリアリズムに則《のっと》った物語です。

主人公は浦野《うらの》すず。途中で結婚して北條《ほうじょう》すずに変わります。このすずの戦前から戦中、戦後、特に戦中の生活が多く描かれます。

ここで重要なのが、本人は広島市の出身。しかし呉《くれ》にお嫁に行くところ。広島と呉は物理的な距離としては近いですが、当時としては「結構離れたところにお嫁に行った」という感覚です。

呉は軍港ですから、太平洋戦争の末期には、アメリカ軍のターゲットになっていて、頻繁に空襲がなされる。広島は呉と違って、空襲されないからいい。むしろ広島に逃げましょうというくらいの気分があった。

ただ見る人のほとんどは、あそこはやがて来る八月六日に原爆が落とされると知っています。だから僕らはその緊迫感の中で見続けることになる。そうしたお話です。


この『この世界の片隅に』と対比しながら、『君の名は。』を考えてみましょう。まず今回は主に『君の名は。』の話をしたいと思います。そもそも『君の名は。』という作品の、一番顕著な特徴とはなにか。

主人公は二人の高校生、瀧《たき》と三葉《みつは》です。この二人の身体が入れ替わってしまうのが、この作品の最大の設定になるのですが、この三葉と瀧はもともと何の関係もない。昔、同級生だった人が転校していったとか、親戚《しんせき》であるとか、そうした関係性は何にもなくて、一〇〇%の無関係です。その二人の身体が入れ替わってしまう。自分自身が他人の身体の中に入ってしまうわけですから、これほど直接的な関係はないと言っていい。しかし他方、二人がそうなる理由はまったくないのです。

普通、この種の設定では「どうしてそうなるのか」という理由をつけないと、なかなか物語を展開するのが難しくなる。最低限、二人が道でぶつかったぐらいの理由をつけるものです。けれども『君の名は。』の場合は、その程度の理由さえもないので、出発点はまったくの無関係です。

無関係の極限と関係の極限に振れる。最も遠いものと最も近いもの。お互いのあいだに共通点もない。お互いが同じ宗教を信じるなどの価値観の共通性があるわけでもない。そうした関係です。


君と僕とは、出身地も違う。家族も違う。人間の関係には、さまざまな差異がありますが、その中で、一番乗り越えがたい違いは、二つの異なる身体だということです。

僕がここにいるとき、あなたはそちらにいる。二つの身体は分離しているということが、最終的に人の関係が完全な同一性に至らない、最も重要な、最後の障害です。ところがこの作品では、身体自体がいきなり空間的に入れ替わってしまう。

どれほど近くにいても、絶対に最後まで乗り越えられない究極の差異。その障害があっという間に、乗り越えられてしまうのです。その意味での距離ゼロの関係になる。フィクションだからできる設定ですが、これは、そうした話です。


**恋愛の特徴は、無関係から関係への劇的な転換**

さて、まず、ここで、皆さんと考えてみたい第一の疑問は、三葉と瀧の関係は、恋愛なのでしょうか、ということです。

普通に考えれば、もちろん恋愛です。むしろ「これほど純粋な恋愛はない」とも言えます。純愛そのものです。

ところで、恋愛の特徴とは、少し哲学的に表現すれば、無関係から関係への劇的な転換。幼馴染《おさななじみ》だったなど、もともと何かのつながりを付けられる場合もなくはないですが、基本的には、特に何とも感じていない、場合によっては縁もゆかりもない相手がひとたび恋愛の中に入ってしまうと、自分自身と同じ、もしくは自分自身以上に重要なひとに転換する。この無関係から関係への劇的な変化が、恋愛の定義であり、本性だと思います。『君の名は。』という作品は、この定義を文字どおり実現している。まったく無関係な二人が、これ以上ないほどの関係、結びつきになってしまうわけですから。

しかし、他方で見ると、これは恋愛の不在でもあるのです。

恋愛物語とは、本来、どこにポイントがあるのでしょうか。それは先に述べたように、もともとは関係のない、関係性の不在が、いかにして関係そのものに転換するか、そのプロセスを描くこと。それが恋愛物語のダイナミズムであり、恋愛というものを物語化するときの基本です。しかし『君の名は。』は、その部分が中抜けしているのです。

関係性の劇的な転換という恋愛の形式的な定義は満たしているのですが、どうやって転換していくのか、という恋愛の中身はゼロです。

もう少しデリケートに表現すれば、多くの人が一生の間に何度か経験し、皆さんも経験があったり、なかったりいろいろすると思いますが、恋愛の特徴とは、始まりが確定的ではないところです。気がついたときには、恋に落ちている。これが重要です。つまり恋愛というものは、気づいたときには常にすでに始まっているのです。

例えば「今日から早稲田大学の学生になるぞ」という日は確定できます。しかし「今日から、君と恋愛関係に入ります」ということは、確定できない。

告白するとか、初めてキスをするとか、一緒に初めて性的な関係を持つなど、そうした出来事は確定できるときも、あるかもしれません。けれども好きになった瞬間は確定できないのが、恋愛の特徴です。気がついたら好きになっていた。逆に言うと、好きになっていることに気づいていなかったのです。

実は、二人はすでに愛し合っていた。つまりすでに関係の不在は、関係へと転換していた。恋愛物語とは厳密に言うと、その事実に対する気づきの物語なのです。

ついでに触れておくと、恋愛は終わりも確定できません。つまり気がついたら始まっているのと同じように、気がついたら終わっている。

「今、この瞬間に、あなたが嫌いになりました。ごめんなさい」というようになってくれるとまだいいのですが、嫌いになった人も、どこまで好きで、どこの瞬間に嫌いになったか、わからない。その結果「もうすでに嫌いでした」と言われてしまう。これが恋愛のきついところです。

気がついたら始まり、気がついたら終わっている。そうした始めと終わりの不確定性が、恋愛の特徴。だからストーカーみたいな事件が起きがちなのですが、この辺りが難しいところです。

いずれにしても恋愛物語は、こうしたプロセスを物語化するわけですけれども、そこを一〇〇％抜いている。最も純粋な恋愛であるにもかかわらず、恋愛物語になっていない。そこが『君の名は。』の最大の特徴だと思います。

## 月九が失敗している理由

少し細かいことを解説すると、特に二〇一六年に話題になっていることですが、近年、テレビで恋愛ドラマが成功しない。

本来、純愛や恋愛は、テレビドラマの王道でした。特にクリスマスのシーズンは、そうしたドラマが多いのが特徴でしたが、この数年、話題になったドラマを見ると、恋愛ドラマは少ない。あるいは恋愛ドラマは視聴率の点で失敗しています。

基本的に主人公が女性だった場合、何か理由がなくても、まずそこで恋愛を絡めるのが常道でした。それが普通のドラマのつくり方でした。

だから、主人公の女性がやろうとしている人生や仕事の課題や主題と同時に、それと同じぐらいの重さで恋愛が出てくる。それは本来、男でも女でも同じことなのですが、特に女性が主人公のときは、そうした展開になることが、お決まりでした。

しかし近年、主人公が女性で、成功したドラマを見ると、その主人公の人生の主題は、たいてい仕事のみなのです。主人公は仕事において、特別な能力を発揮する。そこに普通は、恋愛を絡めてきたわけですが、絡んでこない。

例えば、『ドクターX　外科医・大門未知子』がそうしたドラマの例です。主人公はフリーランスの外科医、大門未知子《だいもんみちこ》。米倉涼子《よねくらりょうこ》が演じます。これは民放のドラマの中では、二〇一六年で最も視聴率が高かったかもしれない作品ですが、二〇一二年から始まって、何度かシリーズになっています。きれいな女優や俳優を使っていますが、恋愛は出てこない。

あるいは、北川景子《きたがわけいこ》主演『家売るオンナ』（二〇一六年）もそうした例です。主人公は「私に売れない家はない」といった感じの天才不動産屋、三軒家万智《さんげんやまち》。このドラマでは、家を売るというプロセスの中で、人生の問題がさまざまに絡んでくる。ですが主人公の恋愛は絡んでいない。

二〇一六年ではないですが、話題作になったもので言うと、池井戸潤《いけいどじゅん》作品の一つ『花咲舞《はなさきまい》が黙ってない』（二〇一四、一五年）。杏《あん》が主人公を演じるドラマですが、これは池井戸作品ですから、舞台は銀行。臨店班という、いろいろ銀行の調査をする部局です。そこで上川隆也《かみかわたかや》が相棒になって、二人でさまざまな問題を解決する。ところが、二人が恋愛関係になるわけではない。

このように近年、注目されるテレビドラマは、恋愛がまったく絡んでいない。しかしそれなのに成功する。この恋愛の不在が、今日のテレビドラマの非常に顕著な特徴なのです。

逆に恋愛にこだわって、失敗しているのが、フジテレビです。フジテレビの月曜日九時、月九と言われる時間帯は、かつては多くの大ヒット作品が出た。フジテレビとしては、非常に重視している時間帯になるわけですが、この月九の視聴率ワースト、下から四位まで全部、二〇一六年の作品です。しかも、これらはほとんど恋愛ドラマなのです。

有村架純《ありむらかすみ》が主役の、『いつかこの恋を思い出してきっと泣いてしまう』。タイトルからして、恋愛そのものですね。それから福山雅治《ふくやままさはる》の『ラヴソング』、桐谷美玲《きりたにみれい》の『好きな人がいること』など、タイトルだけでも「恋愛です」ということを前面に出しているのですが、これらがことごとく視聴率が低く、失敗しています。

つまり、この時代の日本人の感覚として、恋愛物はもう一つ、うまくいかない。恋愛を描こうとしても、それが求められていない感じがする。成功した作品は、主人公が女性であっても、「女性と言えば、恋愛だろう」というステレオタイプを完全に脱して、仕事の面で、異能を発揮するという設定の話になっているのです。

## 好きになる必然性をどうつくっているか

このことを踏まえて、もう一回、『君の名は。』に戻ってみると、不思議な気分になります。

ドラマの分野では、恋愛物は失敗する。恋愛の不在が傾向としてははっきりと起きている。他方に、「まったく無関係のものが、最も深い宿命的な関係になってしまう」という完璧《かんぺき》な純粋すぎる恋愛を描いた作品がある。もっとも、この純粋すぎる恋愛には、プロセスが抜けているのですが、ともかく純粋な恋愛がある。

このように、恋愛物の失敗と過剰なまでに純粋な恋愛物の大ヒットという対照的なことが、車の両輪のようになっていて、同時的に共存している。このことをまず、頭に置くべきです。


ここで『この世界の片隅に』にも触れておくと、こちらは時代考証もきちんと行われている、リアリズムに則ったお話ですから、設定は普通そのものです。しかしこの作品も、ある意味においては、『君の名は。』と同じフォーマットに乗っています。

この作品はなにについて描かれているのか。それをひとことで言うのはとてもむずかしいのですが、物語の大きな主軸になっているのは主人公の若い娘、すずと、彼女が結婚する周作《しゅうさく》さんという男性との関係です。

昔ながらの、一〇代でお嫁に行くような結婚ですが、これも恋愛は、ある意味でない。今ではほとんどないことですが、すずの結婚は親が決めてしまったものでした。周作さんのほうは、すずを見初めていた。一方、すずのほうは全然知らなかった。だから本当のことを言うと周作さんは、ストーカー状態なのですね。

突然ある日、周作さんとその父親がすずの家を訪ねてくる。息子がすずさんを見初めて、云々《うんぬん》かんぬん、結婚したい、と。それでお見合いすらなしに、「いい話だったので、決めておいた」ということになって、結婚してしまう。ですから、恋愛の要素はゼロのまま、すずは結婚しているのです。

結婚してみると、周作さんは結構いい人で魅力的。すずさんもわりあい好きになってくる。もっとも『この世界の片隅に』は、淡々と日常を描く感じが重要な作品ですから、ものすごく熱愛している感じには見えないですが、関係がまずできてしまって、恋愛の実質があとから埋められていくという感じにはなっています。物語の基本の流れは、この、すずと周作の関係です。

この展開は、物語としての作者のオリジナルというよりも、戦前の結婚の話としては、現にありえたのでしょう。あるいはすずさんのモデルになる人物が、実際にそうした形で結婚していたのではないかと感じます。

ただ、これだけでは、あまりにも内容がなさすぎる。

男が一方的に言ってきて、親がちょうどいいと決めた。すずとしては、内発的に結びついていたわけではない。しかし物語のあるところから、周作さんを好きになっていく。その好きだということに、必然性を持たせなければならないので、物語としては、その原因らしきものをつくっています。

そのエピソードはお話の冒頭に出てきます。この話の中で唯一、リアリズムからちょっと外れる描写で、すずがまだ幼かったころに、謎の人さらいにさらわれそうになる。その人さらいの籠《かご》の中に入れられると、そこにもう一人、男の子がいる。それが実はのちに結婚することになる周作さんだった。そういう形で「二人のあいだには実はつながりがあったのだ」ということを示しています。

さらに言うと、原作マンガ（双葉社、二〇〇六～〇九年）ではこの恋愛がもう少し複雑化するようになっています。

マンガでは、周作さんが実は遊郭の女性と、昔、恋仲だったのではないかということが暗示される。アニメもよく見ると、そこに触れているのですが、あまりその女性は前面に出てきません。

しかし原作マンガでは、周作さんは実は自分と結婚する前に、別の女性と関係があったのではないか、しかもその女性も結構いい人だということで、すずさんは、複雑な思いをする。激しい三角関係ではないのですが、そこに恋愛の機微といったものが出てきます。

一方、『君の名は。』に戻ると、こちらは、普通のリアリズムに則っている瞬間は、実はラストだけなのかもしれません。

あれは四谷《よつや》のほうにある神社らしいのですが、その階段のところで若い男女がすれ違って、「君の名前は？」と問いかける。つまりその瞬間に、二人が一目惚《ぼ》れしているわけです。

けれども、ここで恋愛に入るのは、本当のリアリズムであれば、あまりにも理由がない。その理由を敢《あ》えて説明しようとするとなると、ファンタジックな話にならざるを得ない。そのファンタジーが『君の名は。』の本体です。

一方『この世界の片隅に』では、全体としてはリアリズムに則っていて、ほんのわずかな一瞬に、恋愛に必然性があったことを示す、ファンタジックな原因を付けている。

この原因に当たる部分を、『君の名は。』では、身体が入れ替わったり、隕石《いんせき》が落ちて来たりなど、すごい話が入ってきて、思いきり肥大化させているわけです。

「これだけ理由があれば、ただすれ違っても好きになるんじゃない？」。そうした、大きな原因をあとから挿入する構造と、見ることもできます。

## ケータイがあっても、もどかしい

『君の名は。』についてもう少し話を進めると、監督の新海誠《しんかいまこと》さんは、二一世紀になったばかりの頃に、『ほしのこえ』（二〇〇二年）という短いアニメを個人でつくり、それが非常に話題になった人でした。

アニメというものは、特に昔はつくるのが大変だった。大きな工場のように分業してつくっていくわけですが、『ほしのこえ』は、ほとんど個人によるものであったのに、素人っぽい作品ではなく、クオリティの高いテレビアニメと、同じぐらいの映像になっていた。そのことで大きな注目を集めました。

このアニメの場合は、主人公は瀧と三葉よりもさらに若くて、「私たち、同じ高校に行けるかもしれないね」というような話をしている、中学生です。

『ほしのこえ』というタイトルですから、声がテーマですが、重要なこととしては、この声とはケータイの声だということです。今で言えば、スマホを使ったり、LINEを使ったりなど、SNSも含めた、そういう広い意味でのケータイのやりとりです。

お互い、恋心を抱き合っている中学生の男女がいる。ところが、これがいわゆるセカイ系によくある展開ですが、ある日突然、女の子のほうが、異星人を調査する国連宇宙軍のメンバーに選ばれ、そのまま宇宙へと向かうことになる。『最終兵器彼女』（高橋しん、小学館、二〇〇〇〜〇一年）と同じような展開です。

普通の中学生が同級生に淡い恋心を抱いて「同じ高校に入れるね」なんて言ってドキドキしていたら、いきなり別れが来た。しかし気持ちはあって、その二人をつなぐ唯一のコミュニケーションの手段が、制作は二〇〇一年ごろですから、ケータイ電話です。

当時、すでにかなりケータイは普及していて、中学生・高校生ぐらいでも、持つのが普通になっていました。

ちょうどこのアニメが出た年、勤めていた大学でシンポジウムがありました。その主催者が、僕よりもちょっと年上ぐらいの教育学の先生で、門限もあって勝手なわがままを言わせないなど、非常に厳しく娘さんを躾《しつ》けていたそうです。

その娘さんが高校に入った時に「お父さん、ケータイ電話だけは買ってほしい」と言ってきた。今までは「そんなチャラチャラしたものはまだ早い」とか言って禁じてきたが、その頼み方にもう尋常ならざる強さを感じたので、買ってあげましたという話をしていたのを思い出します。

当時は厳しい家だと、まだ中学生・高校生には、ケータイ電話を持たせていなかった。しかし持つことが普通になり始めている時期でした。

『ほしのこえ』の二人もケータイ電話を通じて、メールをやりとりする。二人をつなぐ方法はそれだけ。

ところが国連宇宙軍は、銀河系的レベルで調査しているものですから、女の子はだんだん遠くに赴任するようになる。冥王星《めいおうせい》に行き、さらにはもっと遠く、最終的には八光年ぐらい遠くに行ってしまう。

八光年ということは、最も高速な通信手段でも物理的に八年かかるということですから、ケータイメールもまた着信するまで八年かかるわけです。

だから今、一五歳の自分が書いても、相手が受け取るときには、二三歳になっている。だから一五歳の私から二三歳の何々君へ、といった内容になってしまうのです。

なかなか届かない。最初はそれでも、月ぐらいの距離ですから何分とかの遅れで済んだ。それがだんだんと、何時間の遅れ、何日の遅れ、ついに何年の遅れというふうになっていく。ここです。ここがこの話のポイントなのです。

この『ほしのこえ』の物語上の大きな特徴は、この部分。メールがなかなか届かない。しかも二人はさらに遠く隔たっていく。このことが切なく悲しい。そうした物語です。

恐らく『ほしのこえ』のような作品が現れた背景には、ケータイを使ってもまだ残る、「乗り越えることのできない距離のもどかしさ」があるのだと思います。

劇作家として世界的にも知られる平田《ひらた》オリザさんが「とにかくお芝居がつくりにくい時代になった」と語っていました。

なぜかというと、一番の敵はケータイ電話。つまり本来は「会いたくても会えない」といった話をつくりたいのに、現代では「ケータイで電話しないいんですか？」ということになってしまって、とても困る、と。

確かに客観的に見ると、ケータイを使えば、即、つながることができます。ただ恋している人は、ケータイでつながっているときでさえも、まだ少しもどかしい。それでもまだ遠いという感覚を残すほどに、近さへの希求がある。

その感覚を一つの寓話《ぐうわ》的な物語にすれば、「彼女はケータイのメールでも何年もかけないと届かないほど遠くにいる」という、『ほしのこえ』になる。

本当のところはケータイがあっても、もどかしい。その感覚をもっと物語的に強調する設定として、彼女がはるか遠くに行ってしまう。宇宙の果てまで行ってしまう。そうした話にしているわけです。

僕が好きな英語に「I miss you」という言葉があります。日本語にするのは難しいのですが「あなたがいないと寂しい」といったように訳されます。

しかし、missとは、基本は的を外すという意味ですよね。だから、「私が好きになってしまうと、どうしてもあなたにたどり着きたく、あなたを目がけている。それなのに、あなたという的に当たらず、まだたどり着かないような感じがする」。そういった意味を持つのが、「miss you」なのです。

以前見た、一九五〇年代ぐらいの古いアメリカドラマにこんな場面がありました。それこそ『ほしのこえ』の主人公と同じぐらいの、思春期の男女の淡い恋愛の話です。確か夏に別荘かなんかに来ていて、お互い好きになるのです。それで夜中、お父さんの目を盗んで、こっそり抜け出して、二人で会う。

そのときに男の子が、「こうして一緒にいるのに、I miss you だ」と、言うのです。もっと近づきたい。まだ離れている。もっと近づきたい。そうした「I miss you」なのです。『ほしのこえ』もまた、そうした感覚だと思います。

そして『君の名は。』もまた、『ほしのこえ』にあった「極限的な近さへの希求」という初期のモチーフが、そのまま活《い》きている。ただ、それを『ほしのこえ』とちょうど反転させて、表現している感じがします。

## 主題は「乗り越えることのできない距離のもどかしさ」

『君の名は。』と『ほしのこえ』を比べると、基本的なモチーフはやはりつながっている。同じ問題を、反対側から表現していると言えます。

遠く隔たってしまうことは、切ない。本当は近づきたい。すぐ近くにいたい。それが主題です。近くにいると、楽しい。実際、ケータイを使っていれば、距離が離れていても、そうした感覚を味わうことができます。

皆さんには、想像するのも難しいかもしれませんが、電話というものは、もともと個人用ではなく、一家に一台のものだった。電話はあっても、相手がそこにいるとは限りませんでした。

それに連絡しようとしても、まずはお父さんが出たりするわけです。そしてお父さんの「何だ、こいつは」といった反応を乗り越えて、「何々ちゃんを呼んでください」と伝えるような、壁のあるものでした。

一方、ケータイ電話ならば本人が持っているわけですから、そこに必ずいる。だからケータイを通じて、どんなに離れていても、細くつながっているという近接感が得られる。

しかし、そのケータイをもってしてさえも、遠く感じてしまうことが切ない。それが、『ほしのこえ』の話でした。

一方、『君の名は。』は、『ほしのこえ』において満たされなかった欲望が、端的に実現してしまっています。

要するに「遠く離れている」ことが切なさをもたらした『ほしのこえ』に対して、『君の名は。』では、相手がもう自分の身体に入ってしまっている。近くにいたいという欲望を、端的に究極の近さで実現してしまうのが、『君の名は。』なのです。

ただ、『ほしのこえ』では、遠いがゆえに、近さを得られなかった。それが普通なのですが、『君の名は。』は、本来、どんなに近づいても物理的に分離している身体の距離をあっさり乗り越えてしまったら、結果として逆に遠くなってしまった。瀧が三葉の身体に入り、三葉は瀧に入ると、結局、三葉と瀧のあいだの距離は、純粋に残ってしまうわけです。遠さを完璧に克服しすぎたために、もう一度、遠さが裏返って、また戻ってくる。そうした感覚です。

考えてみると、宇宙ほど離れてはいなくとも、瀧と三葉は、片方は東京、片方はどこかの田舎と、空間的に離れている。

しかも見ていくと、単に空間的に離れているだけではなくて、実は二人は違う時間を生きているのではないかという、時間的な隔たりもだんだん明らかになってくる。本来、絶対に交わるはずがない関係なのです。

ところが、その交わらないはずの距離を乗り越えて、瀧は三葉になり、三葉は瀧になる。しかし、なったときには双方が交換してしまうので、再び純粋な距離が残っていく。そこがまた切ない。

つまり、どちらのほうも主題は「乗り越えることのできない距離のもどかしさ」なのです。

## 名前を貰うこと、前世の仲間を求めること

もう少し話を進めると、『君の名は。』という作品が成功した理由は、さまざまにあると

思いますが、一つは、その主題歌。

RADWIMPSの「前前前世」という主題歌には、君の前世より遥か前から君を探していた、という内容があります。

このRADWIMPSの歌詞も含め、この『君の名は。』というお話を、全体として見たときに、僕が連想するのは、二〇世紀の末期ぐらい、一九八〇年代の末期ぐらいから、少しずつ現れてきた、ある変化です。

当時、一九八〇年代の末期から九〇年ぐらいの時期、社会問題と言うほどではないのですが、変わった若者風俗として、オカルト雑誌のある種の投書が注目されたことがありました。

現在でも刊行されている『ムー』（ワン・パブリッシング）や、当時、同じくらい売れていた『トワイライトゾーン』（ワールドフォトプレス）というオカルト雑誌があったのですが、これらの雑誌に、編集部としても予想していなかったような投書が、一〇代、二〇代の若い人たちから寄せられるようになっていたのです。

それは「自分の前世の仲間を探しています」という呼びかけです。前世の仲間の人に呼びかける。探しています。応《こた》えてください。そうした投書が、次々と寄せられて、注目を集めたのです。

まず、前世というものについて説明しておくと、仏教が生まれたインドの古代の思想にあるものが輪廻《りんね》転生です。

生きとし生けるものは、いろんなものに生まれ変わっていく。死んでしまった後、次の来世においては、ハエになったりもする。人間として生まれているだけでも、上位のほうですから、結構恵まれているのです。そうした輪廻を繰り返して、苦しみながら生きていくうちに、善業を積んだり、修行をしたりすると、やがて解脱する。ついには涅槃《ねはん》、ニルバーナに至る。

つまり、このような感じです。例えばTポイントのように、ポイントを貯めると次は何かがタダで手に入るシステムがあるでしょう。

いわば、生きている間に、そのポイントを貯めるのです。善いことをしてたくさんポイントを稼ぐと、来世は比較的いいものに生まれ変わる。しかし悪いことをすると、ポイントを失ってしまい、少なかったり、マイナスになっていたりすると、イヤなものに生まれ変わることになる。

そのポイントがある水準を超えて、ものすごい域に行くと、解脱できて、もう変なものに生まれ変わらずに済む。そうした構造が、仏教徒の本来の思想です。

ところが実はそれが、日本にはほとんど入っていない。日本人には、伝統的に見てもそうした厳密な意味での前世・来世という考え方は、まったくないのです。

日本人も、たまには「前世」に言及することもあるのですが、日本人の前世は仏教の前世とは違い、たいてい「家」というのを前提にしています。

だから「三代前のお祖父《じい》ちゃんの生まれ変わりだよ、この息子は」というような感覚で、家の系譜の中に、自分を位置づけるようなことが多かった。

しかし、一九八〇年代の終わり、九〇年代になろうとする時期に、『ムー』や『トワイライトゾーン』に、次々と届いた投書は、そういう家の系譜との関係で感じるという、日本人の前世観とはまったく違っていました。

その違いの証拠は、「名前」です。前世の仲間に呼びかける時に、自分の前世の名前を名乗る。前世の仲間であれば、その名前に「知っている」と思い当たるわけですが、『ムー』や、『トワイライトゾーン』で語られるこの名前は、まったく日本人の名前ではなく、非常にエキゾチックな名前でした。

フランス人や、ドイツ人や、アメリカ人のような名前でさえもない。よりエキゾチック過ぎるというか、日本人にとってわかりにくい、北欧神話に出てくる神の名前だったり、あるいはかなり難しげな漢字を並べたりして、その名前にピンとくる人は応えてくださいと呼びかける。前世の名前は普段、忘れているのですが、聞いた瞬間に、もしかして思い出すかもしれない。

こうなってくると、三葉と瀧という名前がうろ覚えになって、だんだん消えていく、しかし思い出したりもするという『君の名は。』と似てきます。

真面目にこうしたことを呼びかける投書があまりにもたくさん来るので、当時、編集部が、「現実と虚構とを勘違いしないようにしましょうね」といった注意を掲載したこともありました。もともとオカルト系雑誌ですから、スピリチュアルな内容もいろいろ掲載されているのですが、編集部は結構リアリズムなのですね。

　僕がこのことに興味を持ち、本当に気になったのは、九五年に起こったオウム真理教事件がきっかけでした。

　この事件については第二部で触れましたが、僕は社会学者として興味を持ち、何人もの信者にコンタクトを取って、話を聞きました。

　そこで感じたのは熱心な信者たちの、名前へのこだわりです。オウム信者は、教祖の麻《あさ》原彰晃《はらしょうこう》に、ある程度修行のレベルが上がったと認定されると、名前が貰《もら》える。聖なる名前、ホーリーネームと呼ばれます。

　全員が貰えるわけではなく、かなり熱心な信者になって初めて貰えるものなのですが、話を聞くと、皆さん一番うれしかったのは、このホーリーネームを貰った時だったというのです。

　名前を貰う。その感覚が、前世の仲間を求める投稿とよく似ていました。オウム真理教には、例えばマンジュシュリー・ミトラというホーリーネームがありました。これがなにかわかる人は、相当、仏教に詳しい人ですが、マンジュシュリーとは日本語で言うと、文《もん》殊菩薩《じゅぼさつ》です。知恵の面ですぐれている菩薩です。あるいはアーナンダ。アーナンダとは、ブッダ、釈尊の弟子の中でも、特に記憶力が優れていたと言われている人です。

ホーリーネームは、そのように仏教説話や、仏教の経典に出てくる名前から、取られる場合が多かった。だから日本人から見ると、きわめてエキゾチックな名前です。それが、「おまえは何千年か、何世紀か前の前世においては、実はマンジュシュリー・ミトラだったのだ」というように、語られる。ここでも重要なのは、やはり前世なのです。共通した感受性を感じました。

## 酒鬼薔薇聖斗というホーリーネーム

名前の話でもう一つ思い出されるのは、九七年の、少年Aによる神戸《こうべ》の殺人事件です。Aは二〇一五年に手記（『絶歌』太田出版）を発表して、これについては賛否両論がありましたが、僕は、手記の内容は興味を持つに値すると感じました。

手記もかなりレベルの高い内容でしたが、この少年は、もともと表現力の豊かな人で、多くの日記や絵を残しています。九七年当時は一四歳でしたが、それらを見ると、並々ならぬ実力なのです。

日記には、自分がなぜ殺人を犯すのかということについて、彼なりの理由が書かれていた。もちろんそれは普通の意味では理解できず、法廷では通用しないものなのですが、その理由が、やはり名前と関係があった。

彼は、自分はこれから「聖名」、つまりホーリーネームを貰うという。この「聖名」は、恐らくライフの「生命」と、かけているのでしょう。彼にとっての殺人は、この聖名をいただくための一種の儀式だったのです。

当時、少年はご存じのように、難しい字を重ねて「酒鬼薔薇聖斗《さかきばらせいと》」という名前を名乗っていた。おそらくこの酒鬼薔薇聖斗は、聖名です。その名を、彼が自分でつくり、奉じていたバモイドオキ神という、変な名前の神さまからいただく。彼は、この神さまの絵まで描いています。

このバモイドオキとは恐らく「バイオもどき」のアナグラムです。「もどき」とは、似たようなものなどを意味する日本語。バイオはbio。生命です。

彼は一四歳なりに、生命というものの謎に憑《つ》かれていた。その謎との関係で、人を殺した。まったくナンセンスなことですが、殺すことによって、生命についての謎を、自分で解き明かそうとしていた。そうして生命、聖名をいただく。そのような物語を持っていました。

## 家族すらも乗り越える直接的な関係、前世

名前を付けたり、付けられたり、認められたりすることに、喜びを感じながら、生きていく。こうしたことが、社会の中である時期から現れてきた。そこで何が求められているのだろうか。彼らの欲求の焦点は何か。何をフォーカスにして、こうしたことが起きているのか。

僕は、この第四部で述べてきた、人間関係の距離、その極端な近接性ということと関係

していると考えています。

人間関係というと、家族の関係が、いわば座標軸の原点にある。ところがある時期から、この家族の関係よりも、より強い必然性を感じさせる関係のあり方が、求められるようになった。そのような気がします。

原理的に言えば、人間の関係とは、偶然です。例えば僕と皆さんとの関係。僕は皆さんに授業をして、皆さんは僕の講義を聞いて単位を貰う。

しかし皆さんが別の大学に進学したり、僕がこの授業をやらないことにしていれば、関係もなかった。だから、ほかにいくらでも違う関係がありえたわけです。人間の関係はすべて偶然。第三部で話した偶有と同じです。非常に偶然の、たまたまの出会いに過ぎないわけです。

さらに極論すれば、この人が私の親であり、この人が私の兄弟であるという、家族の関係さえも、ある意味では偶然。「このお父さんとお母さんじゃない人の子として、生まれてきたら、どうなっていただろうか」「もし父親がトランプだったら」ということを考えたりもする。しかしそうは言っても、やはり家族との関係は、ほかの関係に比べれば、強い必然性を感じます。

私がこの私であるためには、この親がいなければならない。もしこの親がいなかったら、私は私なのだろうか。もし父親ではなく、トランプの精子から生まれていたら、それは今の自分ではないだろう。

そうした生物学的な意味ではなくとも、その親のもとで育てられたわけですから、自分の自分たる所以《ゆえん》のすべてに近い部分が、その親に深く関係している。

そのように考えると家族の関係、なかんずく親子の関係は、ほかの人間関係に比べれば、宿命的でほかに選びようがない、という強い思いを与えます。

自分が配偶者を得て結婚する時は、もともと結婚相手とのあいだに何の必然性もなかった。たまたま同級生だった人を好きになって結婚したりするわけですから、そこに必然性はないのですが、自分がそこで生まれ育ったという意味での家族は、その人がその人であるということの、アイデンティティのほとんどすべてに関わる。だから必然性の濃度は非常に高いのです。

こうした関係を、つまり自分がその中で生まれ育った家族を、家族社会学の言葉で、定位家族と言います。無味乾燥な言葉ですが、そこで方向づけられる家族という意味です。

そして家族の関係には直接性もある。直接性というのは、つまり一番近い関係のこと。特に親子は非常に近接度が高い。

だから生きていく限り、家族の関係は、必然性を最も強く感じ、直接性も最も強く感じるものです。

それに対して、前世の仲間を欲している時に、ひそかに、無意識のうちに求められているものは、その家族との関係よりも、さらにもっと強い必然性があり、もっと強い直接性があるという、そうした関係のあり方ではないか。

家族というのは、人がどうしようもなく、最も強い必然性を感じる関係。この家族を座標軸の原点にして、人間の関係を考えると、どんなに近い人でも、家族ほどは直接的ではない。例えば自分の周りに幼馴染がいて、小学校の同級生がいて、やがて同じ高校に入る人がいて、会社の同僚がいてと考えていくと、その中心の一番近いところには家族というものがある。それより外に行けば行くほど、関係は希薄になっていく。普通はそうした同心円の構図しかありえないのです。

しかし、この家族すらも乗り越えるほどに、直接的な関係というのを考えるとしたら、どうなるだろうか。

そうすると家族になる以前の自分というものを、想像することになる。家族以前に、すでにつながっていた人がいるのではないか。つまり前世です。

客観的に見れば、幼馴染でもない、同級生でもない。同じ目的を持っていたサークルの仲間でもない。まったく無関係なのですが、それが通常の人間関係のディメンションをショートカットして、ダイレクトに原点につながっている。そうした関係です。

通常の人間関係の同心円の、まったく外部にいるような偶然的な関係を、むしろ最も必然的で、最も直接的だと感じる、その感覚。あるいは、そのように感じたいという希求。

恐らく日本では一九九〇年前後ぐらいから、そうした感覚が萌芽《ほうが》を見せていて、その小さなベクトルを進めていくと、四半世紀が過ぎて『君の名は。』につながっていく。

## シャクティパットの意味

普通に生きていたらなかなか検出できない現象を、増幅させて検出するためには、例外的な激しい社会現象や、独特のフィクションを利用するとよい。

オウム真理教については何度も触れてきましたが、はっきり言うと、非合理としか言いようがない教義の積み重ねでした。しかし、そこで求められていたものは、われわれの多くもまたほんのわずか、一%くらい持っている感覚の、非常に強い、誇張された姿なのです。

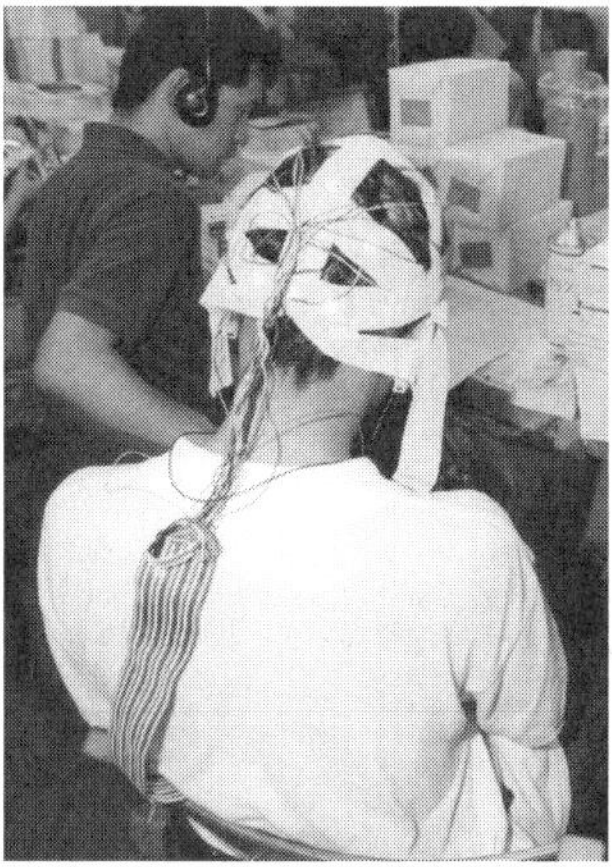

**オウム真理教事件。**
**ヘッドギアを付け作業する信者**
出所：毎日新聞社（1995年7月25日撮影）

オウム真理教の出家信者の、最も典型的な姿というと、クルタというインドなどで見られるパジャマのような宗教服と、ヘッドギアです。

このヘッドギアにはちゃんと「Perfect Salvation Initiation」、略してPSIという名前がついていて、彼らによる技術的な発明ということになっている。

その機能は、教祖の脳波がそのヘッドギアを通じて電波のように発信されて、信者に伝わる。そうすると信者の脳波も共鳴し、善い状態になる、というもの。

見た目は変なオモチャみたいなもので、これだけ見るとバカげているのですが、彼らがイニシエーションと呼ぶ一連の儀式やテクニックの一部を構成していました。

イニシエーションとは、宗教学や人類学では、普通は通過儀礼などという意味で使われます。しかしオウム真理教では独自のシステムを指す用語でした。

彼らのイニシエーションとは、もともとはシャクティパットという、簡単に言えば、教祖によるマッサージに由来しています。シャクティパットとは別にオウム真理教の独創ではなく、ヨガなどでもある行為です。

教祖を、マッサージの天才だと考えればいい。実際、麻原彰晃という人は、シャクティパットが非常に上手で、やってもらうとすごく気持ちがいいらしい。

ただ、オウム真理教では、それには独特の宗教的な意味合いがついている。人間の身体は、いわばエネルギーの波のようなものであり、教祖の身体の波は、最も完璧でよい状態にある。その教祖がマッサージすると、そのエネルギーの波が信者のほうに入ってくる。別の言い方をすれば、教祖の身体のエネルギーの波と信者の波が共鳴するわけです。そうすると、信者の完璧ではない、雑音の多い波動も、整えられていって、気持ちも良くなる、というわけです。

一〇人や二〇人の信者ならば直接マッサージできますが、一〇〇〇人、二〇〇〇人、一万人と増えていくと、とうてい無理になる。

では教祖の身体の持っているエネルギーの波というものを、テクノロジカルな方法で、伝達することはできないだろうか。そうして開発されたものの一つが、あのヘッドギアなのです。

つまり、ここで求められているのは、あなたの身体の持っている振動、波が、私の身体とシンクロするという感覚です。完全にシンクロすれば、一つの波になる。例えば教祖の身体のバイブレーションと、私の身体のバイブレーションが完全に共鳴して、一つの波になる。それはもう教祖の身体が私の身体に、いわば直接、入ってきているのと同じ状態なのです。

これは関係の直接性をもたらす。つまり、普通のコミュニケーションというのは、身体の分離というものに規定されている。その分離した身体を、何らかのメディアによってつなぐ。そうした形でコミュニケーションが成り立つわけですが、この身体が、波として共鳴し、直接結びついてしまう。直接の共鳴、直接の共振、そうした感覚です。

## 「極限的な」絶対的な近さへの欲求

先に述べた前世名の話も同じ感覚です。私の前世の名前を見ると、相手がピンとくる。これはテレパシーです。テレパシーのように、相手と交信していくという感覚。

僕は、敢《あ》えてここに「極限的な」という言葉を入れようとしています。

本来のコミュニケーションとは、必然的に離れている者同士のあいだの間接的で媒介的な関係です。ところが、この二つが直接交わろうとする。共振する。シンクロする。

このシンクロとは、『新世紀エヴァンゲリオン』のエヴァと搭乗者のあいだの「シンクロ率」のシンクロと、ある意味、同じなのです。

つまり教祖と信者のシンクロ率を上げるものが、あのPSIというヘッドギアでした。あれは、教祖と信者とのあいだに、究極の身体的な近さの経験を与えるのが、目的なのです。

彼らの教義に即して言えば、麻原彰晃の脳波が遠く離れている信者に、直接伝わる。そうすると、お互いがシンクロする。この場合、一種の波動としてイメージされた麻原の身体が、自分の身体と同調しているということになる。麻原彰晃の身体が自分に入ってくるイメージなのです。

そうした「極限的な」絶対的な近さへの欲求。どんなに近づいても、なおもどかしいほどの、近さへの欲求。そのギリギリの姿として、『君の名は。』という作品について話をしたわけです。

この続きは次回にお話しいたします。

# 第二講

## 名前には、独特の不思議な性質がある

まず『君の名は。』という作品のタイトルにもなっている、「名前」とは何かという問題について、あらためてお話ししようと思います。

『君の名は。』とは、いわば夢の話です。夢から覚めると、相手の名前を忘れてしまう。思い出したくても、忘れてしまう。それがものすごく切ない。

この話では「名前」が重要なモチーフになっています。名前を知りたい。あるいは名前を知っていたはずなのに、その名前を忘却してしまう。この名前とは、そもそも何か。皆さんと一緒に考えてみます。

名前というものは、重要ですね。皆さんも経験があると思いますが、例えば学校に新任の先生がいて、昨日、先生に自己紹介したとして、次の日、会ったときに「キクチ君、おはよう」と名前を呼ばれると、「自分のことを見てくれたんだな」と、うれしかったりする。

「名前を知ってもらう」ことで、非常に特別な感覚を与えられる。名前には、独特の不思議な性質があります。

この「名前」の持つ独特の性格を、ちょうど『君の名は。』とは逆の側面で使っているのが、『デスノート』でした。

『デスノート』では、名前を知られてしまうことによって、殺されてしまう。つまり、「デスノート」という死神が落としたノートに名前を書かれた者は死ぬことになっている。名前には、知られるとすごくうれしいという感覚と同時に、知られてしまうと、自分の一番プライベートなコアの部分に、ダイレクトに侵入されるような感じもある。だから、怖いことでもあるのです。そうした感覚をベースにして作られているマンガが『デスノート』でしょう。

名前を知られるということは、うれしいと同時に何かアグレッシブな側面がある。そうした名前の本質を、『君の名は。』も『デスノート』も、それぞれに作品の中で使っているわけです。

## 名前の記述説は間違っている

名前とは何か。この問題については、哲学者たちが大議論をしています。

分析哲学と言われる哲学の分野があります。二〇世紀の哲学の主流でもありますから、哲学を勉強している人は知っているかもしれませんが、これは言語哲学とも呼ばれます。

言語を分析する哲学です。その領域の中で、名前の本質は何かということについて、大激論があります。

そうした議論は、一見、一種の知的遊戯のように見えるかもしれませんが、名前という問題を考えるにあたって、重要なヒントやインプリケーションがあります。

例えば、人名事典や、あるいは普通の辞書でも、有名人であれば、「夏目漱石《なつめそうせき》」や「アインシュタイン」というように名前が載っている。そしてその項目には、アインシュタインは、一九〇五年に、特殊相対性理論を発見し、そのおよそ一〇年後には一般相対性理論を発見し、さらにノーベル物理学賞も受賞しているなど、そのようなことが書かれている。要するに「アインシュタイン」とは何かということについて、書いてあるわけです。

それらは、アインシュタインという人物のいくつかの性質を記述し、それによって、アインシュタインを定義している。名前の本質は、このような記述にある。つまり、名前は記述の代理物である。このような考えを「名前の記述説」と言います。

アインシュタインには、一八七九年生まれで、どのような物理学上の発見をして、そして一九二一年にノーベル賞を取り、一九三〇年代にアメリカに亡命するなど、アインシュタインという特定の個人をアイデンティファイする、さまざまな性質がある。

ノーベル賞受賞者だけなら、アインシュタイン以外にもいろんな人がいる。しかし特殊相対性理論、一般相対性理論を発見したと記述すれば、ひとりに特定できる。こうした、ひとりに特定できる記述のことを「確定記述」と呼びます。

簡単に言えば、「名前の記述説」とは、この確定記述を代理するのが名前であるという考え方です。個人を特定するにあたって、いちいち性質をすべて語るのは大変ですから、その代理として、「アインシュタイン」という名前があるわけです。

この「名前の記述説」がもともと、一番主流の議論でした。ところが、この「名前の記述説」に厳しく反論する哲学者が現れたのです。アメリカのソール・A・クリプキです。

彼は、名前の本質は記述ではないと考えました。

この人には、*Naming and Necessity*、これは翻訳もよくできた『名指しと必然性』（産業図書、一九八五年）という本があり、この中で「名前の記述説」を、完膚なきまでに批判しています。

もし皆さんの中で将来、少しでも哲学的なことに携わろうと考えている人がいれば、ぜひ読んでみてください。これほど模範的に、完全に自分の説を理論的に根拠づけ、相手の理論の難点をみごとに押さえている哲学的テキストはないと言っていいです。教科書的に、完璧な本です。

なぜ記述説が間違っているのか。さまざまな論拠から証明されるのですが、一番簡単でわかりやすいものを一つ紹介します。

例えば、アインシュタインについて、「もし彼が物理学をやっていなかったら」というようなことを考えたりはしないでしょうか。

彼はもともとベルンで、特許庁に勤めていた。その仕事が非常に楽しくて、結局、物理学よりもそちらに熱中していたら、どうなっていたのだろう。そうしたら、原爆も開発されなかったかもしれない。

こうしたことを僕らは想像することができます。しかしもし、アインシュタインの定義の中に「特殊相対性理論、一般相対性理論を発見した」ということが入っているとすれば、「アインシュタインが特許庁の仕事に熱中するあまり、相対性理論についての論文を書かなかったら」という想定自体が、ナンセンスということになります。

わかりますか？

こう考えてください。例えば三角形という概念がある。三角形の定義は、三本の直線で囲まれた平面図形ということです。

そこで、もし三角形に四本の辺があったら、どうなっていただろうねと、誰かが聞いたとします。そうすると「おまえは、三角形というものがわかってない」と言われることでしょう。三角形とは定義上、三本の直線で囲まれている。三角形に四つの辺があったら、それは四角形になる。だから「もし三角形に四つの辺があったら、どうなのだろう」という仮定は、そもそも仮定自体がナンセンスなのです。

しかしそれに対して「アインシュタインが特殊相対性理論を発見しなかったら、どうなっていただろう」という仮定は、事実には反するかもしれないが、仮定としては論理的にまったく問題がなく成立する。ということは、アインシュタインという言葉の意味内容の中に、特殊相対性理論や、一般相対性理論などは、全然入っていないということなのです。

例えば、このような状況を考えてみてください。

これも事実に反する仮定ですが、科学史研究の結果、アインシュタインの隠された日記や、手紙が見つかって、実は相対性理論についての論文は、アインシュタインではなく、友人のパウルという人が書いていたとする。パウルはとても内気なので、親友のアインシュタインに頼んで発表してもらっていた。そうしたことがわかったとします。

そこでもしアインシュタインの定義に、相対性理論の発見が入っているとすれば、本当のアインシュタインは、パウルだということになってしまう。しかし実際は、「アインシュタインの友人のパウルが、相対性理論を発見した」と僕たちは言うべきです。

このように現実とは違うことが成り立っている世界を考えることを、哲学では「可能世界論」と呼びます。

ベルンで特許庁に勤めていた、アメリカに亡命した、結婚を二度したなど、現実の世界で我々がアインシュタインに帰している性質が成り立たない、仮想的な世界。それが可能世界です。この可能世界の中でも、アインシュタインはやはり同じ人物を指す。このように、すべての可能世界で同じものを指し示す記号のことを「固定指示子」と言います。ともかく、名前には記述的な意味がないのです。つまり、性質についての記述が全部成り立たなかったとしても、アインシュタインはアインシュタインなのです。ということは、名前の記述説は間違っているということです。

「アルマン、アルマン」

では、名前とはいったい何を指しているのか。例えば「三角形」という語は、三つの直線に囲まれている平面図形を意味しているわけです。ならば、アインシュタインという語は、何を指しているのか。

実はこれが、ほとんど何も意味していないのです。アインシュタインという個人、個体、インディビジュアルが存在しているという、ただ、それだけのことしか指していない。この存在がどのような性質を持っているかということについては、まったく何も意味しておらず、白紙なのです。だから、「アインシュタインは実は日本人である」など、どのような可能世界も想定することができる。まったく問題ありません。

名前は、その個体の存在だけを指し示していて、個体についてどんな概念をも、どんな内容をも意味していない。これが「名前の反記述説」という議論です。

これだけを聞くと、哲学的な議論も抽象論に過ぎなくて、自分の人生には、関係ないような感じがするかもしれません。しかし実は名前というものは、人間の人生、我々が生きるという切迫した感覚の中で、すごく重要な意味を持つのです。

そうした感覚を利用して、『君の名は。』のような作品がつくられているのですが、一つ現実の例を挙げます。

これはちょっと僕のお気に入りの話なのですが、フランスのあるひとりの人物の中に起きた、ある出来事です。

フランソワーズ・ドルトという、女性の精神分析家がいます。

精神分析は、思春期以降の大人を対象とすることが、一番多い。しかしこの人は、子どもの精神分析を熱心に行ったことで知られる、フランスの有名な心理学者でした。このドルトさんが治療した、フレデリックという男の子を巡る症例を紹介します。


フレデリックは当時、七歳だった。けれども七歳なりの精神的な発達を示さないということで、親が心配して、ドルトさんのところに連れてきた。

七歳になっても、知的な能力の発達が進まず、なかなかしつけもうまくいかない。一番の問題はトイレットトレーニング。簡単に言えば、おむつが取れない状態でした。

それに学校にもう入っている年なのですが、勉強が入ってこない。特に重要だったのは、まったく文字を覚えないのです。日本語と違って、難しい漢字があるわけではない。アルファベットですから、普通は簡単に覚えるのですが、フレデリック少年には、うまく覚えることができなかった。

ドルトさんは、臨床医としてきわめて優秀な人だったので、治療を始めると、トイレットトレーニングなど、ある程度は順調に進捗《しんちょく》した。しかし、特に重要な文字については、いつまで経っても覚えようとはしない。なぜ、治療がうまくいかないのだろうか。

ドルトさんはある時、フレデリック少年が絵を描くところを見ていて、その絵のいたるところにAという字だけが書かれていることに気がつきます。

そこでドルトさんは、ハッと思い当たるのですが、実はこのフレデリック少年には、重大な背景があった。実は彼は生後一一ヵ月まで、孤児として施設にいたのです。その彼を、生後一一ヵ月の段階で引取り、養父母は自分の子として育てた。フレデリックという名前は、その時に与えられたものでした。実は施設にいた間、彼はアルマンと呼ばれていました。

ドルトさんは、フレデリックが絵の中で、いたるところに書いているAという文字は、そのアルマンのAだと、直観する。

そこでフレデリックに「あなたは本当はアルマンだったのね。ずっとフレデリックという別の名前で呼ばれて、とてもつらかったのね」と、話しかけてみた。

だが、これはあまり効果が出なかった。ドルトさんの話しかけに、特に反応はなかったのです。しかしこのあとの対応が、ドルトさんの、臨床家としてのすごいところで、熟練の医者の勘です。

ドルトさんは、別の手に出る。前回は、顔と顔を合わせて普通に話しかけた。今度は違うあらぬほうを向いて、しかも裏声のような、普段の自分とは違う声で、「アルマン、アルマン」と呼んでみたのです。

そう呼びかけられると、この子は突然、強烈な反応を示した。「アルマン、アルマン」と何度も呼びながら、最後にドルトさんは子どもの顔を見て、普通の声で、「あなたはアルマンなのね」と話しかけた。その時、子どもの目が初めてキラリと光り、生き生きとした表情を浮かべたのです。

この試みがうまく行き、ほどなくして、発達の遅れなどすべての症状が消えて、この子は普通の状態に戻ったのです。

**少年は事実上、名前を失っていた**

このエピソードは、名前というものについての、非常に豊穣《ほうじょう》な、深いインプリケーションを持っている。僕はそう感じます。

彼は、名前を忘れられていた。たぶん自分自身も忘れていたのです。しかし名前を呼びかけられて、いわば精神的に生き返った。

いろいろと考えるポイントがあります。例えば、なぜフレデリックではいけなかったのか。アルマンと呼ばれる必要があったのか。

先ほど説明したように、名前の名前たる所以は、実は、何か特別な意味を持っていないこと。性質についての記述ではないのです。

だから名前を呼ぶということは、その人の、ただ存在自体を示している。その存在であることを示すのが、名前なのです。

ところが、「フレデリック」という名前は、そうはなっていない。形の上では名前ですが、本当は名前として機能していない。「フレデリック」という名前らしき記号は、実は「記述」、「名前の記述説」でいうところの「記述」なのです。しかし、クリプキのいう

「反記述説」が正しいとすれば、名前は記述の代用品ではありえない。「フレデリック」が記述に置き換えられるならば、これは名前ではなかった、ということになる。どういう意味なのか、説明しましょう。

ドルトさんの本に詳しく書かれてはいない部分を、想像力で埋めていきますが、まず養父母は、アルマンという名前を持っている子どもに、なぜ別の名前を与えたのか。もともとアルマンと呼ばれていたのだから、アルマンでいいはずなのに、あらためてフレデリックという名前を与えたのです。

養父母がどのように育てたのかは、わかりません。彼に問題が起きた時に、心配して、ドルトさんのところに連れてきたわけですから、親は虐待をしていたわけではなく、むしろ熱心に、一生懸命育てていたと思います。しかし名前を変えた。

この養父母は、施設から一人の子どもを選んだ。そして、その子を自分たちの子どもとして、育てることに決めた。そのときに名前を変えたわけです。

わかりやすくするために、単純化してその意図を説明すると、その子は何らかの理由で両親をなくした。亡くなったのかもしれないし、捨てられたのかもしれない。恐らく養父母は、これから育てるわが子をその過去から切断するために、フレデリックという名前を与えたのです。

そうすると、このフレデリックという名前には、養父母がその子どもに抱いた期待や、願いが、明確に込められていることになる。「あなたは今までの自分を捨てて、これから、いいところのお坊ちゃんとして育つのです」という、そうした願いです。

つまり、フレデリックという名前は、その人の存在全体を肯定しているのではない。その人の過去の存在を捨てて、「これからは、私たちのところで育つ良い子であれ」という、意味合いを持っていたわけです。

親が期待する、良い子であり、いいとこのお坊ちゃんであり、勉強もできるといった様々な性質を、代理する言葉として、フレデリックという名前がある。これは実は名前が確定記述そのものになってしまっているということです。

ですから、その名前が使われるたびに、両親も、そして聞き取るほうも、無意識のうちに、子どもの過去のある部分を否定して、両親の期待を、その言葉の中に読み取ってしまう。

それに対して、もともと与えられていたアルマンという名前は、そうした期待とは関係なしに、その子の存在すべてを意味し、存在全体を肯定している名前になっていた。

簡単に言ってしまうと、フレデリックという名前で呼ばれていた時は、その子は事実上、名前を失っていたのです。

生きていながら、この世にいる感覚が希薄。「自分は世界の中で、確かにここにいる」という実感が、もう一つ持ち切れない。一時よく使われた言葉で言うと「解離性」を感じてしまっていた。

しかし、そうした症状を持っていた子どもが、「アルマン」という名前で呼ばれることで、初めて「自分はこの世界の中で存在していてもいいんだ」という実感を得た。名前を呼ばれるということは、どれだけ重要か。名前というものは、どんな重要な意味を持つのか。それを、この少年のエピソードはよく示しているのです。

**構想力を鍛えるには、フィクションを題材にしたほうがいい**

この話にはもう一つ、考えるに値するポイントがあります。

先に話したように、Aはアルマンのだったというところは、ドルトさんの直観が当たっていた。しかし最初、普通に「アルマン、あなたの本当の名前はアルマンなのね。フレデリックと呼ばれて、つらかったのね」と話しかけても、効果は上がらなかった。話しかけた内容は当たっているのに、アルマンに効果を与えなかったのです。

それが成功したのは、裏声で話しかけたときでした。

ドルトさんは、この裏声での話しかけを、「オフの声」と呼んでいます。オフの声とは、映画やドラマなどで、画面外から流れてくるナレーションなどの声のことです。外から掛けられる声です。

ものすごくわかりやすく言うと、オフの声とは、神や天から声が掛かっている感じなのです。もちろん本当はドルトさんが話しかけているのですが、聞く側の感覚からすると、どこからともなく声が掛かっている気分になる。つまり天からの、いわば神から呼びかけられる声なのです。

そう考えると、このエピソードは、第三部の『おそ松《まつ》さん』のときに触れた「呼びかけ」というテーマとも関係があるのです。

ここで、なぜこうした講義を行っているのか、そのことを話しておきたいと思います。僕がなぜ皆さんに、サブカルチャーを題材にして話をしているのか。その狙いは、想像力の訓練です。

想像力の訓練とは、別に皆さんに、アニメや映画をつくるためや、マンガを描くためのイマジネーションを養ってもらうよう、様々なフィクションの話をしているという意味ではありません。

例えば『君の名は。』は、つくり話で、荒唐無稽《むけい》です。荒唐無稽と言えば、まったく荒唐無稽の話。『デスノート』は、さらにもっと荒唐無稽です。よりリアリズムに則っている、『シン・ゴジラ』でも、もちろん現実にあるような話ではない。

ただのつくり話ですが、しかしそうしたつくり話には、われわれの現実の社会のあるべき姿、あってほしい姿、あるいはこういうことになりうるだろうという予想、そうした現実に対する想像力が込められている。

この想像力について、僕はもう少し難しく、「構想力」という言葉を使うことを好みます。英語ではどちらもイマジネーションです。

そうした現実の社会に対する構想力を鍛えるためには、普通の現実よりも、むしろフィクションを題材にしたほうがいい。

## われわれの構想力は、現実に完全に負けていた

二〇一六年という年は、世界的に見ると二つの予想外の投票がありました。その二つの投票は、後に振り返って見ると、大きな歴史の転換点の始まりだった、と受け止められるような出来事だったのかもしれません。

その一つはもちろん、六月にあったイギリスのＥＵ離脱問題です。British と exit。それで、ブレグジット Brexit と呼ばれます。その結果は相当意外で、離脱派が支持されるとは思わなかった。

そしてこの投票のおよそ半年後、今度はアメリカでトランプが大統領に選ばれました。出馬した当時では、こんな結果は誰も予想していませんでした。投票以前は、ほとんどすべての人が、クリントンを支持しているように見えていた。なぜなら、クリントンの支持者には、どんな「主義者」も含めて、すべての立場の人が入っているのです。

ウォールストリートでバリバリ働いているエリートも入るし、逆に「オキュパイ・ウォールストリート」と言って、金融資本主義を批判するような運動家も、入っている。もちろんフェミニストも入るし、反人種差別主義的な人たちも入っている。ＬＧＢＴの人もいる。もうすべての人が入っていて、最後には共和党の重鎮ですら、クリントンを支持するようになるわけです。

そうすると、もうトランプの取り分はない。しかし、それなのにトランプが勝ってしまった。これはどうしてなのでしょうか。

われわれが今持っている、「こうした社会になってほしい」という構想力は、結局、全部、クリントン支持の立場の中にあったわけです。ところが、クリントンは負けた。ということは、この構想力から漏れている何かがある。

つまり、われわれの構想力は、現実に完全に負けていた。現実の問題をすくい上げる構想力が大幅に欠けている感じがするのです。だから構想力をふくらまそうということなのです。

## 一番コアな部分が否定されてしまったEU

EUについても同じことが言えます。EUに関しては、イギリスの離脱が決まった結果、様々な議論がありました。

中でも「イギリスはバカな選択をした。これからイギリスは困ることになるぞ」という議論は多い。しかし、その「困る」ということが、もし経済の問題であるならば、イギリスはそれほど困らない。イギリス一国の事情として見れば、それほど大きな損失はなく、困るのはむしろEUのほうであると、僕は感じます。

イギリスにとって得であるか、損であるか、経済の詳細については他に任せることにして、一番大事なことだけを述べると、「EUという試みそのものにかけられているユートピア的構想力にとって、イギリスの離脱はダメージが大きい」。僕はそう考えます。

EUとは何か。何を目指してEUはつくられたのか。もちろんもとをただせば、ドイツとフランスの間にある石炭産出地の帰属問題のようなことから始まっていた。しかし、そうした細かいことを抜きに、この試みにある一番の理想を考えると、「移動の自由」が挙げられると思います。

この場合の移動の自由とは、どこにでも旅行に行けるというような意味ではなく、好きなところに住むことができる自由。好きなところに行き、そこで働いて、暮らすことができるという意味での自由です。

好きなところに、好きなように住むことができる。これは人間の自由の中でも、表現の自由などと並んで、特に重要な自由の一つです。

実際には、われわれはまだ、完璧な移動の自由は持っていない。そこで大きな障害物になっているのは、国籍です。その国籍の制限があるために、勝手に外国で仕事をして、自由に住み着いたりすることはできない。

しかしその制限をできるだけゆるくして、国境を超えて、移動の自由を確保する。それがEUの理念の、一番重要な部分ではないでしょうか。

それはヨーロッパの話だろう、われわれ、東アジアの端にいる日本には関係がないと感じる人もいるかもしれません。けれども、このように考えてみてください。

ＥＵは実際、域内のメンバーに対し移動の自由を確保しています。国境を超えて移動し、そこで仕事をすることができるのです。

ＥＵはもともと数カ国のコアな国から始まって、どんどん大きくなってきたものです。すでにかなり大きくなって、もうロシアの手前まで行っている。では、これをもしグローバルに拡張できたら、どうでしょう？

そうしたら、地球規模で移動の自由が実現する。もう国籍など関係なしに、好きなところで働き、暮らすことができるようになるのです。

これこそ、人類が目指すべき理想の社会。だからＥＵとは、言ってみれば、人類が最終的に目指す理想を、先取りして、部分的に実験している試みでもあったわけです。だからこそＥＵは重要なのです。

ここで実験されているのは、ユーラシア大陸の西の端のローカルな問題ではない。もしいつの日か地球規模で実現した時、自由な、ユートピア的な世界が生まれる。そうした試みです。

なぜそのＥＵが今、難民問題で苦戦しているかというと、背景として、ＥＵの人々の中に「門戸を閉ざすとは言っても、本来は受け入れるべきだ」という感覚が、どこかにあるからです。

門戸を閉ざすべきだと言っている人も、あくまで必要悪として、仕方がない、と考えている。閉ざすことが理想的だと主張しているわけではない。

逆にもっと、どんどん受け入れてもいいんだという人もいる。日本人の感覚で言うと、そんなに困るのならば受け入れなければいい、となる。だが、そうではないのです。

難民を受け入れる、受け入れないは、等価な選択肢ではない。もともとは、受け入れたいという気持ちがあった上で、しかし現実的な問題があって、論議が行われている。人間に移動の自由を保障する。好きな場所で、好きなように仕事ができる。そうした社会を目指している。今のところは域内のメンバーだけにそれを認めていますが、いずれは、すべての人に認めなければならないはずだ、という気持ちが、一応はある。

そのことを忘れてはいけない。だからこそ、イギリスの離脱にインパクトがあるのです。本来であればEUの試みの先に未来のユートピアがあるはずなのに、それが難民問題どころか、コアメンバーの中で否定されてしまった。

イギリスが離脱すると、かつてのようにイギリスに移動することは、難しくなる。EUのメンバーでさえも、再び国境を戻したわけです。つまり、一〇〇年ぐらいの先に垣間見《かいま》えていたユートピアが、一番コアな部分で否定されてしまった。

グローバルな資本主義とは、情報と商品と人の移動がグローバルに自由になることです。しかし実際には、一番簡単に地球上を動き回るのは、情報です。情報は、すでに移動の自由をほぼ獲得している。その次が商品です。商品についてはまだまだ問題がありますが、世界中でさまざまな商品が手に入るようになりました。

ところがそれらに比べると、人間の移動の自由はかなり小さい。だからEUとは、言ってみれば、商品が享受しているのと同じ移動の自由を、人間そのものに与えようとしている。それこそが、最も理想的な、自由な社会ではないか、という構想です。

けれどもその構想が、一番コアのところで否定されてしまった。イギリスの離脱とは、そうした問題です。

## ずらされた階級闘争

さて、もう一度、トランプの問題についても話しておきます。

先ほど話したように、クリントンを支持する側には、すべての立場の人が入っていた。クリントン側の政治的立場を要約すると、多文化主義的共存です。どんな立場の人たちも、共に仲良く、お互い許し合って、共存しようといった考え方です。

こうした多文化主義的共存を許す姿勢のことを、アメリカではPC、ポリティカル・コレクトネスと言う。日本語で言えば、政治的公正性です。

人種の区別もなく、男女の区別もなく、どんな宗教の人も、移民も含めて、寛容に、多文化的に共存する。これほど結構な思想はない。だから結構なことを言う人は、クリントンを支持するしかないわけです。

しかしこの結構な思想が、どこか胡散《うさん》臭いぞという感覚があった。

具体的な例を挙げると、アップル社のCEO、ティム・クックが、自分が同性愛者であることをカミングアウトして、その上で、いわゆる性的マイノリティ、LGBTの人たちを応援するための手記を公表した。そのことはメディアで話題となり、世間にも称賛されました。多文化主義的です。PCです。何の文句もないです。正しい。正しすぎるが、どこか胡散臭い。

彼は、超エリートでアップル社のCEO。そのアップル社の製品をつくっているのは、シャープを買い取ったことで有名になった、鴻海《ホンハイ》という、台湾の会社です。そこの工場が、アップル社の製品の多くをつくっている。

なぜ鴻海でつくるのかというと、アメリカから見れば労働力が滅茶苦茶《めちゃくちゃ》安いからであり、はっきり言うと、超低賃金の労働者を働かせているわけです。

LGBTの味方をするのもいいだろう。同性愛者であることに対する偏見を持つべきではないと言うのもいいだろう。

だが、そう言いつつ、おまえの会社は、極端な低賃金で働いているアジアの労働者を大量に搾取している。それと同時にアメリカの労働者から仕事を奪っている。そうした状況に、何かとんでもないアンバランスを感じるわけです。

トランプが勝ったあの大統領選挙は、昔、マルクス主義者がよく使っていた言葉を使えば、階級闘争でした。

一方にエスタブリッシュメントの人たちがいる。他方で白人の、本当は超貧乏というわけではないのですが、やや恵まれていない労働者がいる。この両者の階級闘争なのです——、というようなことは、誰でも語る。

問題は、この階級闘争がずらされていること。このことに気づくのが、一番重要です。クリントン側は、階級のことなど、何も語っていない。さまざまな民族や人種、宗教の共存、さまざまなアイデンティティの承認など、むしろ文化的なことを中心に語っています。だからどこにも階級闘争の要素はないのですが、どこか胡散臭い。

つまり、クリントン支持者は、PCに則って、LGBTの応援をする。それは暗黙のうちに、では、その主張を認めない人、性的マイノリティに冷たい人、あるいはフェミニズムに対して冷たい人は、遅れていて無教養の奴だ、という印象をもたらしていた。

多文化主義的な主張をする人は、暗黙のうちに自分たちはエリートで、教養があって、進んでいる、という自己イメージを持ち、それを態度で示している。これについていけない奴は、伝統的で、保守的で、遅れている。無教養で、不寛容で、下層階級だ。そうしたイメージです。

PCは、かっこいい。しかし、それについていけない人は、下層階級で、教養がないというイメージを裏腹に持っている。そこに暗黙の階級闘争があるのです。

隠れトランプはいるのに、隠れクリントンはなぜいないのか。なぜかというと、トランプ支持だと公言すると、自分は遅れていて、無教養で、不寛容で、保守的だと見られるからです。逆に言うと、クリントンを支持していると言うだけで、どこかエリートで、進んでいて、かっこいい。ここに、階級的なものがあるのです。ずらされた階級闘争です。

この講義は、このような問題を乗り越えるための、イマジネーションの訓練なのです。

**『君の名は。』では隕石が落ち、『この世界の片隅に』では、原爆が落ちる**

さて、話をもとにもどしましょう。第一講で話したように、これから先の講義では『君の名は。』と、『この世界の片隅に』を比較していきたいと思います。

『君の名は。』という物語は、中心にあるのは恋愛。しかし全編を通して暗示され、後半、最後になって重要になってくる展開がある。隕石が三葉のいる町に落ちてくるのです。

この展開がなければ、全体も盛り上がらないと言えばそうなのですが、主題は若い二人の恋愛。隕石の話は、必然性のない話でもあります。見ると、「何のためにこの話があるの？」という感じがする。

しかしどうしても、入ってくる。なぜこのような展開が必要なのか、疑問に感じるところです。

ちょうどこの隕石に対応する展開が、『この世界の片隅に』にもある。

『この世界の片隅に』は、物語のほとんど全部が、淡々とした日常です。と言っても、背景が戦争中ですから、普通の日常ではないと言えばない。だが戦争中だからと言って、戦いが描かれるわけでもないし、戦争に関わった参謀の話が出てくるわけでもない。ただ、呉だから軍港があり、そこに頻繁に空襲があったりする。戦争という状況が背景であれば、それこそがまさに日常なのです。

見《み》田《た》宗介《むねすけ》という僕の先生、この人は日本で一番優れた社会学者ですが、この見田先生は『この世界の片隅に』の主人公たちよりも、恐らく一〇歳ぐらい若い。ですからちょうど戦争の真っ最中に小学生で、三年生の時に、戦争が終わるのです。

その見田先生が、「戦争を知らない子供たち」という歌に関連して、自分たちは、物心がついたときにはもう戦争が始まっていた。だから、戦争しか知らない子どもたちだった。しかしそれが普通の日常だった、と言っていました。

今のわれわれから見れば、戦争中は異常事態ですが、当時はそれが日常だったのです。『この世界の片隅に』では、その戦争における日常が、淡々と描かれていく。一方こちらは、やがて広島に原爆が落とされることを知っていますから、緊迫感を持って見ることになる。主人公の実家は広島にある。それに呉と広島は、いくらも距離が離れていない。そうした気持ちで見ているので、すごく緊迫感があるのです。そして実際、物語の中では、原爆が落ちてしまうことになる。

『君の名は。』では隕石が落ち、『この世界の片隅に』では、原爆が落ちる。その結果、プライベートな日常を過ごしていた主人公たちはその瞬間、いわば世界の全体に関わることになる。

　けれども、この世界に対する関わり方が、両方の作品では違っている。違っているのですが、どちらにおいても、独特の違和感があるのです。

『君の名は。』の場合、これは一〇〇%のつくり話です。しかしそのつくり話の中で、なぜこの展開が入ってこなければならないのだろうと思わせるものがある。この二人にとって、隕石とは何だと考えさせられます。

　一方、『この世界の片隅に』の場合は、広島に原爆が落ちたことは歴史的事実です。だからアニメの中でもそのまま描かれることは当然です。

　ところが、この作品を物語そのものとして見た時、その原爆のシーンだけが、全体の、日常が淡々と進んで行くコンテキストの中で、浮いている。

　もちろん、原爆は、戦争の中にあっても、極端に非日常だったことは確かですけれども、今、それをちょっと括弧に入れて物語を見ると、原爆が落ち、原爆に対して主人公たちが反応する。そして原爆のあと、戦争が終わっていくというプロセスの中で、その反応が物語においてで、妙に浮いているのです。

『君の名は。』も『この世界の片隅に』も、どちらの作品も、何か急に破滅的なものが落ちてくるという展開があって、その部分で、コンテキストをどこか外すような構造になっている。

　だが、その外し方はだいぶ違う。それをこの先、比較してみたいと思います。

# 第三講

## 『逃げ恥』は恋愛表現の不可能性の好例

『君の名は。』と『この世界の片隅に』。この二つの作品を対比させながら、現代を見ていく。その話を続けます。

ここで少し脚注的な話をしておきます。

第一講で、『君の名は。』のストーリーを説明した時に、現代社会における恋愛表現の不可能性について触れました。

『君の名は。』は、もちろん恋愛がテーマなのですが、この作品では、まず主人公たちの身体が入れ替わる。人間が人を愛したときに直面する、互いは別の人間であり身体的に分離しているという一番の問題が、いきなり最初から解決しすぎて、その結果、逆に恋愛としてのストーリーが成り立たない、と解説しました。

その一方で、今までは普通、テレビドラマなどで女性の主人公が出てくると、たいていその絡みに恋愛の要素を入れて、その女性の活躍がメインなのか、恋愛がメインなのか、よくわからない話になりがちだった。ところが近年はそうした色恋話はなしで、女性の活躍を描く物語が成功している。

つまり、片やあまりに純粋すぎて恋愛の中核を外す作品と、片や、恋愛の話を全部抜いてしまうことで成功する作品群がある。そうした二極化があるという話をしました。

その話に脚注を付けておきたいのですが、この二極化について聞きながら、ドラマ『逃げるは恥だが役に立つ』（海野つなみ原作、新垣結衣・星野源主演、二〇一六年）のことを思い出した人も多いのではないでしょうか。

あのドラマのテーマソングのタイトルは、まさに「恋」ですし、話題になったエンディングのダンスは「恋ダンス」と呼ばれた。これは、「恋の話」そのものを描いて大ヒットした作品ではないか。

このドラマは、現代社会において恋愛表現が成り立たないという状況とは、逆を行って、成功しているように見える。しかし、そうではない、ということを説明しておきます。

この話は、恋愛表現の不可能性の反例のようでいて、むしろここまでの議論をサポートするような、新たな証拠になっているのです。

社会学者で、特にフェミニズム系の人が使う言葉に、「ロマンチック・ラブ」という用語があります。これは、敢えてイリュージョンをつけて、「ロマンチック・ラブ・イリュージョン」と呼ばれる場合もあります。

このロマンチック・ラブとは、一九世紀や、一八世紀ぐらいのヨーロッパの近代社会を、念頭に置いて語られる概念。ロマンチックな恋愛とは、そうした社会に生まれてきた恋愛の形であって、実は普遍的な恋愛のパターンではない。ある種の時代的な制約を受けた現象だということを、社会学者、家族社会学者や、フェミニストが強調するときに使う言葉です。

例えば、一番典型的なロマンチック・ラブの例は、これは一六世紀末の話ですが、シェイクスピアの『ロミオとジュリエット』が挙げられます。

一人の男と一人の女が出会う。その二人はどういうわけか、自分たちの出会いが運命的なものだと感じる。そしてお互いに排他的な、つまり、ほかの人に目もくれないような、強い恋愛感情を持つことになる。

その恋愛には、数々の障害がある場合が多いのですが、やがて二人は永遠に、かつ排他的に結ばれる。その恋愛の最終的な成果が、結婚です。一夫一婦制的な結婚。一人の男と一人の女の、ほぼ永続的な愛に満ちた結婚へと至る。そうした愛の形です。

これが特に一九世紀ぐらいから、一つの恋愛の典型となって、繰り返し文学や、その他の芸術のテーマになってきました。

このロマンチック・ラブとの関係で見ると、『逃げるは恥だが役に立つ』は、恋愛の物語の典型を純粋に、いわば反転させている。ロマンチック・ラブの結果のほうから、逆に原因のほうへと遡《さかのぼ》るように展開させるのです。

本来は愛があって、愛の最終的な成就として、結婚する。結婚して一緒に暮らせば、そのバイプロダクト、副産物として、家事の分担とか、生活における協働があるわけです。

しかし、『逃げるは恥だが役に立つ』は、最終的な結果の副産物に過ぎないものから話をスタートさせるわけです。主人公の女性、みくりは、平匡《ひらまさ》に家事のために雇われるのが最初です。

それから、結婚という外的な契約をする、という話になる。結婚したほうが、効率的だし、経済的にも節約になるし、法的な保護も得られるし、さまざまな点で有利だからです。

その上で、結婚に至った以上は、私たちは愛していたはずだ、恋していたはずだ、と後から、遡及《そきゅう》的に過程が埋められているのです。普通に、恋をして、結婚に至り、そして家事を分担したり、家計をともにしたりする、という順番ではない。その順序を逆転させ、最終的な結果のほうを先にとってしまい、そのような結果に至ったからには過程があったはずだ、という具合に、遡及的に「恋」の部分が埋められている。

本来は――少なくともロマンチック・ラブの立場からすれば――家事手伝いの人が欲しいから、結婚するわけではない。結婚したときに、一つの生活共同体として生活を営むにあたって、家事をする人がいたり、仕事に出て、稼ぐ人がいたり、両方が稼いだりというようなことが起きる。あるいは、結婚は本来、家賃を安くするためにルームシェアをする人を選んでいるわけではないし、家政婦を雇っているわけでもない。それらはロマンチック・ラブの原則からいけば、全部、副産物なのです。

ところが『逃げるは恥だが役に立つ』は、この順序を逆転させることで、物語を成り立たせている。つまり先にまず副産物のほうを実現してしまう。それを獲得した後に、本来、その副産物を生むはずだったメインの過程の部分を、あとから「あるはずのもの」として埋めていく。このドラマはそうした構造になっています。

「婚活」という言葉がありますね。それは、結婚相手を探す過程が、就職活動に似ている、という趣旨です。就活の隠喩《いんゆ》として、婚活がある。それに対して、『逃げるは恥だが役に立つ』は、本当に就活から始まっている。就活がそのまま婚活に接続しているのです。

## プロセスは味わいたくないが、恋愛の結果だけは欲しい

だから、このドラマの成功は、現代ではやはり、普通に恋愛を描くことは難しいということを示しているのです。王道的な恋愛ドラマを、現代の日本のコンテキストで描くことは難しい。本来の恋愛の順序を逆転させたとき、かろうじて、恋愛めいたものを描くことができた、というわけです。

二人の男と女が出会う。そして恋愛をするということは、お互いが相手を唯一無二だと感じる必要がある。

どうしてこの女の人は、この男が好きで、彼だけのために、こんなに献身するのだろう。どうしてこの男は、この女の人だけのために、こんなに苦労するのだろう。そこにリアリティを与えなければならない。

けれどもはっきり言って恋愛は、幸福より不幸のほうが、よほど多いわけです。だから、

そうした話に、本当らしさを与える、ということはかなり難しいのです。そんな不幸をわざわざ主人公たちに引き受けさせる理由を描くことが、現代の日本社会を背景にしたときにはきわめて困難、ほとんど不可能だということがわかります。

さらにロマンチック・ラブをドラマとして盛り上げていくためには、たいてい間に障害物が入るわけです。

例えばシェイクスピアの『ロミオとジュリエット』の場合ならば、二つの家系、キャピュレット家とモンタギュー家がイタリアの都市（ヴェローナ）を二分する二大勢力となっていて、何年間にもおよぶ長い戦いがあったので、二人の恋愛は簡単には成就しない。最後には死んでしまうのですが、そうした障害が、ロマンチック・ラブを盛り上げるには必要とされる。

しかし現代には、そのように愛を盛り立てる障害物などない。「結婚したいですね」と言ったら、反対する奴などいない。「ああ、いいじゃないか」となるわけです。ですから、恋愛話は、非常につくりにくい。

それに経験者ならば感じることですが、恋愛とは、どちらかというと楽しくなるより、苦しくなる。快楽の部分もありますが、分量的には苦しい部分のほうが多いのではないかと思う。だからと言って、恋愛から楽しい部分だけ取りだすのは、難しいというより、ほぼ不可能です。楽しいだけの恋愛とはならず、苦しさとセットでなければ、幸福にはならない。その苦しい部分を味わいたくないとなると、結局、恋愛自体が不可能になってしまう。

『逃げるは恥だが役に立つ』の主人公の二人も、同じような感じで、みくりも平匡も両方とも異性にモテないわけではないのですが、そんなに苦労してまで恋愛しなくともいい、という心境で暮らしている。だが他方では、やはり恋愛を求めていた。このドラマの登場人物もそうですが、おそらくオーディエンスの一般的な心性としても、そうなのです。

つまり、恋愛のプロセスは味わいたくないけど、恋愛の結果だけは欲しい。そうすると、この『逃げるは恥だが役に立つ』のような物語になる。最初に結婚の契約という形で結論をつくってしまうことになる。

本当は、恋愛とは結論に至るまでが大変なのですが、しかし先に結論だけつくっておけば、残りを埋めるのは、ずっと楽になる。このように全体を反転させてしまっているわけです。

ただ、『逃げるは恥だが役に立つ』の中でも、サブストーリーにおいては、古典的な、もう今まで何千回、何万回も描かれてきたような恋愛話が描かれます。

要するに標準的な恋愛。なぜか互いに好きになって、しかし好きにはなったけど、障害がある。本当は好きなのに、お互い素直になれない。そうしたことがいろいろあって、最終的には結ばれる、良かったね、といったドラマの典型のような恋愛も、サブには盛り込まれます。

ただこちらも、恋愛の中身は典型的なのですが、外形的には、女性のほうが男性より、圧倒的に年上であったりして、その部分に一応、かつての典型からは外れる障害物を入れてある。そういう例外性が困難を導入してくれているので、それなりに恋愛にふさわしい山がある感じがかろうじて出てきているのです。

また、男性の、同性愛者のあいだの恋愛も、少し出てきました。これも恋愛自体は、普通の恋愛なのです。ただし男と男の恋愛です。

こうしたサブのストーリーを、もしメインに持ってきていたら、普通の恋愛物語になっていたでしょう。しかし、それであれば、このドラマはあまり成功しなかったと思う。さまざまな形で標準的な恋愛を転倒させたり、思いきってなくしてしまったり、究極の結びつきが、最初から完成してしまったり。そうした形で、恋愛表現を成り立たせている。

恋愛が求められていないわけではない。描きたい。視聴者には憧《あこが》れもあるのです。しかし、そのまま普通に描いたら、今の時代ではリアリティがない。そこで、常に恋愛そのものは的から外すような作品が次々とつくられている。

『逃げるは恥だが役に立つ』もその一つであり、標準的な恋愛は、むしろ現代では描くことができないということの、一つの証拠になっているのです。

この変わったタイトルはハンガリーの諺《ことわざ》から来ているそうですが、その原意を敢えて無視するなら、たぶん製作者たちも意図していないかたちで、このドラマの本質的な性格を言い当てている。このドラマの登場人物は、確かに逃げているのです。何から？　恋愛から、王道的な恋愛からです。そのことは、考えようによっては恥です。なぜなら、本当は恋愛をしたいからです。でも、役に立つ。なぜなら結婚ができ、家事を分担した効率的な生活ができるからです。さらに、ついでに、「恋していたことになる」というおまけまで付きます。

## 明治以来の基本的枠組み

こうした話を脚注として、今回は『君の名は。』について、さらに先に進んで話したいと思います。

この作品を表面的に見ると、ある古典的な構図を前提にしている。それは東京と地方、中央と田舎という二項対立です。一見すると、こうした枠組みを前提にして、ストーリーが展開しているように見えます。

登場人物の片方、男のほうは、初めから東京にいる。

一方、女の子のほうは田舎の中の田舎、すごい過疎地、限界集落のようなところにいるように見える。そこから見ると東京が憧れの場所になっていて、東京には人間の幸福の鍵《かぎ》が全部、揃っているように感じられる。

こうした設定は、「地方にいる人は、自分は東京から疎外されていて、都市的なものが周囲になく、そのことに非常に欠如の感覚を持っていたり、不満を持っていたり、自分たちの不幸の原因はそこにあるように感じている」という、「東京に憧れる地方の若者」のイメージがベースになっているように見えます。

実際、それらしい話も出てきます。例えばカフェに行こうと言っても、女の子の住む糸《いと》守《もり》のほうでは、それが実は自動販売機であったりする。そこでコーヒーを飲んで、カフェだと自嘲《じちょう》気味に笑う。そうして糸守がいかに田舎かを、印象づける話が入っていたりします。

ところがよく見ると、『君の名は。』という物語は、この「東京が中心であり、地方がそれに憧れる」という、明治以降の日本で、小説であろうが何であろうが、何万回も繰り返されてきた基本的枠組み、つまり地方にいる人が東京に出てきて、進学したり、就職したりして、社会的な成功を得たり、人生の幸福を獲得するという枠組みに、一見則っているようでいて、よく見ると、明らかにずらしているところがある。そこがこの話の、そして近年の話の新しいところだと感じます。

その点について、具体的に話します。

## 東京と地方を再幻想化する

まず、この作品はフィクションとはいえ、それぞれの場所をかなり正確に、リアリズムに則って、描いている。しかし、まず東京のほうから見ると、最初に強く印象付けられるのは、そのあまりの美しさです。

例えば新宿《しんじゅく》の風景にしても、僕らが現実に見るものよりも、あまりにも美化されている印象を受ける。

確かに地方の人が、憧れを持って東京を見る時、どこか現実の東京よりも美化されたり、幻想化されたりして、描かれるということはあります。普通であれば「今どき、そういう話か」と感じるわけです。

そうした美化は、東京に行くことが、はるかに難しかった時代のもの。例えば『三丁目の夕日』は昭和三〇年代の話ですが、そうした、集団就職で東北から東京へ出てくる時代の感覚です。

東京に行くことはできると言えばできる。しかし行くのは困難であり、人生で一回の決定的な移動である時代に、田舎にいる人が東京を美化するお話であれば、素直に、受け入れることもできるでしょう。しかし今どき、そのように東京を美化する描写は、おかしくないでしょうか。

むしろ美しいとされている東京が、実は混沌《こんとん》として、混乱と無秩序の中にあり、様々な危険と不幸が埋まっているという話のほうが、すでにずっと長いあいだ、何度も描かれてきた。またみな実際に、実人生でもそうした現実を経験してきているわけです。

作者の新海さん自身も田舎の出身ですが、もうずっと東京に暮らし、仕事をして、東京がどういったところであるか、もちろんよく知っているはずです。こうした人が、敢えて東京を、あれほどに美しく描く時、僕はそこに何か一捻《ひね》りあるのを感じるのです。

東京への憧れがまだあった時代には、幻想の東京も浮かび上がった。だが、それはもう流行《はや》らない。そこから、もう一度、再幻想化する。そうした印象を受けます。かつての幻想はすでにない。現実をよく知っているけれども、敢えて思いっきり美しい東京を描いてしまう。そうしたやり方。地方にいて、首都東京に憧れたのとは異なる、一捻りある東京の再幻想化。そうしたものを感じます。

一方、田舎のほうですが、もし古典的な図式であれば、地方は狭い世界で、そこには家族や、温かい関係性はあるけれども、本当の成功と幸福はない。だから、地方を否定して、東京に行く。そうした構図で描かれてきました。

ところがこのアニメは、地方も東京に劣らず美しく描かれているのです。ものすごくきれいです。はっきり言うと、美化の程度は、東京よりも地方のほうが大きいです。

例えば、地方の登場人物はみんな「こんな田舎」と否定的なことを言うのですが、そうしたことを言ってくれる高校生があのようにたくさんいるだけでも、地方の現実としては稀有《けう》なのです。

ですから、この作品では地方もまた東京と同じように美化され、幻想化されている。つまり否定されるべき地方と、ユートピアとしての東京という古典的な図式ではなく、両方とも、詩学の言葉でいうとサブリメーション、昇華して、美しく美化されて描かれている。ですから、どちらかが否定されて、どちらかが肯定されるという図式では、明らかに、この話は描くことができないのです。

そして何よりも気にしなくてはならないのは、いわゆる「聖地巡礼」です。

フィクションのモデルになった場所を聖地と呼んで、ファンが巡礼する。つまり巡礼という言い方で、その土地に出掛けていって、現場を見て、写真に収めるといったことをする。この現象が起きたことで話題になった作品が、二〇〇七年の『らき☆すた』(美水かがみ原作、山本寛・武本康弘監督)でした。

厳密に言えば、映画のロケ地となった場所に行くとか、アニメで描かれた場所を見に行くことは、昔から行われてきたことではあった。けれども、あくまでフィクションはフィクション。現実とは別という感覚が、それまでの習慣でした。

普通はまず、われわれが生きる現実というのがあって、その現実をもとにフィクションをつくる。その時に現実のある部分が誇張されていたり、現実にはない創作があったり、省略があったりする。その虚構をもう一度、現実のほうに逆写像すると、生まれてくるのが「聖地」。ここが新しい現象です。

つまり虚構を媒介にして、現実が特別な場所になる。その場所を巡る。ファンは虚構だけでは充足しないのです。現実に回帰したいわけです。

しかし、では初めから現実を巡ればいい、ということにはならない。虚構というフィルターを通さなければ、そこに聖地は生まれないのです。

『君の名は。』は、この聖地が特に多かった。その聖地となった場所を見て、はっきりとわかるのは、東京と地方という枠組みに全然こだわっていない点です。

東京が多く出てきますから、東京のある歩道橋とか、ある階段とか、そうした場所が特に聖地になる。ところが聖地になるのは、そこが東京だからではない。東京だから持っているオーラというものに、ほとんど訴えてはいないのです。その場所はただ、作中の固有の場所として、愛されているのです。

東京であるとか、地方であるということには関係なしに、虚構のフィルターを通すことで、特定のスポットが特別な意味を与えられている。ですから、東京、地方という二項対立の図式は、まったく成立していない。

この作品は、大枠だけ見ると、東京にすむ人と地方にすむ人が出てきて、地方にいる人がどこか東京に憧れているという、昔からある図式を前提にしているように見えますが、実は、この図式を完全に裏切っている。フランスの哲学者ジャック・デリダが使った、少し難しげな哲学用語でいうと、古典的な図式を脱構築している。

脱構築とは、デコンストラクション。これはデストラクションとは違って、単に破壊するということではなくて、その図式をもとにして、その図式そのものを内側から食い破るといった感覚です。

つまり、『君の名は。』は、古典的な図式にこだわらない。あるいはそれを相対化してしまう。東京は、東京だからえらいわけではない。地方は、地方だから惨めなわけではない。そうした見方で、図式そのものを破っているのです。

## 『あまちゃん』との比較

東京対地方の図式を、独特の方法で食い破っている作品として、強く印象づけられたのが、NHKの連続ドラマ『あまちゃん』（宮藤官九郎作、二〇一三年）です。

『あまちゃん』は、この『君の名は。』以上に、東京対地方という問題を、内側から破る話です。

主人公のあまちゃん――能年玲奈《のうねんれな》（現在は「のん」に改名）が演じる天野《あまの》アキ――は、もとは東京の、世田谷《せたがや》の住宅地で生まれ育っていた。一六歳のとき、彼女は突然、母のふるさとの北三陸《きたさんりく》に行くことになる。それは、アキにとっては、初めて訪れた土地です。

客観的に見れば、そこは自分自身の人生の中で、関係したことは一度もない場所です。しかし着いた途端に、北三陸という田舎が、アキにとって、実際に生まれ育った東京よりも本来的な場所のような感じがしてくる。主人公にとってそこが「地元以上の地元」になるのです。

しかも、その土地で自分の人生を取り戻すと、彼女は逆に東京にカムバックして行くことになる。そうしてアイドルとして成功しかけるというお話でした。

他方、その主人公に、シンメトリカルに対抗しているのは、橋本愛《はしもとあい》が演じていた親友のユイちゃんです。

彼女のほうは、もともとから北三陸にいた。本当の田舎、地元です。この彼女こそ、古典的な東京・地方の図式通り、田舎にいて、東京に憧れて憧れてしようがないという人間像で、東京に出て、アイドルとして成功したいと切実に望んでいました。

ところが、この話のおもしろいところは、そこまで東京に憧れているのに、ユイちゃんは一度も東京に行けないのです。

行こうとするたびに、何かアクシデントが起きる。それは外的な障害物のように見えますが、実はどこか無意識のうちに、本人もそれを避けているのです。結局、あれほど東京に憧れている人が、東京には行けず、最後まで地元に留《とど》まります。

東京に生まれている人は、東京そのものには何の魅力も感じていなくて、地方のほうに本来的なものを感じる。そして逆に地方から、もう一回、東京に出ていくことができる。

このドラマではそうした形で、東京と地方、地元という二項対立を、脱構築しているのです。

『あまちゃん』ほど劇的ではありませんが、『君の名は。』もまた、持っている図式については、同じところがあります。

## ネーション・ステートを前提にしなければ、東京は中心でも何でもない

ここで話しておきたいことがあります。

地方に生まれ育った者が、青年になって東京に出て、そこで成功する。事業を起こしたり、有力企業に勤め昇進したり、政治家になるなどして社会的に成功したり、あるいは個人としても、恋愛したり、結婚して子どもをつくり、家族を持ち、うまくいけばマイホー

ムを持ったり、など成功する。そうした図式が、ずっと長いあいだ、物語の基本的枠組みをつくってきました。

この図式が成り立つための、社会学的前提があります。

この図式が機能するためには、東京が、あるいは東京に類する大阪や京都のような大都市が、世界の中心のように感じられていないといけない。東京は世界の中心だろうかと考えた時に「東京が中心だ」と感じられないと、機能しないのです。

・

グローバルな国際秩序は、端的に言えば、ネーション・ステートの集合体です。

ネーションとは、国民もしくは民族。ステート（国家）とは、政治的な機関です。政府というニュアンスに近い。この二つが合わさってネーション・ステート。国民国家と訳されます。各民族・国民が主権を持って、自分の政府を持つ。政治学では普通に使われる言葉ですが、むしろ民族国家としたほうがわかりやすいかもしれません。

日本も、厳密に言えば多民族国家なのですが、比較的、典型的な民族国家になっています。つまり自分たちは一つの民族であるという幻想を持ちやすい状況にある。

しかしこの枠組みどおりにいかないケースは、いくらでもあります。早い話が、アメリカは典型的なネーション・ステートとはとうてい言えない。つまり、一つの民族が国家を持っている、という図式には収まらない。

ですが現代社会の前提として、この世界はネーション・ステートの集合体という建前になっている。

その証拠は、国際連合です。国際連合を英語で言うと、ユナイテッド・ネーションズで、ユナイテッド・ステーツやフェデレーション・オブ・エスニシティーズとはなっていない。そこにはピープルさえない。ユナイテッド・ネーションズ。世界はネーションごとに分割されていて、主権を持っている。その「ネーションの連合体」が、国際連合の本来の意味なのです。

前置きが長くなりましたが、世界には多数の国民国家があるわけで、それにもかかわらず、「国民」なる共同体が成立して以来、長いあいだ、ひとりの個人のライフヒストリーにとっては、一つの国民国家が、事実上は、世界そのものと感じられてきました。「自分たちの人生、社会を展開する舞台は、この国民国家におおむね尽きるのだ」と、感じられてきた。そういう時に、東京・地方という二項対立の枠組みが活きてくる。逆に言えば、ネーション・ステートのこうした自己完結性を前提にしなければ、東京は中心でも何でもないのです。

例えば皆さんは今、この早稲田大学という、東京の大学に来ています。学校というものは、小学校、中学、あるいは高校ぐらいまでは、だいたい地元で過ごすわけです。もちろん大学も地方で過ごす場合もありますが、憧れの大学は東京に集中している。

この東京の有名大学を出れば、人生の成功の何%かは、獲得したことになる。そう感じられる状況が成り立っているときに、東京・地方という枠組みは生きてくるのです。

しかし、多くの国、日本に比較的近い中国や、あるいは韓国でも、北京《ペキン》やソウルの向こう側にニューヨークやボストンが見えていたりする。アメリカのコロンビア大学やハーバード大学に留学したほうがいいという状況であれば、中央は相対化されてしまいます。日本人はまだ、早稲田大学よりもマサチューセッツ工科大学のほうがいいと考える人は比較的少ない。というか、早稲田にしようか、マサチューセッツ工科大学にしようか、という比較すらほとんどなされていません。

けれども現代ではインターネットもあるわけですから、皆さんが興味を持つ情報は、必ずしも東京から発信されるわけではない。場合によっては、国境の外から発信されている。すでにそうした状況になったときに、自分の生きる舞台は、もはや国民国家ではなくなる。すでにそうなりつつあります。東京に求心力があって、そのブランチとして地方があるという構造は成り立たなくなっていくのです。

## 国民国家の図式を問題にしない『この世界の片隅に』

今の話の関連として、『この世界の片隅に』のほうに触れておきますが、本来、この作品は『君の名は。』よりも、はるかに国民国家という枠組みが重要。より強く登場人物たちの人生を規定しているはずなのです。

『君の名は。』の場合、主人公たちが糸守や、東京にいることは重要ですが、彼らが日本国籍であるとか、そこに日本政府の統治権が及んでいるなど、そうしたことはあまり関係がない話です。

それに対して、『この世界の片隅に』は背景が太平洋戦争。戦争直前から戦争中、終戦直後の話です。国民国家同士が戦っていた。私が日本人であるからこそ、今、突然、飛行機が爆弾を落としていったりする。自分が日本人であるということにコミットし、意識せざるを得ない。そうした状況にある。普通に考えると、ネーション・ステートは、基本的な大きな枠組みになっているはずです。

ところが実際に描かれているお話には、国民国家ということについて、ほとんど言及がない。そうしたことを、ほとんど意識させない。

描かれるのは、広島で生まれて、呉へとお嫁に行ったすずという女性の、日々の営み。空襲があって爆弾が落ちてくる。それで戦争中だと伝わるのですが、戦争の大義などは、ほとんど話題にならない。

建前上は、この国民国家という枠組みが、この物語の重要な背景にならなければいけない。そうすると、東京と地方という基本図式も、生きてこなければいけないわけですが、『この世界の片隅に』では、その図式もほとんど問題にならない。

主人公たちは、呉や広島で暮らしていますが、東京や、あるいは関西の大都市に、さしたる憧れも抱いてはおらず、「東京に出ていきたいな」といった話はまったく出てこない。戦争中ということもありますが、むしろ非常にローカルな物語です。

広島で生まれた主人公が、呉にお嫁に行く。呉と広島など、すごく近いのですが、しかしそれだけで「汽車に乗らなければいけないなんて、ずいぶん遠くにお嫁に行っちゃったね」という感覚でいます。地方の中で自立して、自足している。そうした話です。

もっとも細かく見れば、映画の初めのほうに、お祖母《ばあ》さんに「箸《はし》を遠う持つ子は、遠くへお嫁に行くいうけえね」と言われて、まだ縁談が来る前のすずの妹が、箸を長く持ち直す場面が出てきます。

箸を短く持っていると、近くの人と結婚する。広島に生まれたら、広島の人と結婚する。それではつまらないと感じて、敢えて長く持つ。

こんな狭い世界ですが、別にそこに不満があるわけではない。家族が嫌いなわけでもない。親戚が嫌いなわけでもないけれども、しかしお嫁に行くのならば、この狭い世界から少しだけ外に出ていきたい。そうした微妙な憧れです。

完全に一つの狭い世界に充足しているわけではなく、外の世界に出たいという、ほのかな憧れは、描かれはする。ところが、それは非常に微弱です。地方を出て、東京に行き、天下、国家の動きに関与したいなどという願望は全然出てこない。地方の小さな世界の中に、営々とした生活が続いていくという物語です。

## 革命のパロディ

この東京・地方の図式を伏線にして、これからが今回の講義の主題となります。

『君の名は。』では後半になると、落ちてくる隕石から、糸守の町民を救出するという話が出てくる。これが後半の一番重要なエピソードになっていくのですが、このエピソードについて、皆さんはどう思われますか。

僕は、このエピソードはなぜあるのか、と感じました。なぜ『君の名は。』という物語の中に、このエピソードが入っていなければいけないのか。このエピソードが持つ必然性とは何かと考えざるを得なかったのです。

もともと、瀧と三葉という主人公たちがいて、彼らの身体入れ替え事件という、不思議な出来事が起きる。しかし、それはある時に、途絶えてしまう。

その後、瀧の視点で描かれていきますが、途絶えると、記憶がどんどん消えていく。しかし、自分の中に何か微妙なこだわりがある。過去の記憶はほぼ完全に忘却していくのですが、自分が忘却してしまっているという感覚だけがあるのです。何を忘却したかはわからないが、何かがあるという執着、過去への未練のようなものが残っている。

自分はいったい誰のことを考えているのかわからない。けれども、何かにこだわっている。何かの人、どこかの場所にこだわっている。

やがて自分が気になっていた土地が、糸守という小さな田舎町であることがわかります。同時にその場所は三年前に隕石、厳密に言うと彗星《すいせい》の破片が隕石として落ちてきて、ちょうど直撃し、まるごと消滅してしまった町であることを知る。

そして瀧は、三年前、隕石が落ちる日の三葉と入れ替わるのです。というか、もともと二人の入れ替わりには、三年の時間差があったことが判明し、今また瀧は、三年前の三葉の身体に入ろうとし、実際に成功する。これは瀧にとっては、結局、三年分、過去へとタイムスリップをしたことに等しい。その後、三葉になった瀧は、勅使河原克彦《てしがわらかつひこ》、名取早耶香《なとりさやか》といった友だちと一緒に、人命救助のためにがんばるという展開になります。

勅使河原という苗字《みょうじ》の人が、こんな田舎にいるのは、ちょっとどうなのかなと思ったりもしますし、それにいくら「自分は隕石が落ちてくることを知っているんだ」と言っても、そこまで人は動いてくれるものでしょうか？　僕が「明日隕石が落ちる」と皆さんに言ったら、動いてくれますか？　たぶん、大澤《おおさわ》が妄想を抱いていると考えるのではないでしょうか。もっともそれだと話が面白くならないでしょうから、そこは深くは考えないことにします。

彼らは土木用の含水爆薬を使って変電所を爆破し、停電を起こしたり、小さい田舎とはいえ、町内放送を乗っ取って、嘘の放送を流したりする。牧歌的なお話のように描かれていますが、考えてみれば相当なことをやっています。

アニメで軽く描かれるために小さい話に見えますが、発電所を狙って爆破し、その国の公共放送を乗っ取って声明を流す。これは革命の王道。糸守という小さな世界を舞台にして演じられた、革命のパロディといった感じになっています。

僕が不思議に感じるのは、このタイムスリップして糸守を救うという展開が、なぜあるのか、というところです。

「高校生ぐらいの二人の男女の不思議な関係」というメインの話と、この糸守救出作戦の話に、どのような関係があるのか？　言ってしまえば、このエピソードはなくとも映画は成立するではないか？

例えば、『ロミオとジュリエット』の場合は、ロミオとジュリエットというこれも一四歳くらいの美男と美女が、恋をする。一目惚れをするのですが、二人はそれぞれ都市を二分して争う家族の人間で、そのために彼らの恋愛は困難となる。

この場合、恋愛と、都市を二分する政治勢力の戦いという話との間には、密接不可分の関係がある。

しかし、この隕石話の場合は、メインの恋愛物語にとってどのような必然性があって、作者は入れたのでしょうか。

まず、簡単に指摘できることは、大まかにみると『君の名は。』のストーリーは、近年のサブカルチャー系アニメやマンガで繰り返し描かれてきた、「取り立てて特別なことのない平凡な主人公たちが、世界を破滅から救う鍵を持っている」というタイプの物語の一つでもあるということです。

どう見ても、いかにもそれらしい能力を備えているわけではない。もっとも、身体を入れ替えるのは並ではない能力かもしれませんが、それはコントロールできるわけでもないし、訓練して獲得した能力でもない。なぜかそうなっているだけで、外見上はまったく平凡。ごく普通の、中の上ぐらいの人というような設定になっています。そうしたごく平凡な人が、実は世界を救う。近年のアニメやマンガでは、よくある話ですね。

ただ、厳密に言えば『君の名は。』の場合、地球を救っているわけではない。日本を救っているわけでさえなく、守っているのは、糸守という小さな町。この点については、後ほどまた解説します。

類型的なパターンとしては、平凡な主人公たちが、なぜか世界を救う、救済するための鍵を握っているというお話。よく使われるサブカル系の言葉で言えば、これはとりあえず「セカイ系」の物語ということになります。

つまり主人公たちのきわめて小さな、インティメイトでプライベートな関係や、あるいはその関係の中の何かの要素、ある特別な人物が世界の運命に関わったり、世界を破滅から救出するための鍵になっていたりする。

実際に内容豊かに描かれているのは、同級生のあいだのごく親密なジクジクした関係であったり、どこにでもあるような先生と生徒の関係であったりするのですが、その関係の中にいるある人物や要素が、いきなり宇宙や世界の破滅を救う鍵になったりする。セカイ系とは、そうした作品です。『君の名は。』もまた、そのセカイ系の物語の一種になっているのです。

## 第一次の共同体と第二次の共同体

先に触れた新海誠監督のデビュー作『ほしのこえ』は、典型的なセカイ系の作品でした。

これも中学生の同級生同士の、思春期の淡い恋が描かれているわけですが、彼女に先天的な特別な能力があって、自覚はないし、特別にそのための訓練を受けたわけでもないまま、いきなり国連宇宙軍の一員になる。

ただ『ほしのこえ』の場合は、彼女が国連宇宙軍の一員であるという状況が、主人公たち二人の間に生じる非常に大きな距離の問題として、恋愛とわかりやすく絡み合っていました。

しかしもともとは、君と僕との恋という小さな話と、世界の問題は、別の話です。『君の名は。』では、この本来は別の話が作品の中でくっ付いている。その接続に不自然さがあるのです。

なぜセカイ系では、この二つの話がくっ付くのでしょうか。

こうしたお話が継続して多くつくられて来たことの社会心理的な背景を考えると、そこには二つの欲望、二つの思いが込められている。

一つはもちろん、恋愛です。純粋な、もうこれ以上ありえないほど純粋な恋愛に対する憧れがある。

そしてもう一つ、この恋愛とは「とりあえず」別に、この世界の中で自分が何者かでありたい。自分が意味のある存在でありたい。世界の中で自分は自分でありたいという欲望がある。いわば「世界への欲求」です。

現代のアニメの多くにおいて、どうしてこの二つが共存し、そして短絡的に結びつくのか。その論理を説明するためには、かなり回り道をして、基本的なところから考え直さなくてはなりません。だから『君の名は。』を少し離れなくてはなりません。

近代以前の伝統社会では、ごく普通の大多数の人は、自分が生まれ育ったローカルで特殊な共同体、つまり家族とか親族とか、村や町のような地域共同体とかに深く組み込まれており、一生、その中で過ごしました。そして、当然、そうした共同体に、自然な愛着や忠誠心を持っていました。このローカルな共同体を、第一次的な共同体と呼んでおきましょう。

近代化というのは、簡単に言えば、人を、このローカルな第一次的な共同体から解放し、そうした共同体に持っていた忠誠心や愛着を、第二次の共同体に移し替えることです。第二次の共同体というのは、普遍的な――もう少し慎重に言い換えると「普遍的に見える」――広がりを持った共同体で、第一次の共同体と対比して、作為的で人工的な印象を与えます。

この転換、第一次の共同体から第二次の共同体への転換を、社会学では伝統的に「ゲマインシャフトからゲゼルシャフトへ」と呼んできたわけです。もう少し具体的に話しましょう。

例えば、自分は日本人であるという自覚を持ち、しかも、日本人であるということが自分のアイデンティティの中核的な要素となる。極端な場合には、日本人のために死んでもよいとさえ思い、少なくとも日本人という共同体に貢献したいと考える。この「日本人」というのは、先に出たネーション（国民）の一つですが、今述べた、第二次の共同体の典型です。

自分のことを、どこどこの村の一員だとか、なんとかという家が何よりも大事だ、と感じている間は、第一次の共同体への同一化が優位にある。これが前近代です。

しかし、やがて「日本人である」ということが、それと同等か、場合によってはそれ以上に自分にとって大事になったとする。実際、近代化においてそういうことが起きる。この「日本人」という共同体は、「村」だとか「家」だとかに比べると、圧倒的に包括的で普遍的な広がりを持ちます。

と同時に、ある意味で、不自然で人工的でさえある。だって、考えてみてください。「村」や「家」であれば、具体的で親密な関係の中で、僕らは愛着を持つわけですが、「日本人」の共同体ということを考えると、僕たちは、その大半のメンバーと会ったこともないし、今後も一生会わず、具体的に知ることもないのです。

ともかく、近代化とともに、個人のアイデンティティの参照点のようなものが、第一次の共同体（家族や親族や村落のようなもの）から第二次の共同体（国民やら市民社会やら）へと移し替えられるのです。

と、ここまでの話なら、たいしてめんどうではないのですが、この過程で、少し複雑なことが起きる。どういうことかというと、この過程で、第一次の共同体への同一化が単純に消えたり、弱まったりするわけではないのです。第一次の共同体への同一化が、ある変形を被《こうむ》って回帰してくるのです。

これにはちょっと説明が必要ですね。第二次の共同体というのは、具体的に経験できず、抽象的で人為的だと話しましたね。日本人のすべてのメンバーと具体的につきあって、親しくなる、などということは不可能なのです。人は、こういう抽象的な共同性に直接深くコミットしたり、それに強い愛着を持ったりすることはできないのです。

ではどうするか。第一次の共同体への同一化を媒介にして、第二次の共同体へと同一化する、という現象が生ずるのです。例えば、自分は、何々家の一員である。その何々家の一員として立派に生きることが、日本に貢献することにつながると考えたりする。あるいは、故郷に愛着があり、故郷に錦《にしき》を飾ることこそ、日本にとってよいことをしたことになると感じる。

組織でも、自分がどこかの部署に属していて、その部署の一員として役目を果たすことが、結局、組織全体に貢献したことになると思うことができるとき、その部署での仕事に力が入ります。第一次の共同体への同一化を媒介にして、第二次の共同体へと同一化する、というのは、これと似ています。

「逆流」

今回の講義では前半に、東京・地方という二項の構図について、国民国家が世界そのものであるという生き方をしているときには機能するという話をしました。その構図でいうと、地方が第一次の共同体にあたります。そして、東京を中心とした国民国家が、順当に行けば第二次の共同体になる。

以上が、近代化だとして、その先があるのです。それが、『君の名は。』を考える上で重要になります。

問題は、もはや国民国家が、「普遍性」をそこに感じることができるような、第二次の共同体としての機能を失ったときです。つまり、国民国家がオーラを失ってしまったときに、困難が生じます。国民国家と普遍的な世界とを同一視することができなくなる。国民国家は、普遍的な世界と比べて、ちっぽけで、それ自体ローカルなものとしか感じられなくなる。そうなったときが問題です。実際、今日、国民国家、われわれにとっては日本が、もはや一つの普遍的な世界そのものではない。

しかし、かといって、われわれは、「日本」というレベルを超える上位の普遍的な世界というものに、具体的なイメージがあるわけでもない。もちろん、グローバルな社会というものについて表面的な知識はあるでしょう。だが、それに対して活き活きとしたイメージは持てないし、魅力も感じない。要するに、自分をそれに同一化できない。

そうした状況になったときに、なにが起きるのか。「逆流」が起きるのです。ここがポイントです。

標準的なメカニズムは、「第一次の共同体」への同一化を媒介にして、その先の「第二次の共同体」へと同一化が果たされる、ということでした。ところが、第二次の共同体が国民国家というかたちではっきりとした像を結んでいた段階が終わってしまった。国民国家には、かつてのような魅力がない。それにコミットできない。

そうなったときにどうなるか。国民国家というゲゼルシャフトを敢えて拒否して、むしろゲマインシャフト的な印象を与える特殊な共同体のほうにこそ、より強い世界性や普遍性を感じる。そうした「逆流」が起きるのです。

国民国家に対して、「これじゃない」「これが私の求めているものではない」という拒絶感を覚えているわけですが、その拒絶の意志、拒絶の感覚を投影する対象が、ゲマインシャフトしかないからです。つまり、国民国家への拒絶感を表現するよすがとして、ゲマインシャフトに回帰する。

ただ、ここで注意しなければならない重要なことがある。そうやって帰ってきたゲマインシャフト（第一次の共同体）は、もともとのゲマインシャフトとは違うということです。逆流して戻ってきたゲマインシャフトは、ゲマインシャフトというものが、本来、持っていた性質と、ゲゼルシャフトが持っていた性質が、両方とも混じり合うのです。

なぜゲゼルシャフトの持っている性質が混入するかというと、第二次の共同体としての国民国家を拒否して、よりほんものの第二次の共同体、より真実と感じられるゲゼルシャフトを求めた結果として、ゲマインシャフトへの逆流が生じているからです。逆流して到達したゲマインシャフトは、同時に、ゲゼルシャフトを超えるゲゼルシャフトでなくてはならないわけです。

　ということは、どういうことかというと、一方では、自然で直接的な関係であると感じられ（ゲマインシャフト性）、他方では、非常に人為的で選択的であるようにも感じられる（ゲゼルシャフト性）、そんな関係性によって成り立つゲマインシャフトが現れるわけです。

　ここで、『君の名は。』の主人公二人の関係を見直してください。それは、今述べたような、（逆流によって現れる）ゲマインシャフトの両義性を、実に極端なかたちで帯びている。一方で、二人の身体が入れ替わってしまうほどですから、極限的に直接的です。親子以上に深い結びつきで、それゆえ、ある意味で、親子以上に「自然」な関係です。

　しかし他方で、本来は彼らは何の縁もない。ただ偶然出会った者同士と同じですから、恣意《しい》的で、わざとらしく、人工的とも言える。

　見知らぬ者同士でありながら、同時にものすごく直接的だ。そうした構造です。次回、この構造についてさらに解説し、『この世界の片隅に』の話へと進みます。

# 第四講

## 同じ山を登るという体験

家族や、親族など、地元のローカルな第一次共同体がゲマインシャフト。そこからすべての人と関わる社会的な普遍性を持った第二次共同体、ゲゼルシャフトへと入っていく。しかしその時に、ゲマインシャフトが否定されて消え去るのではない。第二次共同体との関係のもとに、あらためて意味づけし直されるということを前回、話しました。

そのイメージを伝えるために、ある高校の校歌の冒頭部分を紹介します。

その高校は地方の伝統校です。もともとこうした学校の多くは、戦前は旧制中学で、それが戦後に、有名な県立高校になっており、この学校もそうした例の一つ。この校歌も戦前につくられたもので、歌詞の言葉もなかなか難しいです。

「蒼溟《そうめい》遠き波の涯《はて》　黒潮たぎる絶東《ぜっとう》に　たてり大和の秋津洲《あきつしま》　光栄《はえ》の歴史は三千年」

意味を確認すると、「蒼溟遠き波の涯」とは、青い大海原に波の果てがある情景。そして、「黒潮たぎる絶東」とは、極東の意味でしょう。「大和の秋津洲」とは日本列島のことです。

「光栄の歴史」がなぜ三千年になるかというと、これは皇紀という、神武《じんむ》天皇のところから始まる日本流の年号の数え方です。

歴史的に事実かどうかよくわからない話から数え始めることになりますが、西暦よりも長い。太平洋戦争の始まる直前の昭和一五年――西暦では一九四〇年――が皇紀二六〇〇年で、日本中一年間、お祭り騒ぎでした。この校歌が作られたのは、皇紀二六〇〇年より前で、二五〇〇年代なのですが、それを大胆に四捨五入して、いささか大言壮語気味に三千年と言っているわけです。

さてではこの歌詞から、日本のどの地方の学校の校歌だと考えますか？　黒潮がたぎっているからには海に近い。四国とか、南九州など黒潮に関連する地域でしょうか。一番北でも房総《ぼうそう》半島ぐらいになるでしょう。そのように考えるのが普通です。

ところが、まったく違います。これは僕の出身校である松本深志《まつもとふかし》高校の校歌。名前にある通り、長野県の松本市にある。内陸中の内陸です。だから黒潮など見えないし、それどころか青海原もまったく見えません。

この歌は昭和に入るより前、大正一一年に作られたもので、作詞には、後に作家として成功する臼井吉見《うすいよしみ》が――彼は五年生で文芸部委員長だったらしいのですが――関与していたと伝えられています。僕も高校生の時、この歌を歌うたびに不思議に感じていたものです。なぜこんな歌詞なのか、と。

意味としては、本来、松本ですから、日本の中でこれほど黒潮から遠い場所はない。しかし、そうした内陸の長野県の真ん中にいても、イメージの視野には日本列島全体を収めている。長野県のローカルな共同体でも、日本という国民国家の一部であることを、この歌は示したいのです。

旧制松本中学ですから、学生は当時としてはエリート候補です。今後、中央に出て、立身出世して、故郷に錦を飾るのではないか、という人たちです。彼らは今、ローカルな場所にいますが、精神的には大和の秋津洲を、リファレンスにして生きているわけです。

ここと同じような共同体が、全国津々浦々にある。その人たちが首都東京を頂点とする山を同じように登っている。そのことを当事者自身に自覚させることが重要だったのです。

ふるさとはローカルな共同体。けれどもより包括的なゲゼルシャフトの一部であることを、あらためて意味づけ直す。学校という機構の一番重要な機能は、そこにあると言えます。学校に通うことの最大の意味は、「日本人」になること、「日本人」というアイデンティティを積極的に引き受け、それに誇りを感じるようになることにあります。

ローカルな共同体に埋没するのではなく、やがては国民国家という普遍性のある世界に参加するんだ。そしてあなたと同じように帝都を目指して山を登っている人たちが、全国津々浦々にいる。そのイメージを通じて、直接には会ったことがないのに、互いに密《ひそ》かな連帯感を覚える。

皆さん、早稲田大学に入ると、日本中から来た人たちと出会うことになります。しかし、皆さんは、お互いが同じ山を登って来たことを知っているでしょう。ということは、同時に、ほぼ同じ知識を持っているということを、互いに想定できるということでもあります。

例えば僕は、先ほどの歌詞について「大正時代に作られた」などと言っていますが、もし「大正時代」の話を、アメリカのハーバード大学でするとしたら、そうとうなエリートが相手でも、まず「大正」とはなにか、そこから解説する必要があるはずです。

ところが皆さんは、大正時代とはなにかをすでに知っていて、僕は説明不要です。ここにいる皆が、同じ山を登るという体験を、共有しているからです。

### 「昭和三〇年代」と「一九八〇年代」の違い

東京と地方の二項対立。ゲゼルシャフトとゲマインシャフト。自分の人生の舞台としての国民国家。ただ、『君の名は。』や現在のサブカルチャーについて考えるためには、ここまでの話では、まだ足りない。もう一段の展開があって、ここまでの構図から、さらに変形して行くのです。

ある時期までは国民国家、つまり日本人にとっては日本が、普遍的なものを具現した世界そのものだった。

しかし、やがて国民国家が相対化されてしまう。「これが世界であるとは言い切れない」という感覚が出てきて、「国民国家が普遍性を代表している」とは実感できなくなる段階がやってくる。

これがいつだったかを考えるとおもしろいのですが、日本の場合は恐らく戦後かなり経ってから。一九七〇年代か八〇年代あたりに来ていた。

その根拠なのですが、先ほど「昭和」という年号を使いました。この昭和について、一番よく使われる年代は「昭和三〇年代」なのです。

昭和は、六四年まであるのですが、昭和五〇年代とか、六〇年代という言い方は、ほとんどされない。昭和五〇年代の話をしたい場合は、年号ではなく「一九八〇年代」と言われます。

どうしてそうなるのでしょうか。われわれには「昭和」という言葉でイメージできる社会があるわけですが、「昭和五〇年代はどんな社会か」と言われても、全然そのイメージが湧かない。しかし、ほぼ同じ時期なのに「一九八〇年代はどんな社会か」と聞かれると、「ああ、バブルの時だったね」と、急にイメージが湧く。

ということはつまり、昭和三〇年代までは「昭和」が世界の前提だったのです。この日本でしか通じない「昭和」でイメージされていた時代までは、日本という国民国家がおおむね、生きる世界のすべてだった。自分が生きる世界というものを直感的にイメージするとき、国民国家が参照されていたわけです。

しかしグローバルな世界を意識し始めた時には、もう日本のローカルな年号では、自分たちの時代を表現できなくなってくる。「一九八〇年代」という言い方をするしかなくなってくるのです。

一九八〇年代あたりから、その傾向が現れて、現在のグローバル化の動きの中で、よりいっそう強くなる。そうした状況です。

そうした状況においては、世界共同体とか、国際連合であるとか、グローバル・ソサエティであるなど、国民国家を超える上位的な概念が、新たに普遍性を代表する世界になる、のか。

いえ、そのように考えるのは、少しシンプル過ぎるのです。そうはならない。なぜなら、「国民国家以上の何か」について、われわれは具体的なイメージを持つことができていないからです。

## 第三次共同体は機能しない

言葉の意味としては、僕らは、今や単に日本人であるばかりではない。東アジアの一員であり、グローバルな世界の一員であり、ネットを使えば、地球の裏側にも瞬時にメッセージを送ることができます。

そうしたことは概念としては理解できますが、僕らはそうしたネットワークや、グローバルな世界を、一つのまとまった全体的な社会像として、具体的にイメージできないのです。無理なのです。

この時に起きるのが、前回で話した逆流現象です。

ローカルな第一次共同体が、空虚になった第二次共同体の、いわば代理物になる。無意識のうちに、そうした論理が働くのです。

もはや国民国家が、世界そのものであると感じられなくなった。つまり拒絶する。否定の感覚がある。だが、否定してより上位の世界に参加したいと考えても、その具体的なイメージはない。第三次共同体は機能しないのです。

その結果、第一次共同体への逆流が生ずる。けれども戻ってきた第一次共同体は、もとの共同体とは違う。具体的には、ゲマインシャフト的な性格と、ゲゼルシャフト的な性格が両方とも合わさっているような、二重性を持った世界が生まれるのです。

抽象的に言えば、ゲマインシャフトの特徴とは、家族や地域の仲間の関係のように、親密で、直接性があること。一方、ゲゼルシャフトは、もともとは知らない者同士が、理念や大義、国益や繁栄などの目的や価値観に媒介されて、結びつく。この直接性と媒介性を両方とも持っているような世界が生まれる。

具体的には『君の名は。』に立ち返って考えると、わかりやすいです。

第四部の講義は、『君の名は。』の恋愛が変わっていて、これほど直接的な関係はないという話から始めました。

気がついてみれば、身体が入れ替わってしまう。私があなた、あなたが私になっているわけです。これほど直接的な関係はない。親子でさえ身体は分離していますから、親子以上に直接性のある関係です。

しかし一方では、二人は赤の他人です。都会において、たまたま熊本から来た人と松本から来た人が出会うのと同じ、知らない者同士の間接的な関係です。

これが逆流してきたゲマインシャフトの二重性です。国民国家を超える普遍的な世界の代理物。「セカイ系の世界」です。『君の名は。』もまた、その例なのです。

**「こんなに仲間がいたのか。これほどうれしいことはない」**

もちろん『君の名は。』はフィクション、それも絶対にありえないフィクションですが、現実からも同じ含みを持つ例はいろいろと引くことができます。

身近な話で説明すると、例えばオタクの共同体が、この逆流したゲマインシャフトに当たる。

アニメ、マンガ、あるいは鉄道でもいいのですが、オタクという現象は、何か一つの素材、ものに対して、マニアックに没入し、ハマっていることを、非常に重視します。これがオタクの定義ですね。

同時に、この現象は、共同性に関係する現象でもある。そうした趣味を持っている仲間がいる。その仲間と自分は同じ世界を共有している。価値観を共有している。その感覚から来る、得も言われぬぐらいの快感がある。

その結果、本当は無縁な者の間で、同じ趣味を持っている自分たちという共同意識が高まる。

現代では、ネットがあり、SNSがあるおかげで、自分と同じ趣味の仲間も見つけやすくなりました。しかしオタクなるものが出てくる初期の段階では、そうしたツールがないので、オタク同士が結びつくのは、難しかった。

オタクとは本来マニアックなものなので、すぐに仲間が見つかるわけではなかった。「オタク」という語が発明されたのは、一九八三年で、したがって、風俗としてのオタク的な現象が出始めたのは、その少し前、つまり一九七〇年代の最末期から八〇年代初頭と考えればよい。オタクというものが出始めてから一〇年くらいたったとき——もちろんインターネットの普及の前——、一九九〇年代の初頭にフジテレビで『カルトQ』というクイズ番組があり、これは深夜番組だったにもかかわらず、視聴者を獲得していました。

この番組では、毎週、例えばラーメンやパンなど、あるいはもちろんマンガや化粧品など、その分野に詳しい人が五人出演し、クイズで競う。

それだけ聞くと普通なのですが、この番組のおもしろいポイントは、出題されるクイズがあまりにもマニアック過ぎて、普通の人が聞いていても問題の意味すらわからないところでした。

ところが出演者たちは、それを〇・一秒ぐらいの時間で、パッパパッパッと答えて、争っている。それを見ていると、凄《すご》いものを見ているという感じがするのです。

やがて日曜日のより早い時間帯に移って、その後、間もなく番組として終わってしまいましたが、この番組では毎週、ペーパーテストの予選を行い、最終的に五人の出演者を選んでいた。その予選の会場で参加者は「こんなに仲間がいたのか。これほどうれしいことはない」と言っていたそうです。

あるいは、番組でトップを争う五人の間に、互いにライバルなのに、何ともいえぬ仲間意識の恍惚《こうこつ》のようなものがあるのが、見ている僕らにも伝わったのです。あるとき、こんなことがありました。例によって、超マニアックな問題に、一人が即座に答えたわけですが、それが「不正解」とされた。すると残りの四人が、「その人の答えは合っています」と猛然と抗議したのです。出題者より回答者のレベルが高かったのでこうなっていたわけですが、そのときの回答者たちの幸せそうな表情を忘れられません。

日本のどこかで、ラーメンオタクがいて、普段は周囲から「おまえの話はついていけない」と言われて、友だちもいなかった。しかし予選の会場に来ると、日本中津々浦々から、こんなにも多く、自分と同じようにラーメンに詳しく、それを命の次くらいに大事にしている人間が集まっていた。それがうれしい。

だからクイズに負けた悔しさよりも、五人の精鋭が選ばれていくプロセスを一緒に共有する連帯感のほうが大きかったといいます。オタクというものは、こうした共同体験の連帯感が重要なのです。

## **黙読は近代社会で生まれた**

さらに現代の例を出すと、例えば「ニコニコ動画」です。「ニコニコ動画」では、ユーザーがコメントしながら動画を見ている。

行為はコンピューターやスマホの前で行われていて、ユーザーはそれぞれまったく、別々のところにいる。しかし「みんなで一緒に見ているのが楽しい」という感覚がありま す。得も言われぬ連帯感の快感がある。

もう一つ、一般的な話でいうと、戦前の生まれですが、現在もご存命の紀田順一郎《きだじゅんいちろう》さんという有名な作家がいます。

紀田さんは一九八〇年代の初めあたりに、ミステリーやSFファンのサークル活動を見て、驚いたそうです。

その言葉が印象的だったのですが、彼に言わせると「徒党を組んで、読書している」と感じたそうです。「これ、おもしろい。あの元ネタは」とか、「あの細かい設定は」、といったことを話しながら、すごく盛り上がっていた。

紀田さんにしてみれば、読書というのは沈思黙考。基本的にはひとりで行うものでした。それが徒党を組んで読まれているのを見て驚いたわけですが、これも「ニコニコ動画」と同じ現象です。

読書という行為は歴史学でも非常に分厚い研究が行われてきて、実は、逆流するゲマインシャフトのモデルによく合うのです。

紀田さんは、自分が経験してこなかった「徒党を組んで本を読む」という行為に、驚いた。しかし長いスパンで見てみると、ひとりで行う読書は、実は日本で言えば明治に入ってからの方法で、もとを辿《たど》れば、徒党を組んで読むことが、普通だったのです。

日本は識字率が高いので、やや事情が異なりますが、一九世紀以前のヨーロッパの共同体における読書は、数少ない本を読むことができる人が、朗読する、そしてそれを他のみなで聞くという形でした。つまり第一次共同体の中での読書です。

ところが、やがて近代社会になると、人は黙読という声に出さずに読む技術を身につける。僕らにとって当たり前の技術ですが、明治において始まった時は、驚くべき新しい習慣で、実は江戸時代の人はあまりやったことがないものだったのです。できなかった。『論語』なども、大きな声を出して音読するものでした。

黙読をするようになると、読書とは、ひとりで行うものになる。紀田さんの言う、個人的な読書が始まる。

そうすると孤独です。しかし孤独な読書は、当時としては近代的な新しい習慣だった。家族に背を向け、ひとり自分の部屋で読んでいたとしても、黙読する人はこの近代に参加し、市民社会に所属することになるのです。

柳田國男《やなぎたくにお》は、この黙読について「家長の権威を著しく下げた習慣」と評していました。黙読するようになると、家長であるお父さんの目の届かない世界を、子どもたちが持ち始めることになる。

子どもたちは、夏目漱石などの小説を読んで、新しい世界に自分が所属している気分になる。お父さんのいる田舎の共同体や、親族のいる世界とは別の世界に、観念的に所属しはじめるわけです。

しかしこの黙読から逆流して、徒党を組んで読む世界が戻ってきている。

国民国家の持つ普遍性や世界性というものに対する信頼感が消えて、かつ、それを超える社会に対するイメージを抱くことができない。そうした時に、逆流現象が起きて、直接的で身近な関係が、普遍的な世界の代理物になる。

そうした例を三つ挙げましたが、この状況が、セカイ系のセンシティビティが出てくる背景にある。それが僕の仮説です。

## 自嘲を含んだ認識

だが言っておくと、それは客観的に見て、とんでもないごまかし、欺瞞《ぎまん》なのです。

なぜなら、普遍性どころか、セカイ系で描かれる人間関係は、恐ろしくローカルで、小さな関係。それが世界を救うほどの意味を持つ、という話は、どう考えても一種のごまかしで、はっきり言ってしまえば虚偽です。

ただ、『君の名は。』の場合は、それが虚偽であることの自覚もある。少し前に進んでいます。

この物語においては、救うのは世界や日本ではない。糸守という小さな共同体です。つまり、作り手の中には「いくら何でも俺たちが世界の救済者というのは、行き過ぎだろう」という、一種の自嘲を含んだ認識はあるのです。

実際のところ、セカイ系では、同級生同士の関係が宇宙の運命の鍵となるような大それた話は数多い。新海さんの『ほしのこえ』も、その一つでした。むしろ、セカイ系の最も中核的なメンバーでしたが、やはり、それは何か滑稽《こっけい》で、どこかおかしい感じがあった。

それは作り手も意識していて、『君の名は。』では、いくらなんでも世界を救うのは行き過ぎ。糸守くらいの規模でいい。そのように身を引いている感じが、僕はします。

とはいえ、働いている論理は、やはりセカイ系です。瀧と三葉の小さな関係が、人々を救う救世主としての役割を持つ。「世界の辺境で生きている、ただの高校生ではなかった」という話になっています。

## 「それでいいんだ」という感覚

さて、ここで『この世界の片隅に』についても考えてみます。

第二講でも触れましたが、『この世界の片隅に』では、隕石の代わりに原爆が落ちてくる。この作品も、主人公たち二人の恋愛関係——こちらでは結婚していますが——が一方にあり、もう一方になにか破滅的なものが外から落ちてくるという点で、構造が似ている。

しかし非常に対照的な作品です。

『この世界の片隅に』という作品は、すでにこのタイトルに示されていますが、先に話したセカイ系の持つ虚偽やごまかし、どこかおかしい滑稽さからは、完全に逃れています。

むしろそうしたものをまったく持っていないところが、この作品の特徴です。

セカイ系的な作品には、世界全体に関わりたいという強い欲求、願望がある。一方、『この世界の片隅に』では、主人公たちの関心は、ローカルで小さな、しかし親密な関係の中だけに向けられています。

主人公のすずは映画でも、原作のマンガでも、結婚して呉に行く。呉でも、太平洋戦争が始まっていますが、描かれているのは、そこにあるごくごく小さな日常の連続で、それが淡々と描かれる。

自分は世界の片隅にいる。その片隅にいる自分を、まったく否定せず、そこから外に出ていこうとしていない。

もちろん背景は戦争なので、彼女の日常も、世界情勢の影響を受けている。しかも呉は軍港ですから、空襲もある。

ところが主人公たちは、その空襲について、例えば国際情勢から考えたりは、ほとんどせずに、まるで天気予報と同じように、空襲警報を聞いている。主に考えていることは、「今日の夕飯に何を食べるか」などです。

もちろん戦争の最中ですから、大したものは食べられない。けれども、普段、われわれがスーパーマーケットで何を買おうか、今日のおかずはどうしようかと考えるのと同じように、当時の日常を生きている。

世界の中心ではない。片隅にある日常。それを認め、それを愛《め》でている。あるいはそれを肯定している。

このアニメの一番大事な台詞《せりふ》は、予告編の最後に流れる「ありがとう、この世界の片隅に、うちを見つけてくれて」。これは主人公のすずが、夫の周作に言う言葉です。世界の真ん中で、自分が評価されたり、認められたりしなくてもいい。世界の片隅で見てもらうことができたらいい。

見つけてもらえたからよかったですね。世界の片隅に行き過ぎたために忘れられたという話になると厳しい。しかし世界の片隅で、自分を見つけてくれる人がいた。「それでいいんだ」という感覚が、この作品の基本的なトーンです。このトーンが、作品のクオリティや、感動の質を強く規定している気がします。

## われわれは世界の片隅の出来事としては、見ていない

一方『君の名は。』には、この世界の片隅にしかいない自分という存在を、どうやってそこから世界の中心や、全体に向かわせるかというベクトルが、強く働いている。

本当は『君の名は。』の瀧と三葉も、お互いに世界の片隅にいるのです。片方は東京のどこか。片方はもっと顧《かえり》みられない田舎にいる。

しかし物語の展開は、自分たちが世界の片隅だと思っていた場所が、そここそが、実は世界の真ん中だったという事実をもたらす。「隕石の落ちる場所だった」という事実によって、彼らのいる場所が、世界の根本的な中心になるのです。

それに対して、『この世界の片隅に』は、基本のトーンとして、この世界の片隅にあるということを、むしろ積極的に肯定している。

原作者のこうの史代という人には、そうした作品が多い。例えば『ぴっぴら帳《ノート》』（双葉社、一九九七〜二〇〇四年）というマンガも、典型的に世界の片隅の話だけ書いてある作品でした。

このマンガの主人公は、キミ子さんという若い娘で、日本中のどこにでもありそうな、商店街の食堂で働いている。そこでインコを飼っていて、その名前が「ぴっぴら」です。

そのインコの話が多いのですが、毎日毎日、ちょっとしたことが起きる。『サザエさん』と同じように、いや、『サザエさん』よりも、もっと些細《ささい》な出来事が、毎日のように起こる。本当にすごい出来事は一度も起きないのですが、ちょっとクスッと笑いたくなるぐらいの、おもしろい話が延々と続く。そうした世界の片隅感を、ポイントにしています。

これが作者の基本のテイストなのですが、ここから、まだ先があります。

もう一度、『この世界の片隅に』に戻ると、主人公たちは世界の片隅の呉なり、広島なりに暮らしているわけですが、しかし見ているわれわれは、『この世界の片隅に』という物語を、必ずしも世界の片隅の出来事としては、見ていないのです。

僕らは、この話に出てくる淡々とした、起伏があまりない日常を、ものすごくドキドキしながら見ている。

なぜかというと、われわれは、早晩その近くに原爆が落ちることを知っているからです。

すずの実家があり、呉からほど近い広島に原爆が落ちることを知っていて、見ている。

物語の登場人物たちは、それを知らない。しかし、われわれは知っている。そのために、作品の中で起きている日常は、まったくの日常でありながら、悲劇的な様相や、緊迫感を帯びていく。「こういうささやかな幸せも、いつまで続くかわからない」という気分になります。しかも主人公たちが、それを知らないことが、ますます悲劇の様相を高めていく。

主人公たちは世界の片隅に生きているつもりなのですが、やがてそこに原爆が落ちる。世界で初めて、核兵器が使用され、人類が、人類そのものの死というものの可能性に目覚める。そうした世界史的な意義を持つ決定的な出来事が、ここで起きるのです。その意味で、実は歴史の中心、心臓部分に彼らは生きているのです。本人たちは気づかずに。

## 一カ所だけある、破綻

さらにもう一つ、この『この世界の片隅に』というアニメには、全体から見て、一カ所だけ破綻《はたん》、調和の乱れが入っている気がします。

それは、一九四五年、昭和二〇年の八月一五日の玉音放送を、みんなで聴いた場面。みんな玉音放送を聴いて「難しい言葉でよく聴こえなかったけど、戦争が終わったということらしい」と、話し合っている。やれやれ、やっと終わったというようなことを、話しているわけです。そこに突然すずが怒り出す。

最後の一人まで戦うということではなかったのか、と。ここにまだ五人もいる。すずは、すでに爆弾で右手を失っているのですが、まだ左手は残っているし、足だって残っている。それなのにここで突然、負けた、ごめんなさいと言うのは、とんでもない。許せないと、怒りを爆発させるのです。

原作の方がより明瞭です。怒ってすずは段々畑に出ていって、結局は、暴力で人を従わせて、暴力に屈する、「それがこの国の正体かね。うちも知らんまま死にたかったなあ」とつぶやきます。

鬼畜米英と徹底的に戦うという約束でやってきて、まだ余力があると感じるのに、負けにしてしまった。いったい正義とは何なのか、その怒りの内容だけ取れば、一つの見解です。

別に間違ったことを言っているわけではない。どちらかと言えば、正しい。けれども僕は、このお話の中の大きな調和の乱れを感じます。こうしたことを、すずという人が言っているのが、おかしいと感じるのです。皆さんも、そう思いませんか。

**「どのように描いてもうまくいかない」というジレンマ**

この話の重要なポイントは、主人公をはじめとするすべての人が、世界の片隅に生きていることでした。

片隅に生きているということを、痛みとは感じずに、むしろ、それを淡々と受け入れている。

例えば空襲が毎日起きるということは、国際情勢や、イデオロギーなどさまざまな事情と関係がある。しかし、主人公たちは、それを雷と同じような、自分たちの生活を外から攪乱《かくらん》するものとしか、受け取らない。それがこの話の、真実。むしろいいところでした。

だが、玉音放送を聴いたすずは、ここで戦いをやめるべきではないとか、それがこの国の正体かと語り出す。それはどの立場から、言うのでしょうか。

国民国家の一員、天皇の赤子《せきし》として言うにせよ、あるいはコスモポリタン的な市民として「正義とはなにか」ということを言うにせよ、それは戦争の大義や、なにかのイデオロギーに立脚するものになります。

すずの所属している近所づきあいの日常や、親密な家族の小さな世界には、そうした価値観やイデオロギーはなかったはずです。

わかりやすく言うと、この物語はすべてゲマインシャフトで展開している。ところが、敗戦を認めるべきではないという台詞は、ゲゼルシャフトの立場からのものになる。そうした立場を徹底して拒否して、この世界で生き抜くところが、この話の一つの肝だったのですが、この場面で突然、一足飛びに変わるのです。

すずという人が、最初から非常に強固な国粋主義者だったり、大東亜共栄圏の思想に、強く共感している立場で、その世界を生きていたのであれば、筋は通る。しかしそうであればこの作品は、ごく普通の戦争物になっていたでしょう。

そうではなく、原爆が落ちる現場で、ごくごく普通の日常を描き続けるところが、この作品のおもしろいところだった。しかし八月一五日のそのときだけ、変わる。そこがこの物語のベーシックなトーンを裏切っている感じがします。

ただこの場面について、皆さん、作者の立場になって考えてみてください。この八月一五日のシーンを、どう描けばいいのでしょうか。作者はここでジレンマに立っているのです。

例えば玉音放送を、天気予報のように聴くという態度を続ければ、今までどおりになります。実際、すずの後ろにいる人たちは、そういう気分で聴いています。その態度は、作品全体のトーンと合う。であれば、すずもそのように反応させれば良かったのか？

それはそれでこの作品の大きな欠点になり得た。

すぐ近くに原爆まで落とされた。そこまでの悲惨な運命が、単に「あしたから、防空壕《ぼうくうごう》に入らなくて済むからよかったね」という程度の話として経験されているとすれば、それは何かとんでもなく間違っている感じがしませんか。

あれだけの人が死に、自分の実家が失われ、自分の妹も病で死ぬかもしれない。そうした状況の時に、それがただの台風の到来と同じぐらいにしか受け取られなければ、道徳的にも大問題です。

他方で、急にすずが国家や市民社会の正義に目覚めて、何かを言ってしまうというのも、これはこれでまた嘘っぽく見える。つまり、ここで作者は「どのように描いてもうまくいかない」というジレンマに立たされている。この部分は、非常に悩ましい。難しいところです。

## 親密な世界と普遍的な世界のリンクをつけられるか

結論的に言うと、僕は『君の名は。』も、そして『この世界の片隅に』も、どちらの作品もおもしろかったし、感動もしました。だが両者とも、「いかにして普遍的な世界に関わるか」という、同じところで躓《つまず》いている。しかしその躓き方が違うと感じます。『君の名は。』は、普遍的な世界を救済するという話に、ものすごくコミットしたがっている。

ところが瀧と三葉のローカルな小さい個人関係と、最も大きな普遍性はまったく逆のもの。国民国家を超える本物の普遍性とは、全然関係がない。そこに逆のものへのすり替えが起きている。それをここでは「逆流」という比喩で語ってきました。

『この世界の片隅に』は、むしろ、そのような大それた話を敢えて拒否している。拒否しているのですが、一番、重要なところで、ただ拒否し続けるだけでは、描けないというところに来てしまった。

毎日のように空襲がある、という話であれば、まだ日常はありえた。だが原爆が落ちて、戦争が敗戦で終わるという状況では、やはり世界と関わらないわけにはいかなかった。しかし、その関わり方を本当らしく描くことに、失敗している。この世界の片隅から、世界の中心への飛躍が、描けていないのです。

この世界の片隅で自足しているところが、この作品のいいところでした。けれども、それで話を続けることは、やはりできない。一番重要なところで、片隅から世界の中心に関わることになる。突然の飛躍です。ここに作品の乱調、不整合性が出てきてしまう。どちらの作品も、自分の親密な世界と、普遍的な世界とのリンクの付け方が、失敗している。いや、失敗しているというよりも、苦戦しているのです。

しかしその難しさは、この作品が二つともダメであるということではなく、僕らの現代社会の持っている基本的な困難に由来している。どうやってもうまくいかないのです。例えば『この世界の片隅に』は、時代考証もしっかりしている、歴史的なお話ですが、それでもやはり、今の立場で見なければならない部分がある。そして今の立場で僕らが見て、どのように登場人物が世界と関わればいいのか。その正解は難しいのです。それは今後の課題です。皆さんにも預けたい課題です。

## 『われらが背きし者』

最後にもう一つだけ、世界との関わり方の例を紹介します。

それはややマイナーな作品。二〇一六年のイギリス・フランスの共同製作の映画で、原題は『Our Kind of Traitor』（スザンナ・ホワイト監督）。日本語のタイトルは『われらが背きし者』。トレイターとは裏切り者という意味ですから、「背きし者」。

この映画はエンターテイメントとしても非常におもしろいのですが、世界への関わり方を考える上でも、おもしろい。原作は、スパイ小説を多く書いてきたジョン・ル・カレの小説（『われらが背きし者』岩波現代文庫、二〇一六年）です。

主人公はペリーという大学の教授。ユアン・マクレガーが演じていて、文学部で古典を教えています。奥さんはゲイル。ミシェル・オバマやヒラリー・クリントンもそうでしたが、弁護士として、成功している。

美男美女の二人ですが、夫婦仲はあまりうまく行っていない。具体的には描かれていないのですが、ペリーが過去に自分の教え子と浮気をしたらしい。その関係は完全に終わっているようなのですが、ゲイルのほうは許せずにいる。

なんとか関係を修復するために、二人はモロッコに旅行に来た。楽しく過ごして、今までのことは水に流そうということです。しかしモロッコに来ても、ゲイルのこだわりは解消されず、ベッドシーンもあるのですが、受け入れる気にはなれない。破局の危機にある状態です。

それでもむしゃくしゃしたペリーが、ホテルのバーで、ディマという男と出会う。彼と意気投合するのですが、実はディマは、ロシアンマフィアの幹部。マフィアのネットワークの中でもマネーロンダリングの情報を握る重要な幹部でした。

ディマは、マネーロンダリングの情報が入ったＵＳＢメモリーをペリーに渡す。

彼らのマネーロンダリングは、ロシアだけにとどまらず、イギリス政界の大物政治家や、財界の大物までも実は絡んでいる。イギリスとロシアをうまく渡り歩くことで、非合法的に得たお金を粉飾し、洗浄する。そうした操作を行っているらしい。ディマは、ずっと組織の中心にいて、誰が関与していて、どういう方法でマネーロンダリングを行っているか、熟知している。その証拠も持っているのです。ディマは、その情報を持って、組織から足を洗おうとしていた。ところがそうするとマフィアに殺されてしまうので、亡命したい。

イギリスの政治家や財界人が関わる情報と引き換えにして、イギリスに亡命したいと考えていました。そのためにペリーに「USBメモリーを、MI6に届けてくれ」と頼んだのでした。MI6は、イギリスの諜報《ちょうほう》機関で、公安警察のような存在です。『ゴルゴ13』(さいとう・たかを、小学館、一九六八年〜)にもよく出てきます。

そんな大きな話を、ホテルで偶然出会ったおじさんに頼まれてしまう。それがこの映画のストーリーです。しかしペリーは、なぜかディマに友情を感じ、彼を助けたいと考える。結果、必死でヨーロッパ中を移動する逃亡劇になります。

奥さんのゲイルは、最初は消極的なのですが、結果的にはディマとその家族の命を守ろうとがんばることになる。

## ローカルな個人とグローバルな普遍が結びつく

今までしてきた話と関連して考えると、この映画でもまた瀧と三葉のように、まったく偶発的な出会いがある。

ペリーとその妻のゲイルが、ディマと出会う。それは偶然の出会いだったのですが、その偶然が一瞬のうちに生みだした友情のために、彼らは命を懸けることになる。ディマのほうから言うと、偶然に出会った誰ともわからない人物に、すべてを託すことになる。旅行に出かけた先のモロッコという、偶発的で、ローカルで、それこそ文字どおり世界の片隅で起こった小さな出会い。けれどもそれがそのまま、国際政治につながってしまう。ここまで使ってきた言葉で言えば「普遍的」な価値を持った使命と結びついていく。

重要な前提として、ペリーとゲイルは自分の仕事に、もともと普遍的な価値があるように感じていませんでした。

大学教授と弁護士ですから、社会的には超エリートで、おそ松さんのようなニートとは対極の、この世界で一番恵まれている職業です。

しかし、ゲイルのほうは詳細まで語られませんが、ペリーは、古典的な詩について大学で講義をしていても、内心では、つまらないと感じていた。学生たちも、今さらなんでこんな古典を、と講義中も寝ています。

そうした彼が、旅行先で偶然出会った人と個人的に結んだ約束について、自分が引き受けるべき最も普遍的な仕事のように感じる。

ここでローカルな個人とグローバルな普遍という、対極的な二つのディメンションがショートカットして、結びつく。決定的に偶然的な出会いが同時に、誰かが絶対に成し遂げなければいけない、必然の使命に結びつくのです。

**ローカルな関係がむしろ強調される『われらが背きし者』**

この構造は、実は『君の名は。』の展開と、少し似ているのですが、根本的には大きく違う。

『君の名は。』もまた、個人的で親密な恋愛関係が、実は――人類的とまで言うと大げさですが――大きな社会的意義に結びつく。

彼らは、どうしたわけか偶発的に一種の超能力を与えられてしまっていて、それが二人の恋愛だけではなく、世界や共同体を救う鍵となる。ローカルな世界の片隅に生きるただの高校生だと思っていたら、実は自覚しないうちに、いるべくして世界の真ん中にいた。

それに対して、『われらが背きし者』は、自分たちの出会いは本当に偶然。たまたま旅行に出た先で、たまたまこのホテルに泊まったに過ぎず、特別な運命ということはまったくない。ただの偶然が結んだ個人的な友情ということを、むしろ非常に強調する。普遍的な世界のほうは気にしない。

さらに言うと『君の名は。』では、隕石から人々を救おうとする。それは崇高で立派な仕事です。

だがペリーとゲイルは、実はマネーロンダリングを巡る不正を暴くことに、第一義的な意味を置いていない。

不正を巡る問題も、もちろん重要ですが、それは、彼らが偶然出会った人との友情を徹底的に守ろうとした結果です。たまたま普遍的な価値につながってしまっただけです。

　あくまで彼らは、個人的な友情として、ディマと彼の家族を守ってあげようとする。そのことが第一義なのです。

『われらが背きし者』では、ローカルの関係がむしろ強調され、世界を巡る問題は否認されている。その部分が、『君の名は。』との重要な違いです。


**マイナスになることに命を懸けた結果、逆に愛を深くした**

この作品は一つの重要な人生上の教訓を含んでいると、僕は思います。

マネーロンダリングの話であったり、MI6の話であったりするように見えますが、実はペリーとゲイルの夫婦の話なのです。

　二人は、離婚するかもしれないという、破局の危機にあった。けれども、そこは予想どおりに、この出来事を通じて、夫婦の愛の絆《きずな》が深まる。

　それだけ見ると、深いものを感じることは難しいのですが、根底にある逆説、不思議な構造に気がつくことが重要です。

　ディマとの約束に殉じ、旅先で出会った男の命を守ることは、ペリーとゲイルの夫婦関係にとっては、意味のないことでした。むしろ邪魔で、危険を考えると悪いことでしかない。現に当初、ゲイルは、なぜ見知らぬ人のために自分たちまで危ない目にあう必要があるのか、と反対しています。しかし気がついてみれば彼女も巻き込まれて、一生懸命、使命を果たしてしまった。

もし二人が、「二人の愛が一番大事だ」と考えていたら、このような危険なことは、やらないほうがよかった。

例えば「夫が、あるいは妻が、仕事ばかりにかまけていて、夫婦のことは考えなかったので破局しました」という話はよくあります。

その論理でいくと、二人が愛にとって邪魔なことを一生懸命やるのは、マイナスでしかない。

ところが実際は、愛にとってはむしろマイナスになることに命を懸けた結果、逆に愛の関係を深くした。二人、特にペリーが、夫婦の関係外の関係にコミットしたことが、夫婦の関係を修復して、より強固なものにしたのです。

完全に個人的な約束を果たすことに、人として崇高で、普遍性を持った道徳的意味がある。そのように見えている時に限り、夫婦関係にとってはネガティヴなはずの使命が、夫婦関係自体を強化する。これは、そういうことだと思います。

逆に考えると、よくわかります。

例えばペリーが、夫婦の関係のほうが大事だし、それにたまたま出会っただけの相手を、リスクを取ってまで助けたくないと考えて、ディマの依頼を拒否していたら。そうした彼を見て、ゲイルは「うちの夫はすばらしい。変な奴に関わらずに、私のことを見てくれている」と、感激するでしょうか。そうはならないのです。

二人が、二人だけで見つめ合っていれば、より深い絆になるかというと、意外とそうはならない。

現に、ペリーは浮気をしてしまったために、一生懸命ゲイルを見つめることで関係を修復しようとしていた。しかし、見つめていても関係は修復しなかった。

人間の関係とは、それほど複雑で、難しい。一見、無縁どころか邪魔にさえ見える使命が、ポジティヴな触媒になることもある。この物語はそうした教訓として見ることができます。


この作品が、偶然による個人的な関係と、普遍性を持った世界的な関係との結びつきの、『君の名は。』『この世界の片隅に』に続く三つ目の例です。

もちろんフィクションですから、現実には、出会った人に変なことを頼まれても、引き受けてはいけません。

しかし寓話的な意味としては、非常に考えさせられるものがあるように感じます。

# あとがき

考えるということは、概念をもつということである。だが、想像力の裏打ちがない概念は空疎で、実際には使えない。何か困難に直面したときに、その概念を呼び出して思考の道具とすることはできないのだ。逆に、概念に到達しない想像力は普遍性をもたない。瞬間に得た感動は、意味を持続させることなく消えていく。

本書は、概念と想像力がどのように出会うかを示すひとつの実例である。それが成功しているかどうかの指標は、楽しいかどうかである。どんなに悲惨なことが論じられていても、概念と想像力とがうまく交差しているときには、知ることの歓《よろこ》びが生ずる。本書がこのような基準で成功しているかどうかの判断は、読者に委《ゆだ》ねるしかない。

＊

「まえがき」にも書いたように、本書は、大学での講義をもとにしている。とはいえ、講義のテープ起こしがそのままこの本になっているわけではない。

テープを文字に起こした上で、まずは、不要な話題を刈り込まなくてはならない（二〇一六年の秋学期はちょうどトランプが大統領に当選したときに重なっており、講義では、この選挙の分析など時事的な話題にかなりの時間を割いたが、これらはすべて割愛した）。可読性を高めるためには、構成を工夫しなくてはならない。また、言及された作品について、データを確認したり、ストーリーを補ったり、という作業は膨大である。

講義から本にするまでのこうした作業のほぼすべてを、KADOKAWA文芸・ノンフィクション局の編集者の岸山征寛《きしやまゆきひろ》さんと、オタク文化の研究者として何冊もの著書がある堀田純司《ほったじゅんじ》さんにやっていただいた。

お二人は、私の事実誤認や勘違いを訂正し、のみならず、必要で有効な情報を補い本書の内容を豊かなものにしてくださった。お二人がいなければ、本書は絶対に成立しなかった。そもそも、現代のサブカルチャーに精通しているお二人の承認なしには、私は、本書を世に送り出す勇気を持てなかっただろう。この場を借りて、岸山征寛さん、堀田純司さんに心よりのお礼を申し上げたい。

講義に出席していた早稲田大学文化構想学部の学生さんたちにも感謝している。毎回、大教室で、三〇〇人近くを相手に講義したが、実に熱心に聴いてくれたおかげで、私の方も楽しくやりがいがあった。期末のレポートの中にも興味深いコメントがいくつもあり、参考になった。

大学生くらいの若者を相手に語り、考えるということは、社会学者にとっては、常に必要な挑戦である。定期的な講義の機会を与えてくださった、市川真人《いちかわまこと》さんをはじめとする早稲田大学の先生方にもお礼申し上げなくてはならない。

二〇一八年一月三一日

大澤《おおさわ》　真幸《まさち》

# 主要参考文献・映像作品一覧

※編集部注。講義で主に言及したものに絞っている。各章、言及した順に掲載。

## 【第一章】

### 書籍

加藤典洋「シン・ゴジラ論」『新潮』二〇一六年一〇月号
加藤典洋『さようなら、ゴジラたち』岩波書店、二〇一〇年
ＮＨＫ放送文化研究所「「日本人の意識」調査」
「衆議院議員総選挙年代別投票率の推移」『公益財団法人　明るい選挙推進協会』http://www.akaruisenkyo.or.jp/070various/071syugi/693/二〇二二年一一月一六日アクセス
古市憲寿『絶望の国の幸福な若者たち』講談社＋α文庫、二〇一五年
佐藤健志『ゴジラとヤマトとぼくらの民主主義』文藝春秋、一九九二年
矢部宏治『日本はなぜ、「基地」と「原発」を止められないのか』集英社インターナショナル、二〇一四年
白井聡『永続敗戦論』講談社＋α文庫、二〇一六年
加藤悦郎『贈られた革命』コバルト社、一九四六年
加藤典洋『敗戦後論』ちくま学芸文庫、二〇一五年

山崎豊子『白い巨塔』全五巻、新潮文庫、二〇〇二年
山崎豊子『沈まぬ太陽』全五巻、新潮文庫、二〇〇一〜〇二年
山崎豊子『二つの祖国』全四巻、新潮文庫、二〇〇九年
森有正著、二宮正之編「木々は光を浴びて」『森有正エッセー集成　5』ちくま学芸文庫、一九九九年
松本清張『砂の器　上・下』新潮文庫、一九七三年
水上勉『飢餓海峡　上・下』新潮文庫、一九九〇年
森村誠一『人間の証明』角川文庫、二〇一五年
内田隆三『探偵小説の社会学』岩波書店、二〇〇一年
内田隆三『国土論』筑摩書房、二〇〇二年
増田俊也『木村政彦はなぜ力道山を殺さなかったのか　上・下』新潮文庫、二〇一四年
石原莞爾『最終戦争論・戦争史大観』中公文庫、一九九三年

**映像**

庵野秀明総監督『シン・ゴジラ』東宝、二〇一六年
庵野秀明監督『新世紀エヴァンゲリオン』TVアニメ版、GAINAX、一九九五〜九六年
本多猪四郎監督『ゴジラ』東宝、一九五四年
本多猪四郎監督『モスラ対ゴジラ』東宝、一九六四年

本多猪四郎監督『三大怪獣 地球最大の決戦』東宝、一九六四年
円谷一ほか監督『ウルトラマン』TBS・円谷プロダクション、一九六六～六七年
円谷一ほか監督『ウルトラセブン』TBS・円谷プロダクション、一九六七～六八年
山崎豊子『二つの祖国』原作『山河燃ゆ』NHK、一九八四年

**【第二章】**

**書籍**

大場つぐみ原作、小畑健作画『DEATH NOTE』集英社、二〇〇三～〇六年
村上春樹『1Q84』新潮文庫、全六巻、二〇一二年
大場つぐみ原作、小畑健作画『バクマン。』集英社、二〇〇八～一二年
ウンベルト・エーコ、河島英昭訳『薔薇の名前　上・下』東京創元社、一九九〇年
イマヌエル・カント、北岡武司訳「たんなる理性の限界内の宗教」『カント全集　10』岩波書店、二〇〇〇年
吉田修一『悪人　上・下』朝日文庫、二〇〇九年
ドストエフスキー、米川正夫訳『罪と罰　改版　上・下』角川文庫、二〇〇八年
桐野夏生『OUT　上・下』講談社文庫、二〇〇二年

**映像**

若松孝二監督『実録・連合赤軍　あさま山荘への道程《みち》』若松プロダクション・スコーレ株

式会社、二〇〇七年
ウンベルト・エーコ原作、ジャン＝ジャック・アノー監督『薔薇の名前』ヘラルド・エース、一九八六年

## 【第三章】

### 書籍

赤塚不二夫『おそ松くん』小学館、一九六二～六九年。その後、各誌で連載
西岸良平『三丁目の夕日』小学館、一九七四年～
マックス・ヴェーバー、大塚久雄訳『プロテスタンティズムの倫理と資本主義の精神』岩波文庫、一九八九年
ヴァルター・ベンヤミン、内村博信訳「宗教としての資本主義」浅井健二郎編訳『ベンヤミン・コレクション　7』ちくま学芸文庫、二〇一四年
カール・マルクス、岡崎次郎訳『資本論』全九巻、国民文庫、一九七二～七五年
ハーマン・メルヴィル、坂下昇訳「バートルビー」『幽霊船　他一篇』岩波文庫、一九七九年
ジョルジョ・アガンベン、高桑和巳訳「バートルビー　偶然性について」『バートルビー　偶然性について』月曜社、二〇〇五年
フリードリッヒ・ニーチェ、吉沢伝三郎訳「ツァラトゥストラ　上・下」『ニーチェ全集〈9〉〈10〉』ちくま学芸文庫、一九九三年

**映像**

赤塚不二夫原作、藤田陽一監督『おそ松さん』ｓｔｕｄｉｏぴえろ、第一期二〇一五～一六年、第二期二〇一七～一八年、第三期二〇二〇～二一年
長谷川町子原作『サザエさん』フジテレビ、ＴＶアニメは一九六九年～
藤子・Ｆ・不二雄原作『ドラえもん』日本テレビ→テレビ朝日、ＴＶアニメは一九七三年～
臼井儀人原作『クレヨンしんちゃん』テレビ朝日、ＴＶアニメは一九九二年～
さくらももこ原作『ちびまる子ちゃん』フジテレビ、ＴＶアニメは一九九〇年～
マイケル・カーティス監督『カサブランカ』セントラル、一九四二年
ＮＨＫＥテレ『戦後史証言プロジェクト　日本人は何をめざしてきたのか　2013年度「地方から見た戦後」第5回　福島・浜通り　原発と生きた町』二〇一四年一月四日放送

**【第四章】**

**書籍**

こうの史代『この世界の片隅に』双葉社、二〇〇六～〇九年
高橋しん『最終兵器彼女』小学館、二〇〇〇～〇一年
元少年Ａ『絶歌』太田出版、二〇一五年
ソール・Ａ・クリプキ、八木沢敬ほか訳『名指しと必然性』産業図書、一九八五年
こうの史代『ぴっぴら帳《ノート》』双葉社、一九九七～二〇〇四年

ジョン・ル・カレ、上岡伸雄ほか訳『われらが背きし者』岩波現代文庫、二〇一六年

**映像**

新海誠監督『君の名は。』東宝、二〇一六年
こうの史代原作、片渕須直監督『この世界の片隅に』MAPPA、二〇一六年
中園ミホほか作『ドクターX　外科医・大門未知子』テレビ朝日、ザ・ワークス、二〇一二年〜
大石静作『家売るオンナ』日本テレビ、二〇一六年
池井戸潤原作『花咲舞が黙ってない』日本テレビ、二〇一四、一五年
新海誠監督『ほしのこえ』MANGAZOO・COM、二〇〇二年
海野つなみ原作『逃げるは恥だが役に立つ』TBS、連続ドラマ二〇一六年
美水かがみ原作、山本寛・武本康弘監督『らき☆すた』京都アニメーション、二〇〇七年
宮藤官九郎作『あまちゃん』NHK、二〇一三年
ジョン・ル・カレ原作、スザンナ・ホワイト監督『われらが背きし者』ファントム・フィルム、二〇一六年

図版作成　本島一宏

本書は二〇一八年三月に小社より刊行された『サブカルの想像力は資本主義を超えるか』を改題のうえ、文庫化したものです。

# 私《わたし》たちの想像力《そうぞうりよく》は資本主義《しほんしゅぎ》を超《こ》えるか

大澤真幸《おおさわまさち》

令和5年 1月25日 初版発行

発行者●山下直久

発行●株式会社KADOKAWA
〒102-8177 東京都千代田区富士見2-13-3
電話 0570-002-301（ナビダイヤル）

角川文庫 23520

印刷所●株式会社暁印刷
製本所●本間製本株式会社

表紙画●和田三造


ISBN 978-4-04-400734-8 C0195

◇◇◇